日本語の文法4
複文と談話

日本語の文法 4 【仁田義雄・益岡隆志 編集】

複文と談話

野田尚史
益岡隆志 【著】
佐久間まゆみ
田窪行則

岩波書店

第1章　野田尚史
第2章　益岡隆志
第3章　佐久間まゆみ
第4章　田窪行則

〈日本語の文法〉へのいざない

文法とは何か

　私たちは，外的世界や内的世界との関わりの中で，言語を利用することによって，考えや感じを明確にしたり，また，考えたことや感じたことや意志や要求などを相手に伝えたりしている．このような活動を言語活動という．私たちの言語活動の所産が，たとえば，「あれっ？」や「おーい！」といった一語文的存在から，「ここに置いてあった僕の本，どこに行ったんだろう．」「山田君，こちらへ来てくれ！」に発展したとき，下位的構成要素・構成材としての単語と，統一体的全体としての文との分化が起こり，それをつなぐ存在としての文法が立ち現れ，文が内部構造を持つようになる．

　文法をどのように捉えるかは，立場や考え方によって異なってくるが，ここでは，上のことを受け，次のように捉える．もっとも，この捉え方は常識的ですらある．しかし，常識的であるということは，また一方ではその分それだけの確かさを持っている，ということでもある．文法とは，単語から文が形成されるにあたっての法則・きまりである．言い換えれば，単語を材料にして，当該言語（たとえば日本語）の適格な文を組み立てる組み立て規則・法則性が文法である．したがって，文法分析・文法記述の務めは，単語から文への組み立て規則を，なるたけ包括的かつ明示的に抽出することにある．究極的には，その組み立て規則に従って単語を組み立てていきさえすれば，誰でも，当該言語の適格文のみを形成し，不適格な文を形成することのないような規則群の総体を取り出すことである．これも，文の有している適格性を，どのように，あるいはどのレベルのものとして捉えるかによって，適格性（したがって不適格性）を生み出す要因として取り出さなければならない規則性の広狭が異なってくる．

　私たちは，日々必要に応じて，文を作り発話・伝達を行うとともに，与えられた文の示している表現形式の異なりを捉えながら，その文の表している意味

内容を解釈し理解している．このことが可能になるのは，私たちが，文がいかに単語から形成されるかを知っているとともに，与えられた文の解釈のされ方を知っているからである．したがって，上で述べた組み立て規則は，また，文の表現形式が担い表している意味内容のありようを説き明かし解析するものとしても，働きうるものでなければならないし，働いてもいる．

　日本語の文を作ったり解釈したりするとき，そこにどのような規則が働いているのかを，いちいち意識することは通常ない．母語話者にとって，文法は無意識的な存在である．文法分析・文法記述の務めは，通常意識の上に昇ることのない，文形成や文解析にさいして働いている規則性総体を，より十全に明るみに出すことにある．具体的には，単語の結合能力や単語が文の中に現れるときに取る形の変化のさまざま，形式の表す意味や使用条件，単語や形式の出現によって作り出される文の（意味的）構造や，単語や形式の出現によって生じる構文環境に対する変容や共起成分に対する影響などを，なるたけ包括的かつ組織的・体系的に分析・記述することに努めることになる．

日本語の文の基本的な構造

　文は，独立語文（「あれっ？」「車！」など）と述語文とに分けることができる．文の中心は述語文にある．上で触れたように，一語文的な独立語文から述語文に発展したとき，単語と文との分化が起こり，文法が立ち現れる．

　すでに触れたように，文は言語活動の所産であり基本的単位である．言語活動の所産であり基本的単位であることによって，文には，話し手が外的世界や内的世界との関わりにおいて描き取ったひとまとまりの事態・対象的な内容が表されているとともに，描き取られた事態・対象的な内容に対する話し手の立場からした捉え方，および話し手の発話・伝達的な態度のあり方が表されている．通例，前者を命題，後者をモダリティと呼ぶ．

　文はさまざまな対象的な内容を表しうる．文の表す対象的な内容のタイプの基本的なあり方を決めるのは，述語の語彙的意味のタイプである．動きや状態を表す述語と，動きや状態の参画者として述語の表す動きや状態を実現・完成するために，述語に要求されるいくつかの名詞句とによって，文の表す対象

な内容の中核部分が形成される．たとえば，「贈ル」と，「贈ル」という動きの実現・完成のために要求される名詞句「博ガ」「花ヲ」「洋子ニ」との結びつきによって形成される［博ガ洋子ニ花ヲ贈ル］コトが，おおよそ対象的な内容の中核にあたる．

　対象的な内容の中核は，さらに，事態の成り立ちをさまざまな観点・側面から修飾・限定する成分を付け加えることによって，拡大していくことができる．たとえば，「塀がこなごなに崩れた．」「笠原はゆっくりと受話器を取り上げた．」「彼はわざと表に出ていかない．」「雪がすごく積もった．」「同じような人間がうじゃうじゃいる．」などがこれである．事態の成り立ちを修飾・限定する成分は，副詞を中心としながらも，「若い刑事が緊張した様子で椅子に座った．」「男はにやにやしながら私の方に近づいてきた．」「道代はたじろいだように顔をふせた．」のように，名詞句や従属性の高い節によっても表される．

　文は，また，独立語文から述語文へと展開することによって，話し手の眼前から解放されることになる．言い換えれば，発話時に眼前に生起している事態だけでなく，過去に生じた事態をも，未来に生じると期待されている事態をも描き出すことが可能になり，さらに，生起していない事態をも対象的な内容として捉えることが可能になった．いわゆるテンスや肯否が出現することになる．また，述語文は，事態形成に参画する参画者が複数である対象的な内容を表すことによって，参画者をどのように表現形式に実現・配置するかの選択の可能性を生むことになる．さらに，述語文は，対象的な内容としてさまざまな時間的な特性を持つ事態を表すことによって，事態の時間的なありようを表す必要が生じそれを可能にした．通例，いわゆる前者がヴォイスと呼ばれるものであり，後者がアスペクトと言われるものである．

　文は，独立語文から述語文へと展開することによって，ヴォイス，アスペクト，肯否，テンスなどといった文法的意味を担い表すことを必要とし可能にした．こういったさまざまな文法的意味は，日本語においては，述語の形態変化によって実現されることになる．たとえば，「走ル―走ラナイ」の対立によって肯否が，「走ル―走ッタ」の対立によってテンスが表し分けられている．さらに，日本語文の述語は，丁寧さという文法的意味を，「走ル―走リマス」の

対立によって担い表し分けている．ここに取り出した文法的意味は，文法カテゴリと呼ばれるクラス的な文法的意味である．たとえば，テンスという文法カテゴリは，非過去という文法的意味を表す形式である「走ル」と，過去という文法的意味を表す「走ッタ」を，対立メンバーとして成り立っている一つのクラス的な文法的意味である．

　上で触れた文法カテゴリは，その作用領域の大きさにおいて，包み包み込まれるという関係にある．日本語の文は，このように作用領域の異なる文法カテゴリが集まって，一つの層状の構造を形成している．たとえば，「まだ店は開け＋られ＋てい＋なかっ＋た＋かい．」からも分かるように，おおよそ，

　　　　[[[[[ヴォイス]アスペクト]肯否]テンス]モダリティ]

のような層状構造をとって，日本語の文は成り立っている．

　文は，構成要素からなる一つの統一体的全体である．構成要素は，統一体的全体形成のために他の構成要素と統合的(syntagmatic)な関係を取り結ぶとともに，文構造の同一位置を占めうる他の要素との系列的な(paradigmatic)な関係を含んで存在する．たとえば，「彼だけウオッカさえ飲んだ．」の，動作主体を表す「彼」や動作対象を表す「ウオッカ」が，動作主体や動作対象を占めうる他の要素に対して有している関係のあり方が，系列的な関係である．取り立ての基本的な働きは，系列的な関係の付与にある．

　私たちの言い表したい内容が一つの事態でつきる，ということはむしろ稀である．文は，複数の述語を有し複数の事態を表す複文として現れることも少なくないし，通例，文章・談話(これらを総称してテキストと呼ぶ)の中に存在する．文は，テキストの中にあることによって変容を受けるし，また，テキストの前後の文との連なりを作るための工夫を有している．たとえば，「鯨が泳いでいる．とてもでかいやつだ．」の第2文は，先行文との関わりにおいて，ガ格成分が省略されている．また，「本が机の上に置いてある．表紙はつるつるだ．」は，本に表紙があることを知っていることによって，第2文の「表紙」を「机の上に置いてある本の表紙」として解釈しうることになる．接続詞は，文と文とのつながりの表示を担う単語である．

本シリーズの概要

〈日本語の文法〉と題された本シリーズは,『文の骨格』『時・否定と取り立て』『モダリティ』『複文と談話』の4巻からなる.

第1巻『文の骨格』は,単語とは何かを論じ単語の語形変化や単語の類別を述べた章と,文の骨格に近い部分を扱った3章が含まれている.まず,文の表す対象的な内容の中核に位置する格の問題に迫った章,格と密接に関わるヴォイス的現象を分析・記述した章,さらに対象的な内容の中核を拡大する副詞的修飾の諸相に迫った章である.

第2巻『時・否定と取り立て』では,文の対象的な内容の中核部分に付け加わり,それを拡大する文法現象が扱われている.テンス・アスペクトを中心に時に関わる表現を分析・記述した章,否定のさまざまに迫り,否定の現象を説き明かそうとした章,基本的には系列的な関係の付与である取り立てという現象を組織的に捉えようとした章が含まれている.

第3巻『モダリティ』は,命題とモダリティという文を構成する二つの部分のうち,モダリティを扱った巻である.モダリティを表す形態を有標叙法と無標叙法に分けながら,モダリティに関わる現象を広く観察した章,認識のモダリティと呼ばれるものの体系化を試み,それに関わる形式の意味と使用条件を分析・記述した章,および副詞的表現からモダリティにきめ細かくかつ鋭く迫った章が含まれている.

第4巻『複文と談話』は,これまでの巻が単文を対象にしていたのに対して,複文およびテキストにおける文法現象を扱った巻である.単文から複文へ,文からテキストへの拡大を捉え,単文と複文・テキストに現れる文法カテゴリのあり方の異なりを分析・記述した章,複文を構成する従属節を分類し,それぞれの従属節を概観し,条件節と連体節を詳しく分析・記述した章,文と文をつなぐ形式・工夫を接続詞を中心に具体的に詳しく考察した章,テキストの中にあることによる名詞の使用のされ方を捉え,そのことを通して逆にテキスト的現象の解明に迫った章が含まれている.

このシリーズは,当該の文法現象を以前から,あるいは目下精力的に研究している代表的な研究者が,自らの最新の研究成果をなるたけ分かりやすく分

析・記述したものである．特徴の一つは，特定の理論を展開するのではなく，文法現象の掘り起こしに努め，それを包括的に捉え，組織的に分析・記述することによって，日本語の文法に対する良質な記述文法構築のための重要な基礎資料となることをめざしたことである．本シリーズは，驚きと発見に満ちた日本語文法の豊かな世界に，私たちをいざなってくれるだろう．本シリーズが，読者に，日本語文法の新しいそして興味深い景観を与え，さらにそのことが，新たな研究の契機になれば，執筆者一同望外の幸せである．

　2000年5月

仁田義雄
益岡隆志

はしがき

〈日本語の文法〉と題されたシリーズの最終となる本巻は，第3巻までが単文を考察の対象としていたのに対して，単文を超えるものとしての複文と談話・テクスト（テキスト）・文章を扱う．

複文とは，複数の述語を中心とする複数のまとまりからなる文のことである．複文は単文の一部が拡大（拡張）したものと見られる面もあるし，複数の節（clause）が結合したものと見られる面もある．複文におけるこのような拡大的側面と結合的側面をどのように統一するかはこれからの複文研究に与えられた大きな課題であると言えよう．

単文と複文を研究の対象とするのが文論である．これに対して，文法論が文を超えることを要請されるとき，文論の外に新たな領域を設ける必要が生じる．文を超えると言うとき，少なくとも二つの観点が考えられる．一つは文よりも大きな単位に拡げるというものであり，もう一つは文を文脈の中で捉えるというものである．

第1の観点から，談話とテクストという，文よりも大きな単位，すなわち，連続する複数の文からなる単位が浮かび上がる．談話とテクストは基本的には，それぞれ音声言語と書記（文字）言語に対応する．このうち談話は典型的には，話し手と聞き手と伝達内容の3要素で構成される．

これに対して，第2の観点からは，文脈を視野に入れた文の研究が生まれる．一文であっても，文脈の中において眺めるとき文を超えることになるわけである．この研究領域は，文法論としての談話研究または語用論（運用論）ということになる．文脈の中で文を捉えていこうとする研究が談話研究になるのか語用論になるのかは論議を呼ぶところであろう．少なくとも，この意味での談話研究においては，先に触れた，話し手と聞き手と伝達内容から構成される談話という観点が重要なものになる．

これまでの談話・テクスト研究(談話・テクスト論)は，主として次の3種類に分けることができよう．第1は文論の研究を談話・テクストにまで拡げていくことによって文論研究の限界を超えようとするもの，第2は音声言語を対象とする談話分析・会話分析，そして第3は書記言語を対象とするテクスト言語学・文章論の研究である．一口に談話・テクスト研究と言っても，様々な研究の流れがあり，それらを概観することは容易なことではない．

以上述べたことを背景として，本巻の四つの章の要点を見ていくことにしよう．

第1章では，単文から複文へ，複文からテクストへという拡大・独立が論じられている．単文の一部が拡大して複文が，複文の一部が独立してテクストが生まれるというわけである．単文の一部が従属節として拡大し，主文(主節)と従属節からなる複文が現れ，従属節が主節から独立し，「親文」と「子文」からなるテクストが現れる．筆者は，従属節・子文を機能の違いに基づいて「連用節・連用子文」「連体節・連体子文」「名詞節」に下位区分している．また，文法形式の現れ方や機能の観点から単文，複文，テクストを分析する後半では，テンス，ていねいさ，ムード，主題，主格を取り上げ，それらの文法形式の現れ方や機能が，従属節や子文の中では単文の場合とは異なることを明らかにしている．テンスを例にすると，単文では，発話時を基準にして，それより前のことには過去形，後のことには非過去形が使われるのに対して，従属節や子文では，発話時ではなく，主文や親文が表す事態の時を基準にしてそれより前のことには過去形，後のことには非過去形が使われるということが述べられている．

第2章では，複文の概観をしたあとで，条件表現(条件節)と連体修飾表現(連体節)が詳しく分析されている．複文は，従属節のタイプの違いによって類型化できる．従属節は大きくは，広義連用節(主節の述語または主節全体を修飾するもの)と広義連体節(名詞を修飾するもの)に分かれる．さらに，広義連用節は狭義連用節と並列節(主節に対して意味的に対等に結びつけられたもの)に，広義連体節は狭義連体節と名詞節(修飾される名詞が形式化したもの)に区分される．従属節のこのようなタイプ分けに基づいて，この章では，狭義連用

節のなかで最も重要な位置を占める条件節と広義連体節のなかの連体節を取り上げて考察している．具体的には，条件節についてはレバ形式，タラ形式，ト形式，ナラ形式の4形式に，他方，連体節については連体節と被修飾名詞（主名詞）とを接続する諸形式に着目して分析が試みられている．

第3章では，文より大きい単位として「文連鎖」を取り上げ検討がなされている．文連鎖は文という部分から構成されるという意味において構造を持つ．文連鎖においては，それを構成する文の間に意味のつながりが存在することによってまとまりをなしている．このような文間のつながりは一般に「結束性」と呼ばれている．筆者は，接続詞（接続表現）と指示詞（指示表現）の「文脈展開機能」を解明することにより文間のつながりとまとまりの問題を追究している．文連鎖の研究は談話・テクスト研究における重要な研究テーマである．文連鎖の研究において結束性が問題にされ，そこで特に接続詞と指示詞が考察の対象に選ばれているのはこれら二つの語類の性質から見て妥当である．さらに，この章では，時枝誠記の提唱に端を発する「文章論」の研究史のサーベイがなされている．日本における文章論と欧米におけるテクスト言語学との比較といったことも興味深いテーマになるであろう．

第4章では，対話的談話を中心にして談話の文法が考究されている．対話的談話は話し手，聞き手，伝達内容の3要素で構成される．4.4節で述べられているように，筆者は独自の対話的談話のモデルを想定している．このモデルにおいては，「新規知識」と「既存知識」という対立概念が重要な役割を果たす．ここで問題にされている対立は，日常的な意味での「知っている」か「知らない」かという区別である．このような談話モデルの有効性が，談話における名詞の使用というテーマを通じて具体的な形で示されている．談話における名詞の使用条件を明らかにするには，知識体系自体の組換えに関わる操作のあり方に目を向け，言語のメタ的使用（言語表現による言語表現の説明）といった問題にもメスを入れる必要があるとされている．この章は全体に説明が簡潔であるために，筆者の論点が十分伝わりにくい面があるかもしれないが，ここで提示されている談話モデルは筆者自身の創意によるモデルであるということを付記しておきたい．

本巻の刊行をもって，〈日本語の文法〉のシリーズは完結を見た．〈日本語の文法〉がこれからの日本語文法研究の発展に寄与することを願っている．そしてまた，今後の研究の深化によって，このシリーズが乗り越えられていくことを期待するものである．

　2001年12月

益 岡 隆 志

目　次

〈日本語の文法〉へのいざない

はしがき

1　単文・複文とテキスト

1.1　単文から複文へ　……………………………………………… 4
(a) 単文の構造　……………………………………………… 4
(b) 複文の構造　……………………………………………… 5
(c) 単文と複文の連続性　…………………………………… 7

1.2　複文を構成する節の種類　…………………………………… 10
(a) 主文にたいする機能からみた節の種類　……………… 10
(b) 主文述語の階層構造からみた節の種類　……………… 12
(c) 節の内部構造からみた節の種類　……………………… 14

1.3　文からテキストへ　…………………………………………… 17
(a) 文と文の従属的な関係　………………………………… 17
(b) 文と文の並列的な関係　………………………………… 20
(c) 文とテキストの連続性　………………………………… 22

1.4　テキストを構成する子文の種類　…………………………… 25
(a) 親文にたいする機能からみた子文の種類　…………… 25
(b) 親文述語の階層構造からみた子文の種類　…………… 27
(c) 子文の内部構造からみた子文の種類　………………… 28

1.5　テンスからみた単文・複文とテキスト　…………………… 30
(a) テンスからみた単文　…………………………………… 30
(b) テンスからみた複文　…………………………………… 31

(c) テンスからみたテキスト ……………………………… 34

1.6　ていねいさからみた単文・複文とテキスト ………… 36
　　(a) ていねいさからみた単文 ……………………………… 36
　　(b) ていねいさからみた複文 ……………………………… 37
　　(c) ていねいさからみたテキスト ………………………… 40

1.7　ムードからみた単文・複文とテキスト ……………… 41
　　(a) ムードからみた単文 …………………………………… 42
　　(b) ムードからみた複文 …………………………………… 43
　　(c) ムードからみたテキスト ……………………………… 45

1.8　主題からみた単文・複文とテキスト ………………… 48
　　(a) 主題からみた単文 ……………………………………… 48
　　(b) 主題からみた複文 ……………………………………… 50
　　(c) 主題からみたテキスト ………………………………… 51

1.9　主格からみた単文・複文とテキスト ………………… 54
　　(a) 主格からみた単文 ……………………………………… 54
　　(b) 主格からみた複文 ……………………………………… 56
　　(c) 主格からみたテキスト ………………………………… 58

1.10　まとめ ……………………………………………………… 60

2　複文各論

2.1　複文概説 …………………………………………………… 65
　　(a) 従属節の類型 …………………………………………… 65
　　(b) 名詞節 …………………………………………………… 67
　　(c) 連用節 …………………………………………………… 68
　　(d) 連体節 …………………………………………………… 71
　　(e) 並列節 …………………………………………………… 72

2.2　条件表現 …………………………………………………… 73

  (a) レバ形式の表現 …………………………………………… 74
  (b) タラ形式の表現 …………………………………………… 78
  (c) ト形式の表現 ……………………………………………… 83
  (d) ナラ形式の表現 …………………………………………… 88
  (e) 課題と展望 ………………………………………………… 91
 2.3 連体修飾表現 …………………………………………………… 93
  (a) 基本型修飾表現 …………………………………………… 94
  (b) トイウ修飾表現 …………………………………………… 104
  (c) トノ修飾表現 ……………………………………………… 106
  (d) ヨウナ修飾表現 …………………………………………… 108
  (e) コト系名詞とトイウの有無 ……………………………… 110
  (f) 連体節と「陳述度」……………………………………… 113
  (g) 課題と展望 ………………………………………………… 116

3 接続詞・指示詞と文連鎖

 3.1 文章・談話における文脈展開形態 ………………………… 119
  (a) 「文連鎖」と「連文」…………………………………… 119
  (b) 文章における文のつながりとまとまり ………………… 120
  (c) 談話における発話のつながりとまとまり ……………… 124
 3.2 文脈展開形態としての接続詞と指示詞 …………………… 127
  (a) 時枝誠記の接続詞と代名詞 ……………………………… 127
  (b) 永野賢の連接語：接続語と指示詞 ……………………… 128
  (c) 市川孝の文脈展開の形態：接続語句と指示語 ………… 132
  (d) 宮地裕の広義文脈にかかわる文法的形式：接続詞と指示詞
    ……………………………………………………………… 139
  (e) 森岡健二の副用語：接続詞・中断詞とこそあど系代名詞 … 141
  (f) 長田久男の連文的職能の発動に関与する品詞：持ち込み詞と
    接続副詞等 ………………………………………………… 143

(g) 森田良行の文脈の「意味場」を示す指標：接続語と
　　　　文脈指示語 ……………………………………………………… 145
　3.3　連文における接続詞の機能 ……………………………………… 147
　　　(a) 接続詞の定義と用法 ………………………………………… 147
　　　(b) 連接論，統括論による接続詞の分類 …………………… 155
　　　(c) 結束性，整合性による接続詞の分類 …………………… 158
　3.4　接続表現の文脈展開機能による分類 ……………………… 162
　　　(a) 接続表現の定義と機能 …………………………………… 162
　　　(b) 接続表現の文脈展開機能 ………………………………… 166
　　　(c) 話題の開始機能と終了機能 ……………………………… 167
　　　(d) 話題の継続機能 …………………………………………… 170
　　　(e) 接続表現の談話展開機能 ………………………………… 175
　3.5　連文における指示詞の機能 …………………………………… 177
　　　(a) 指示詞の定義と用法 ……………………………………… 177
　　　(b) 指示詞の分類 ……………………………………………… 178
　　　(c) 文章・談話における指示表現の文脈展開機能 ………… 181
　　　(d) 指示詞と接続詞・応答詞・あいづち等との境界 ……… 185
　3.6　文章・談話における接続詞と指示詞の機能 ……………… 188

4　談話における名詞の使用
　4.1　談話とは ………………………………………………………… 193
　　　(a) 談話の構造と構成要素 …………………………………… 193
　　　(b) 対話的談話の例と構成要素 ……………………………… 194
　　　(c) 非対話的談話の例と構成要素 …………………………… 197
　　　(d) 談話の場と談話内容 ……………………………………… 198
　4.2　談話における名詞の使用 ……………………………………… 199
　　　(a) 非照応的用法 ……………………………………………… 199

(b) 新規要素の導入 ……………………………………… 209
　　(c) 定　義 ………………………………………………… 210
　4.3　照応的用法 …………………………………………… 211
　　(a) 特定読みの場合 ……………………………………… 211
　　(b) 条件文やモーダルの要素として現れる場合など …… 212
　4.4　言語コミュニケーションと談話モデル …………… 213

参考文献 ……………………………………………………… 217
索　引 ………………………………………………………… 225

1
単文・複文とテキスト

このシリーズの第1巻から第3巻では，主に，次の(1)のような単文を対象にしてきた．
　(1)　山田が出発日を決めた．
　この第4巻では，単文より複雑な，複文やテキスト・談話の問題を扱う．
　複文とは，次の(2)のように，文のような部分が二つ以上ある文である．
　(2)　田中が行き先を決め，山田が出発日を決めた．
　テキスト・談話とは，文が二つ以上集まってできたものである．テキストという用語は書きことばを指すことが多く，談話という用語は話しことばを指すことが多い．次の(3)は，テキストの例である．
　(3)　田中が行き先を決めた．そして，山田が出発日を決めた．
　この章でとりあげる課題は，大きくわけると，次の二つである．
　(4)　単文の構造と複文・テキストの構造は，どう違うのか？
　(5)　単文の文法と複文・テキストの文法は，どう違うのか？
　このうち，(4)の課題は，単文と複文・テキストの違いをあきらかにすることである．ここでは，複文というのは，文と文が集まってできたものではなく，単文の中の一部分が拡大してできたものという見かたをする．また，テキストについても，文と文が集まってできる場合だけでなく，文の中の一部分が独立して別の文がつくられる場合があるという見かたをする．
　一方，(5)の課題は，単文と複文・テキストの中での文法の違いである．具体的には，次の(6)から(10)のような文法形式の現れかたや機能の違いをあきらかにする．
　(6)　テンス(時制)――過去形と非過去形の選択
　(7)　ていねいさ(スタイル)――ていねい体と普通体の選択
　(8)　ムード(法)――平叙文，疑問文，命令文などの選択
　(9)　主題(テーマ)――「は」と「が」の選択など
　(10)　主格(主語)――能動文と受動文の選択など

この章では，はじめに，1.1節から1.4節で，単文の構造と複文・テキストの構造の違いを述べ，その後，1.5節から1.9節で，単文の文法と複文・テキストの文法の違いについて述べることにする．

1.1 単文から複文へ

この節では，はじめに，(a)で単文の構造をみたあと，(b)で単文からの拡張として複文の構造を考える．そのあと，(c)で，単文と複文の境界がそれほどはっきりしたものではないことをあきらかにする．

(a) 単文の構造

日本語の**単文**(simple sentence)のもっとも基本的な構造は，次の(11)のように，**述語**が文末におかれ，その前に一つ以上の**格成分**がくる形である．

(11) | 格成分 | 格成分 | 述 語 |

たとえば，次の(12)は，「決めた」という述語と，「山田が」，「出発日を」という格成分からできている．

(12) 山田が出発日を決めた．

このように単文はもっとも基本的には述語と格成分だけからできているが，それを必要に応じて拡張することができる．拡張のしかたには，限定と並列がある．

限定の拡張というのは，前の(12)の「決めた」を，次の(13)の「勝手に決めた」にしたり，前の(12)の「出発日(を)」を，次の(14)の「旅行の出発日(を)」にしたりするものである．

(13) 山田が出発日を<u>勝手に</u>決めた．
(14) 山田が<u>旅行の</u>出発日を決めた．

前の(13)は，述語の拡張の例である．このような，述語にたいする限定の拡張は，一般に**連用修飾**と呼ばれている．その後の(14)は，格成分の中の名詞の拡張の例である．このような，名詞にたいする限定の拡張は，一般に**連体修飾**

と呼ばれている.

一方，**並列**の拡張というのは，前の(12)の「決めた」を，次の(15)の「調整し，決めた」にしたり，前の(12)の「出発日(を)」を，次の(16)の「行き先と出発日(を)」にしたりするものである.

(15) 山田が出発日を<u>調整し</u>，決めた.
(16) 山田が<u>行き先と</u>出発日を決めた.

この(15)は述語の拡張の例であり，(16)は格成分の中の名詞の拡張の例である.

このような単文にみられる成分の拡張をまとめると，次の表1.1のようになる.

表1.1 単文にみられる成分の拡張

拡張の方法 \ 拡張の対象	述　語	格成分
限　定	勝手に(決めた)	旅行の(出発日を)
並　列	調整し，(決めた)	行き先と(出発日を)

(b) 複文の構造

複文(complex sentence)というのは，文のような形をしている**節**(clause)が二つ以上集まってできたものと考えられることが多い．その考えかたを図示すると，次の(17)のようになる．

(17)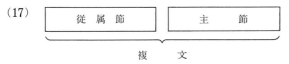

たとえば，次の複文(18)は二つの節，つまり「高速道路が渋滞していたために」という従属節(subordinate clause)と「バスの到着が遅れた」という主節(main clause)からできているという考えである．

(18) <u>高速道路が渋滞していたために</u>，バスの到着が遅れた．

ここでは，そのようには考えず，複文とは単文の中の一部分が拡張するとき，

それが節になった文だと考える．この考えかたを図示すると，次の(19)のようになる．

(19)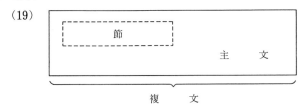

たとえば，次の単文(20)の「遅れた」を拡張するとき，節ではない「渋滞で」で拡張して，その次の(21)のようにすると単文であるが，前の(18)のように，節になっている「高速道路が渋滞していたために」で拡張すると複文になるという考えである．

(20) バスの到着が遅れた．
(21) 渋滞でバスの到着が遅れた．

このような考えにたつと，文の中で節でない部分，つまり前の(18)の「バスの到着が遅れた」の部分だけを指す名称はとくに必要ないことになるが，その部分を指すときには主節ではなく，**主文**という用語を使うことにする．

本節(a)では，単文の中で成分を拡張するときの方法として，限定と並列があり，拡張の対象として述語と格成分があることを述べた．単文から複文に拡張するときの方法も，同じように限定と並列があり，拡張の対象も，同じように，述語と格成分がある．

限定の拡張というのは，前の(12)の「決めた」を，次の(22)の「だれにも相談しないで決めた」にしたり，前の(12)の「出発日(を)」を，次の(23)の「みんなに都合がいい出発日(を)」にしたりするものである．

(22) 山田が出発日をだれにも相談しないで決めた．
(23) 山田がみんなに都合がいい出発日を決めた．

この(22)は述語の拡張の例であり，(23)は格成分の中の名詞の拡張の例である．

一方，並列の拡張というのは，前の(12)の「山田が出発日を決めた」を，次

の(24)の「田中が行き先を決め,山田が出発日を決めた」にしたり,前の(12)の「出発日(を)」を,次の(25)の「イタリアに行くことと出発日(を)」にしたりするものである.

(24) 田中が行き先を決め,山田が出発日を決めた.
(25) 山田がイタリアに行くことと出発日を決めた.

この(24)は述語の拡張の例であり,(25)は格成分の中の名詞の拡張の例である.

このような複文にみられる成分の拡張をまとめると,次の表1.2のようになる.これは,単文にみられる成分の拡張をまとめた,前の表1.1と基本的に同じものである.

表1.2 複文にみられる成分の拡張

拡張の方法 \ 拡張の対象	述 語	格成分
限 定	だれにも相談しないで (決めた)	みんなに都合がいい (出発日を)
並 列	田中が行き先を決め, (山田が出発日を決めた)	イタリアに行くことと (出発日を)

(c) 単文と複文の連続性

本節(a)と(b)で述べたような考えかたをすると,単文と複文は,文として本質的に違うものではなく,単に,文に近い形をしている部分を含んでいるかどうかが違うだけということになる.

たとえば,一般に次の(26)は単文とされ,その次の(27)は複文とされる.しかし,(26)は「毎朝の1時間の散歩」が節でないので単文になり,(27)は「毎朝1時間散歩するの」が節なので複文になっているだけであり,文としての機能に違いはない.

(26) 毎朝の1時間の散歩が私の健康の秘訣です.
(27) 毎朝1時間散歩するのが私の健康の秘訣です.

このように単文と複文は本質的に別のものであるわけではないので,文を単文と複文にわけるのはむずかしい場合がある.もっとはっきりいえば,単文と

複文の分類にはそれほど大きな意味はないといってもいい．単文と複文の関係については，もっとも基本的な単文らしい単文から，複文らしい複文までさまざまな段階があり，連続していると考えるのがよいだろう．

それでは，単文と複文の境界がむずかしい例をあげながら，単文と複文が連続していることをみていこう．次の(28)から(32)の五つのケースにわけて述べることにする．

(28) 節の述語といえるものがないほうが単文，あるほうが複文
(29) 節の述語が格成分をともなわないほうが単文，ともなうほうが複文
(30) 節の述語がテンスの対立をもたないほうが単文，もつほうが複文
(31) 節の述語が実質的意味をもたないほうが単文，もつほうが複文
(32) 節の述語が現れていないほうが単文，現れているほうが複文

はじめに，(28)「節の述語といえるものがないほうが単文，あるほうが複文」についていうと，たとえば，次の(33)は単文，その次の(34)は複文と考えられることが多い．

(33) 私のおじさんが相談にのってくれた．
(34) 弁護士であるおじさんが相談にのってくれた．

(33)が単文とみなされやすいのは，「私の」が「私だ」という述語の活用形だとは考えにくいからである．(34)が複文とみなされやすいのは，「弁護士である」が述語だと考えやすいからである．つまり，節の述語だと考えやすいものをもっている文のほうが，複文だとみなされやすいのである．

次の(35)の「弁護士の」は，形は(33)と同じであるが，機能は(34)と同じであり，(33)と(34)の間に位置づけられる．

(35) 弁護士のおじさんが相談にのってくれた．

二つめの，(29)「節の述語が格成分をともなわないほうが単文，ともなうほうが複文」についていうと，たとえば，次の(36)は単文，その次の(37)は複文と考えられることが多い．

(36) 彼女はとてもおしゃれな服を着てきた．
(37) 彼女はデザインがとてもおしゃれな服を着てきた．

(36)が単文とみなされやすいのは，「おしゃれな」が格成分をともなってい

ないからである．(37)が複文とみなされやすいのは，「おしゃれな」が「デザインが」という格成分をともなっているからである．つまり，節の述語が格成分をともなっている文のほうが，複文だとみなされやすくなるのである．

三つめの，(30)「節の述語がテンスの対立をもたないほうが単文，もつほうが複文」についていうと，たとえば，次の(38)は単文，その次の(39)は複文と考えられることが多い．

(38)　吉田さんは，ほんとうに困った人だね．
(39)　困った吉田さんは，山本さんに相談してみた．

(38)が単文とみなされやすいのは，この「困った」が恒常的な性質を表していて，テンスの面で「困る人」と対立していないからである．(39)が複文とみなされやすいのは，この「困った」がテンスの面で次の(40)のような「困る」と対立しているからである．

(40)　計画が中止になると困る吉田さんは，計画を進めるように頼んだ．

これは，節の述語がテンスの対立をもっている文のほうが，複文とみなされやすいということである．

四つめの，(31)「節の述語が実質的意味をもたないほうが単文，もつほうが複文」についていうと，たとえば，次の(41)は単文，その次の(42)は複文と考えられることが多い．

(41)　そういえば，最近，野村さん，元気ないなあ．
(42)　お願いするという口調で言えば，たぶん引き受けてくれるよ．

(41)が単文とみなされやすいのは，「そういえば」の「いう」が形式化していて，「言う」という動詞の実質的意味を失っているからである．(42)が複文とみなされやすいのは，「お願いするという口調で言えば」の「言う」が「言う」という動詞の実質的意味をもっているからである．つまり，節の述語が形式化せず，実質的な意味をもっているほうが，複文とみなされやすいのである．

次の(43)は，単文と複文の間に位置づけられるだろう．「はっきり言えば」の「言う」はある程度，形式化しているが，形式化の程度が低いからである．

(43)　はっきり言えば，あいつは努力が足りない．

五つめの，(32)「節の述語が現れていないほうが単文，現れているほうが複

文」についていうと，たとえば次の(44)と(45)を比べると，(44)のほうが単文，(45)のほうが複文と考えられやすい．

(44) 彼女は夏にはサーフィン，冬にはスキーをする．
(45) 彼女は夏にはサーフィンをし，冬にはスキーをする．

(44)と(45)の違いは，節の述語「(を)し」があるかどうかである．(44)のように節の述語がないほうが単文とみなされやすく，(45)のように節の述語があるほうが複文とみなされやすい．

このように，単文と複文は連続していて，境界が決めにくいのである．

1.2　複文を構成する節の種類

ここでは，複文を構成する節を三つの観点から分類する．(a)では，主文にたいする機能という観点から，節を，連用節，連体節などに分類する．(b)では，主文述語の階層構造という観点から，述語にかかっていく連用節を，アスペクト階層節，テンス階層節などに分類する．(c)では，節の内部構造という観点から，節を，アスペクト分化節，テンス分化節などに分類する．

(a) 主文にたいする機能からみた節の種類

複文を構成する節を，主文にたいする機能という観点から分類してみよう．この分類は，文全体の構造の中でその節がどのような機能をもつ部分になっているかという観点からの分類である．

ここでは，次の(46)のように，連用節，名詞節，連体節の3種類に分類する．

(46)
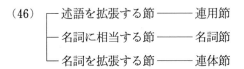

連用節というのは，述語を拡張する節であり，次の(47)の下線部のような節である．連用節は，副詞節と呼ばれたり，狭い意味で従属節と呼ばれたりすることもある．

(47) 暖かくなったら，この種をまきましょう．

連用節の多くは，この(47)のように，述語を限定して拡張するものであるが，次の(48)のように，述語を並列して拡張するものもある．このような節は，並列節と呼ばれることがある．また，このような文は，複文ではなく，重文と呼ばれることもある．

(48) みんな賛成したが，ぼくは反対だった．

一方，名詞節と連体節は，主に格成分にかかわる節である．

名詞節は，次の(49)の下線部のように，その節全体が名詞の働きをしているものである．名詞節は，「～こと」や「～の」，「～か」という形になっている．名詞節は，埋め込み節と呼ばれたり，補足節と呼ばれたりすることもある．

(49) だれとでも仲良くなれるのが私の特技です．

連体節は，次の(50)の下線部のように，名詞を限定して拡張するものである．連体節は，連体修飾節と呼ばれたり，関係節と呼ばれたりすることもある．

(50) 読み終わった本は，もとの場所に返してください．

ここであげた3種類の節は，文構造の中のどんなレベルで働くかという点でも違いがある．連用節は，述語に直接かかっていく連用成分(副詞的成分ともいう)として働くものであり，成分のレベルのものだと言える．名詞節は，格成分や述語の中心的な要素である名詞として働くものである．格助詞や「だ」がつかなければ成分になれないものであり，成分より下のレベルのものである．連体節は，成分の中にある名詞を限定する働きをするものであり，名詞節よりさらに下のレベルで働くものだと言える．

このように，連用節と名詞節，連体節は，それぞれ形も働きも違うものであるが，その違いは本質的なものではない．どの部分を節と考えるかによって，連用節になったり連体節になったりすることがあるからである．また，同じ形が連用節とも名詞節とも考えられることがあるからである．

どの部分を節と考えるかによって，連用節になったり連体節になったりするというのは，次のようなことである．たとえば，次の(51)の下線部の「大雪が降った日」を節と考えると，時を表す連用節になるが，「大雪が降った」だけを節と考えると，「日」を限定する連体節になる．その次の(52)でも，「大雪が

降った日」は名詞節と考えることができ,「大雪が降った」は連体節になる.

(51) 大雪が降った日,バスも電車ものろのろ運転だった.
(52) 大雪が降った日は日曜日だった.

同じ形が連用節とも名詞節とも考えられることがあるというのは,次のようなことである.同じ「大雪が降った日」でも,前の(51)の「大雪が降った日」は連用節になっているが,その後の(52)の「大雪が降った日」は名詞節と考えることができるということである.

ただし,同じ形が連用節と名詞節のように違う成分になるのは,節だけに見られることではない.節でなくても,連用成分になったり名詞になったりすることがある.たとえば,次の(53)の「きのう」は時を表す連用成分になっているが,その次の(54)の「きのう」は格成分の中の名詞になっている.

(53) きのうバスも電車ものろのろ運転だった.
(54) きのうは日曜日だった.

(b) 主文述語の階層構造からみた節の種類

次に,複文を構成する節のうち,主文の述語にかかっていく連用節を,主文の述語の**階層構造**という観点から分類してみよう.これは,連用節が主文述語のどの階層と呼応しているかという観点からの分類である.

述語の階層構造については南(1993)や益岡(1997)が詳しいが,ここでは野田(1989b)で示されたものを基本として,次のような階層構造を考える.

述語の内部は,次の(55)のような構造をもっていると考える.これを具体的な例と対応させると,その次の(56)のようになる.

この構造は,述語の語幹の階層をヴォイスの階層が外側から包み,それをアスペクトの階層が外側から包むというようにとらえられる.

そして,このような階層構造は,述語の内部にみられるだけでなく,述語に

かかっていくさまざまな成分にもみられると考える．たとえば，次の(57)に出てくる成分については，次のようになる．

(57) 頼むから，これからも ずっと ここに いてくれ．

「頼むから」は，「てくれ」という依頼と呼応するので，対他的ムードの階層のものだと考えられる．「これからも」は，未来時と呼応するので，テンスの階層のもの，「ずっと」は「いる」という継続的な状態と呼応するので，アスペクトの階層のものだと考えられる．「ここに」は，「いる」という述語の語幹と呼応するので，述語の語幹の階層のものだと考えられる．

連用節についても，同じように考えることができる．主文の述語のどの階層と呼応するかによって連用節を分類すると，表1.3のように，**アスペクト階層節**，**テンス階層節**，**対事的ムード階層節**などにわけられる．

表1.3 主文述語の階層構造からみた節の種類

節の種類	節の例
語幹階層節	早く逃げろと叫んだ．
（ヴォイス階層成分）	喜んで資金の援助をした．
アスペクト階層節	テレビを見ながらごはんを食べている．
肯定否定階層節	よく見ずに買った．
テンス階層節	ぼくは生まれたとき，体重が少なかった．
対事的ムード階層節	安いので買った．
対他的ムード階層節	環境はいいけれど，不便です．

この表で「早く逃げろと」のような，発言の引用を表す「～と」節が語幹階層節になっているのは，「早く逃げろと叫んだ」とは言えるが，「*早く逃げろとあわてた」とは言えないというように，主文の述語の語幹と呼応するからである．

「テレビを見ながら」のような，同時を表す「～ながら」節がアスペクト階層節になっているのは，「テレビを見ながらごはんを食べている」とは言えるが，「?テレビを見ながらごはんを食べおわった」とは言いにくいというように，主文の述語のアスペクトと呼応するからである．

「～ずに」節が肯定否定階層節になっているのは，「よく見ずに買った」とは言えるが，「*よく見ずに買わなかった」とは言えないというように，主文述語

の肯定否定と呼応するからである．

「～とき」節がテンス階層節になっているのは，「ぼくは生まれたとき，体重が少なかった」とは言えるが，「*ぼくは生まれたとき，体重が少ない」とは言えないというように，主文述語のテンスと呼応するからである．

「～ので」節が対事的ムード階層節になっているのは，「安いので買った」とは言えるが，「?安いので買おう」とは言いにくいというように，対事的ムードと呼応するからである．

「～けれど」節が対他的ムード階層節になっているのは，「環境はいいけれど，不便です」とは言えるが，「*環境はいいけれど，不便ですか？」とは言えないというように，対他的ムードと呼応するからである．

(c) 節の内部構造からみた節の種類

次に，複文を構成する節を，節の**内部構造**という観点から分類してみよう．これは，節の中がどれくらい文に近い形をしているかという観点からの分類である．

たとえば，次の(58)の下線部の，仮定を表す「～(れ)ば」という節と，その次の(59)の下線部の，発言の引用を表す「～と」という節を比べてみよう．

(58) 郊外に住んでいれば，季節の移り変わりがよくわかります．

(59) 田中さんは，ツツジはもう咲いていると言っていました．

「～(れ)ば」節の中には，前の(58)のように，「ている」のようなアスペクトの要素は出てくるが，次の(60)が言えないように，「はずだ」のような対事的ムードの要素は出てこない．

(60) *郊外に住んでいるはずであれば，季節の移り変わりがよくわかります．

一方，「～と」節の中には，前の(59)のように，「ている」のようなアスペクトの要素が出てくるだけでなく，次の(61)のように，「はずだ」のような対事的ムードの要素も出てくる．

(61) 田中さんは，ツツジはもう咲いているはずだと言っていました．

これは，「～(れ)ば」節より発言引用の「～と」節のほうが内部にいろいろな要素を含むことができるということであり，「～(れ)ば」節より発言引用の

「〜と」節のほうが文に近い形をしているということになる．

節の内部にどんな要素が現れるかによって節を分類すると，表1.4のように，**アスペクト分化節，テンス分化節，対事的ムード分化節**などにわけられる．

表1.4 節の内部構造からみた節の種類

節の種類	節の内部に現れる要素	ヴォイス (ら)れる	アスペクト ている	肯定否定 ない	テンス た	対事的ムード だろう	対他的ムード ね
（節ではない）	喜んで	×	×	×	×	×	×
ヴォイス分化節	〜ながら（同時）	○	×	×	×	×	×
アスペクト分化節	〜ずに	○	○	×	×	×	×
肯定否定分化節	〜とき	○	○	○	△	×	×
テンス分化節	〜ので	○	○	○	○	×	×
対事的ムード分化節	〜けれど	○	○	○	○	○	×
対他的ムード分化節	〜と（発言引用）	○	○	○	○	○	○

この表の見かたは次のとおりである．表の左のほうに上下に並んでいるのは，節の内部構造からみた節の種類とその代表的な節である．表の上のほうに左右に並んでいるのは，節の内部に現れる要素のカテゴリーとその代表的な要素である．

たとえば，同時を表す「〜ながら」節は，その内部にヴォイスの「(ら)れる」という要素が現れるので，その交点に○がついている．しかし，アスペクトの「ている」やテンスの「た」など，他の要素は現れないので，その交点には×がついている．

これは，同時を表す「〜ながら」節が，次の(62)と(63)のようなヴォイスの分化・対立はもつが，アスペクトやテンスなど，アスペクトより外側にある要素の分化・対立はもたないということである．このようなことを考えて，同時を表す「〜ながら」節をヴォイス分化節と呼ぶことにする．

(62) ねこの頭をなでながら，ソファに座っていた．
(63) ねこは，頭をなでられながらじっとしていた．

　また，たとえば，時を表す「～とき」節は，その内部にヴォイスの「(ら)れる」やアスペクトの「ている」が現れるので，その交点に○がついている．しかし，対事的ムードの「だろう」や対他的ムードの「ね」は現れないので，その交点には×がついている．テンスの「た」との交点が△になっているのは，「～とき」節の内部に「た」という要素は現れるが，次の(64)のように，発話時を基準にした過去を表すわけではないからである．

(64) どうにもならなくなったときは，電話してください．

　これは，「～とき」節が，肯定否定より内側にある要素の分化・対立はもつが，テンスより外側にある要素の分化・対立はもたないということである．このようなことを考えて，「～とき」節を肯定否定分化節と呼ぶことにする．

　なお，ここで節としたもののうち，「～ながら」のように文の形から遠いものを，節と区別して，句と呼ぶことがある．

　最後に，本節(b)でみた，主文述語の階層構造からみた節の種類と，ここでみた，節の内部構造からみた節の種類の相関関係を見ておこう．この二つの節の種類のあいだには，おおまかには，次の表1.5のような相関関係がみられる．南(1993)の従属句の分類とともに示す．（南は連体節を扱わないため，「～とき」節はとりあげられていないが，B類と考えてよいと考えられる．）

表1.5　階層からみた節と内部構造からみた節の相関関係

節の例	階層からみた節	内部構造からみた節	南の分類
～ながら	アスペクト階層節	ヴォイス分化節	A類
～ずに	肯定否定階層節	アスペクト分化節	B類
～とき	テンス階層節	肯定否定分化節	B類
～ので	対事的ムード階層節	テンス分化節	B類
～けれど	対他的ムード階層節	対事的ムード分化節	C類

　アスペクト階層節は，アスペクトより一つ内側のヴォイスまでが分化していて，肯定否定階層節は，肯定否定より一つ内側のアスペクトまでが分化しているというふうに，きれいな相関関係がみられる．

　ただし，発言引用の「～と」節は，いちばん内側の語幹の階層にあるのに，

いちばん外側の対他的ムードまで分化しているという点で特殊である．

1.3 文からテキストへ

　この節では，テキストの中の文と文の関係を分析することによって，文の連続がどのようにしてテキストを構成しているのかをあきらかにする．
　はじめに，(a)では，文と文が従属的な関係になっているものをとりあげる．次に，(b)では，文と文が並列的な関係になっているものをとりあげる．そのあと(c)では，単一の文と，複数の文からなるテキストの境界がそれほどはっきりしたものではないことを述べる．

(a) 文と文の従属的な関係

　テキスト(text)はふつう複数の文で構成されているが，テキストを構成する複数の文はすべてたがいに対等な関係で結びついているわけではない．文としての独立性が高い文もあれば，他の文に従属しているような独立性の低い文もある．
　ここでは，文と文が**従属的な関係**でつながっているものをみる．次の(65)は，最初の文がその後の文に従属的な関係でつながっている例である．
　(65)　国際身障者年の来年，アメリカを訪れ，各地の障害者の施設で日本の折り紙を教えたい．そういう全盲の人の小さな夢を主婦や学生が支援し，実らせようとしている．
　　　　　　　　　　　　（『朝日新聞』1980.8.9朝刊 p.1「天声人語」）
　ここでは仮に，(65)で実線の下線を引いた文のように，他の文に従属している文を**子文**（こぶん）（あるいは従属文），点線の下線を引いた文のように他の文に従属していない文を**親文**（おやぶん）（あるいは独立文）と呼ぶことにしよう．
　(65)の最初の文が後の文に従属していることは，これら二つの文を，次の(66)のように，一つの文にしても，意味がほとんどかわらないことからもわかる．一つの文にすると，子文は節になり，親文は主文になる．
　(66)　国際身障者年の来年，アメリカを訪れ，各地の障害者の施設で日本の

　　　　折り紙を教えたいという 全盲の人の小さな夢を主婦や学生が支援し，
　　　　実らせようとしている.

　子文は，節と同じような性質をもっている．一例として，子文である，前の(65)の最初の文について，「たい」の人称制限をみてみよう．

　一般に，主文末では，次の(67)のように「たい」の主格が三人称だと，不自然に感じられる．

　(67)＊その全盲の人は国際身障者年の来年，アメリカを訪れ，各地の障害者
　　　　の施設で日本の折り紙を教えたい．

　それにたいして，節では，「たい」の主格が三人称でも，不自然にならない．たとえば，前の(66)の「……日本の折り紙を教えたいという全盲の人の小さな夢」は不自然ではない．問題の(65)の最初の文は，主格が三人称でも不自然にはなっていない．これは，この文が主文の性質をもっておらず，むしろ(66)の節と同じような性質をもっているからだと考えられる．

　次の(68)や(69)も，子文と親文の組み合わせの例である．実線の下線がついているほうが子文，点線の下線のほうが親文である．

　(68)　腕力は必要ない．ただ，私のことを先生と呼び，客ではなく，この先
　　　　生に丁寧な言葉遣いで接していればいい．男はそう言って，肘掛け椅
　　　　子に凭れた．　　　　　　　　（宮本輝『夢見通りの人々』p.125）
　(69)　子供のころ，だれもが遊んだことのあるチャンバラごっこ．それをそ
　　　　のままスポーツにした「スポーツチャンバラ」が最近，人気を呼んで
　　　　いる．　　（『朝日新聞』1992.10.25 朝刊 p.25「サンデーワイド」）

　これら，子文と親文の組み合わせは，もともと一つの文だったものから，その一部が文として分離してできたと考えることもできる．たとえば，前の(68)は次の(70)から，前の(69)は次の(71)から，それぞれ実線の部分が分離したというようにである．

　(70)　男は，腕力は必要ない，ただ，私のことを先生と呼び，客ではなく，
　　　　この先生に丁寧な言葉遣いで接していればいい と言って，肘掛け椅
　　　　子に凭れた．
　(71)　子供のころ，だれもが遊んだことのあるチャンバラごっこ をそのま

1.3 文からテキストへ──19

まスポーツにした「スポーツチャンバラ」が最近，人気を呼んでいる．

　文の一部が分離して別の文になれるといっても，文のどんな部分でも分離して文になれるわけではない．分離して親文の前に出る場合は，基本的に，文の形をしている部分か，名詞の形をしている部分にかぎられる．前の(68)は，(70)から，文の形をしている「腕力は必要ない」と「ただ，私のことを先生と呼び，客ではなく，この先生に丁寧な言葉遣いで接していればいい」の部分が分離した例であり，前の(69)は，(71)から，名詞の形をしている「子供のころ，だれもが遊んだことのあるチャンバラごっこ」の部分が分離した例である．

　文の形をしている部分や名詞の形をしている部分が，前のほうに分離して文になれるのは，それらが述語につながっていかない形だからである．述語につながっていく形，つまり「腕力は必要ないと」や「子供のころ，だれもが遊んだことのあるチャンバラごっこを」のようなものは，文として分離することはできない．それは，次の(72)や(73)がなりたたないことからあきらかである．

(72)　*腕力は必要ないと．ただ，私のことを先生と呼び，客ではなく，この先生に丁寧な言葉遣いで接していればいいと．男は言って，肘掛け椅子に凭れた．

(73)　*子供のころ，だれもが遊んだことのあるチャンバラごっこを．そのままスポーツにした「スポーツチャンバラ」が最近，人気を呼んでいる．

　ここまでみてきた子文と親文の組み合わせは，それを合わせて一つの文にできるような，典型的なものである．そのようなものよりは従属の度合いが低く，一つの文にはなおしにくいが，広い意味で他の文に従属していると言える文もある．たとえば，次の(74)の2番目の，「つまり」で始まる文である．

(74)　谷村新司と宇崎竜童の共通点は，一言で言えば泥臭さと和音構成の単純さにあります．つまり，日本の大衆の音楽のテクニック性にコンプレックスを与えないのみならず，メロディーに大衆好みの泣きがきちんと入れてある点です．　　　（小倉千加子『松田聖子論』p.183）

　このほか，「ただし」，「たとえば」，「なぜなら」などで始まる文も，前の文に従属していると言える．

(b) 文と文の並列的な関係

テキストを構成する文と文の関係として,本節(a)では従属的な関係をみた.ここでは,文と文が対等に**並列的な関係**でつながっているものをみる.

次の(75)は,文と文が並列的な関係でつながっている例である.

(75)「大勢の陶芸家が,同じものはつくりたくないと言う.去年と違う今年,今年と違う来年でいきたいと.しかし,それは流行をつくり続ける日本企業と変わらない考え方じゃないか.靴屋が親子二代,三代とひとつの木型で同じ靴をつくり続けるように,器屋だって,いったん自分がデザインして世に出したものは,どこからでも注文がある限りつくっていくべきじゃないか」　　(『あまから手帖』1993.4 p.51)

このテキストの構造は,次の(76)のように考えられる.文と文を線で結んでいるところが並列的な関係だと考えられるところである.

(76)　1　大勢の陶芸家が,……
　　　2　去年と違う今年,……
　　　3　しかし,それは……
　　　4　靴屋が親子二代,……

最初の文と2番目の文が並列的な関係でつながっていて,3番目の文と4番目の文も,並列的な関係でつながっていると考えられる.そして,最初の文と2番目の文のまとまりと,3番目の文と4番目の文のまとまりが,3番目の文のはじめにある「しかし」によって,並列的につながっていると考えられる.

このように,このテキスト(75)には並列的な関係が三つみられるが,並列的な関係といっても,典型的なものもあり,周辺的なものもある.

並列的な関係のなかでも典型的といえるのは,二つの文が順接の関係でつながっているものである.順接では,二つの文が,接続表現を使わずにつながっているか,「そして」や「それから」のような順接の接続表現でつながっている.前の(75)のなかでは,3番目の文「しかし,それは……考え方じゃないか」と4番目の文「靴屋が親子二代,三代と……つくっていくべきじゃないか」の関係がそうである.

並列的な関係のなかでも,典型的なものから少し離れるのは,逆接の関係でつながっているものである.(75)の例では,「しかし」で結ばれている関係,つまり,最初の二文をまとめたものと最後の二文をまとめたものの関係である.

二つの文が「しかし」や「でも」など,逆接の接続表現で結ばれている場合,その前にある文より,その後にある文のほうが主張したいことであることが多い.そのため,前にある文が後にある文に従属している面があり,並列的な関係の典型とは言えなくなる.

この(75)にみられた並列的な関係のもう一つ,最初の文「大勢の陶芸家が,……と言う」と2番目の文「去年と違う今年,今年と違う来年でいきたいと」の関係は,かなり従属的な面が強い.2番目の文に述語「言う」がなく,その前の文の「……と言う」に従属してなりたっているからである.

といっても,この関係は,本節(a)でみた従属的な関係ではなく,並列的な関係と考えたい.最初の文に,後の文を受ける「こう」などがなく,最初の文が完全に独立した文になっているからである.また,2番目の文も,その前の文にある「言う」が省略されているだけで,独立した文とみていいからである.

このように,並列的な関係といっても,典型的なものから周辺的なものまでさまざまなものがあり,周辺的なものは従属的な関係と連続しているのである.

このほか,文と文の並列的な関係には,話題の転換がある.たとえば,次の(77)の「ところで」の前の複数の文と,その後の複数の文の関係である.

(77)　このケーニヒス・クローネが東中野と中野坂上にもある.今回,紹介するのは東中野店だが,方向音痴の読者は青梅街道沿いの中野坂上店を訪れる方が助手席の女性に馬鹿にされることなく済むかもしれない.……[省略]……十本入り六百円.これまた,お勧めだ.
　　　ところで,東中野店の近くには,知る人ぞ知る飯田深雪スタジオがある.紹介者がないと入校出来ないクッキング,フラワー・アレンジメントの講座がある.……[省略]……

(田中康夫『東京ステディ・デート案内』pp.189-190)

話題の転換には,「ところで」や「別の話ですが」のような接続表現が使われるときと,接続表現がなにも使われないときがある.話題の転換では,前の

部分と後の部分に強い関係はないが,これも並列的な関係の一種としておく.

なお,ここでは,文と文の関係といっても,一文と一文の関係だけでなく,二文以上のまとまりどうしの関係もとりあげた.テキストの構造は,一文と一文の関係だけで記述できるものではないからである.テキストというのは,前の(76)に図示したように,文と文が何らかの関係でまとまり,そのまとまりがまたほかの文と関係をもつというような構造になっているのである.

(c) 文とテキストの連続性

本節(a)と(b)では,テキストの中での文と文の関係について述べた.その中で,二つの文が,節と主文の関係と同じように,従属的な関係で結ばれている場合があることを指摘した.

この(c)で主張したいことは,従属的な関係にある二つの文は,節と主文からなる一つの文と本質的に違うものではなく,たがいに連続したものであるということである.つまり,文より上にあるテキストという単位は,文という単位と連続したものであるということである.

たとえば,一般に次の(78)は二つの文とされ,その次の(79)は一つの文とされる.しかし,(78)のそれぞれの文は,それだけでは意味が完結しないものであり,それぞれが完全に独立した文だとは言えない.このような二文の組み合わせは,その次の(79)のような一文と,ほとんど同じ機能をもっている.

(78) 山奥に育った人間にでなければ,この詩のすばらしさがわかるものか.こうした反発が佐藤に「宮沢賢治の詩について」という卒業論文を書かせた. (佐高信『師弟』p. 188)

(79) 山奥に育った人間にでなければ,この詩のすばらしさがわかるものかという反発が佐藤に「宮沢賢治の詩について」という卒業論文を書かせた.

これは,前の(78)のような連続した二文と,その後の(79)のような,節と主文からできている一文は本質的に違うものではないということである.単に,書きことばでは句点(「.」)があるかどうか,話しことばではポーズがあるかどうかというような形の違いにすぎないということである.

1.3 文からテキストへ

テキストの構造を考えるときには，文という単位を絶対的なものとして，すべての文を対等に扱うことはできない．文の中には，完全に独立した，文らしい文から，独立性がない，節に近い文まで，さまざまな段階が連続的にあり，節に近い文は，節とも連続しているのである．

それでは，二文以上の連続と一文の境界がむずかしい例をあげながら，テキストと文が連続していることをみていこう．代表的なものを，次の(80)から(82)の三つの場合にわけて述べることにする．

(80) 文として独立できる成分を指示する指示表現をもつ場合
(81) 文として独立できる成分が二つ以上並列されている場合
(82) 述語の後に連用成分がくるような語順の倒置がある場合

はじめに，(80)「文として独立できる成分を指示する指示表現をもつ場合」についていうと，たとえば，次の(83)は二文，その次の(84)は一文と考えられることが多い．

(83) スキー場では日焼け止めクリームを塗り，帰ってからは人工紫外線で肌を焼く．そんな若者がふえている．
(『朝日新聞』1989.1.21 朝刊 p.1「きょうの天気」)

(84) 絵ごころがなくても，しばし歩みを止め，キャンバスに筆を走らせたくなる，そんな風景がそこここに広がっている．
(『あまから手帖』1990.7 pp.52-53)

(83)が二文とみなされやすいのは「そんな」の前が句点(「．」)になっているからであり，(84)が一文とみなされやすいのは「そんな」の前が読点(「，」)になっているからである．しかし，句点にするか読点にするかの違いは大きくないため，(83)のような二文と(84)のような一文は連続していると考えられる．

次に，(81)「文として独立できる成分が二つ以上並列されている場合」についていうと，たとえば，次の(85)の下線部は二文，その次の(86)の下線部は一文と考えられることが多い．

(85) 四月六日に緑から手紙が来た．四月十日に課目登録があるから，その日に大学の中庭で待ちあわせて一緒にお昼ごはんを食べないかと彼女は書いていた．返事はうんと遅らせてやったけれど，これでおあいこ

　　　　だから仲直りしましょう．だってあなたに会えないのはやはり寂しい
　　　　もの，と緑の手紙には書いてあった．
　　　　　　　　　　　　　　　　　（村上春樹『ノルウェイの森（下）』p.177）
(86)　この女が泣くのを見るのは何度目だろう．別れ話の時にも泣いた．六
　　　　本木のフランス料理屋だった．あんたみたいにひどい男はいない，死
　　　　んだらきっと地獄に墜ちるだろう，とウェイターが皿を落とすほど大
　　　　きな声で叫びながら泣いた．　　（村上龍『走れ！　タカハシ』p.77）

　(85)が二文とみなされやすいのは「仲直りしましょう」の後が句点(「．」)に
なっているからであり，(86)が一文とみなされやすいのは「いない」の後が読
点(「，」)になっているからである．しかし，句点にするか読点にするかの違い
は大きくないため，(85)のような二文と(86)のような一文は連続していると考
えられる．
　最後に，(82)「述語の後に連用成分がくるような語順の倒置がある場合」に
ついていうと，たとえば，次の(87)は二文，その次の(88)は一文と考えられる
ことが多い．
(87)　自分からどんどん仕事を増やした．週一回だった生徒には二回，二時
　　　　間だった生徒には三時間，大学では，下級生の実験に，目ざとく口を
　　　　出し，手を出す，というように．
　　　　　　　　　　　　　　　　（増田みず子『シングル・セル』pp.186-187）
(88)　稜子は，彼から離れたくなかったのでなく，離れるきっかけを捜して
　　　　いたのだ，多分，離れたくないものから離れるというスリルを味わう
　　　　ために．　　　　　　　　　　（増田みず子『シングル・セル』p.264）

　(87)が二文とみなされやすいのは「増やした」の後が句点(「．」)になってい
るからであり，(88)が一文とみなされやすいのは「捜していたのだ」の後が読
点(「，」)になっているからである．しかし，句点にするか読点にするかの違い
は大きくなく，(87)のような二文と(88)のような一文は連続していると考えら
れる．
　このように，一文か二文かという境界は決めにくく，連続している．という
ことは，文と，文が集まったテキストの境界も決めにくく，連続しているとい

うことである.

1.4 テキストを構成する子文の種類

ここでは,テキストを構成する文のうち,子文を,三つの観点から分類する.
(a)では,親文にたいする機能という観点から,子文を,連用子文,連体子文
などに分類する.(b)では,親文の述語の階層構造という観点から,子文を,
アスペクト階層子文,テンス階層子文などに分類する.(c)では,子文の内部
構造という観点から,子文を,アスペクト分化子文,テンス分化子文などに分
類する.

この分類方法は,1.2節で複文を構成する節を分類したときの方法と,基本
的には同じである.

(a) 親文にたいする機能からみた子文の種類

テキストを構成する文のうち,子文を,親文にたいする機能という観点から
分類してみよう.この分類は,テキストの中で,その子文が親文にたいしてど
のような機能をもっているかという観点からの分類である.

ここでは,次の(89)のように,連用子文,連体子文,連用相当子文,名詞相
当子文,連体相当子文の5種類に分類する.

(89)

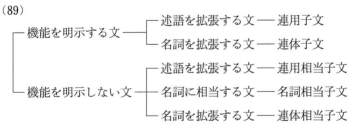

(89)のなかの「機能を明示する文」というのは,その子文が親文のどのよう
な成分になっているのかを明示する形をもっている文である.これには,連用
子文と連体子文の2種類がある.

連用子文は,次の(90)の実線を引いた文のように,親文の述語を拡張する働

きをするものである．この文では，この文がその前にある親文の述語を拡張する連用成分になることが，「高くても」の「ても」によって明示されている．

(90)　雅　「<u>欲しいもんだけ買ったらええんですけどね．なんぼ高くても</u>」

（柳田精次郎(他)(編)『恋のから騒ぎⅢ』p.47）

連体子文は，次の(91)の実線を引いた文のように，親文の名詞を拡張する働きをするものである．この文では，この文がその前にある親文の名詞「皮」を拡張する連体成分になることが，「子羊の」の「の」によって明示されている．

(91)　さんま　「なに，その言い方．ロ・エ・ベ！　ロエベがどうええわけ？」

　　　　岡　　「あの，<u>皮の感触が好きなんですよ．子羊の</u>」

（柳田精次郎(他)(編)『恋のから騒ぎⅢ』p.171）

一方，「機能を明示しない文」というのは，その子文が親文のどのような成分になるのかを明示する形をもっていない文である．親文のどのような成分になるかは，親文の中で「そう」や「これ」のような指示語で示されることがある．機能を明示しない文には，連用相当子文，名詞相当子文，連体相当子文の3種類がある．

連用相当子文は，次の(92)の実線を引いた文のように，その文が親文の述語を拡張する働きをするものである．この二文は，その後にある親文の節の述語「言われる」を拡張する成分になることが，親文の「そう」によって示されているが，連用相当子文の中にはそのような機能を示す形はない．

(92)　母親が冗談で，まだ幼かった慎一にお前なんか，水道橋のたもとで拾ってきた子どもなんだから，と言うことがあった．<u>あんまり言うこときかないと，また水道橋に戻しちゃうからね．それでも，いいんだね</u>．そう言われるたびに，慎一は憤慨して泣きわめいていた．

（津島佑子『火の河のほとりで』p.291）

名詞相当子文は，次の(93)の実線を引いた文のように，その文全体が親文の名詞の働きをするものである．この文は，その後の親文の名詞になることが，親文の「これ」によって示されているが，この名詞相当子文の中にはそのような機能を示す形はない．

(93) 茹でたアーティショーを塩味で食べる．これが最もオーソドックスなアーティショーの楽しみ方である．
（田中康夫『東京ステディ・デート案内』p.59）

連体相当子文は，次の(94)の実線を引いた文のように，その文が親文の名詞を拡張する働きをするものである．この文は，その後の親文の名詞「規則」を拡張する成分になることが，親文の「そういう」によって示されているが，連体相当子文の中にはそのような機能を示す形はない．

(94) 選手は移動中はネクタイを着用しなければならない．そういう規則があることを，僕は，三選手が待ち合わせた仙台空港のコーヒーショップではじめて知った．関根が「競輪選手は品位が大切ですから」と説明した．　　　　　　　　　　　　（足立倫行『人，旅に暮らす』p.16）

(b) 親文述語の階層構造からみた子文の種類

次に，テキストを構成する子文のうち，親文の述語にかかっていく連用子文を，親文の述語の階層構造という観点から分類してみよう．これは，連用子文が親文の述語のどの階層と呼応しているかという観点からの分類である．

1.2節(b)で，連用節を，主文述語のどの階層と呼応するかによって，アスペクト階層節，テンス階層節，対事的ムード階層節などにわけたが，連用子文も同じようにわけることができる．連用子文は，次の表1.6のように，**アスペクト階層子文**，**テンス階層子文**，**対事的ムード階層子文**などにわけられる．

表1.6 親文述語の階層構造からみた子文の種類

子文の種類	子文の例
語幹階層子文	「～と」(引用)節に相当する子文
アスペクト階層子文	「～ながら」(同時)節に相当する子文
肯定否定階層子文	「～ずに」節に相当する子文
テンス階層子文	「～とき」節に相当する子文
対事的ムード階層子文	「～ので」節に相当する子文
対他的ムード階層子文	「～けれど」節に相当する子文

たとえば，次の(95)の実線の文は，語幹階層子文だと考えられる．親文の述語の語幹「合わせ」をかえて，その次の(96)のようにすると言えなくなること

からもわかるように，この文は親文の述語の語幹と呼応しているからである．
- (95) 彼はたじろぎ，目を逸らせて，板の間を突っ切り，二階へあがった．胸の動悸が激しかった．<u>まともに眼を合わせてしまったのだった</u>．<u>恐しいような，憎々しげな眼と</u>．

(増田みず子『シングル・セル』p.138)
- (96) #<u>まともに眼をつぶってしまったのだった</u>．<u>恐しいような，憎々しげな眼と</u>．

また，たとえば，次の(97)の実線の文は，対他的ムード階層子文だと考えられる．親文の述語の対他的ムードを「質問」にかえて，その次の(98)のようにすると，言えないか，実線の子文が質問の範囲に入らなくなることからもわかるように，この文は親文の述語の対他的ムードと呼応しているからである．
- (97) <u>両親が家に揃うのは，正月くらいなの</u>．<u>都会で働いている人たちが田舎へ帰るから</u>． (増田みず子『シングル・セル』p.259)
- (98) #<u>両親が家に揃うのは，正月くらいなの？</u> <u>都会で働いている人たちが田舎へ帰るから</u>．

なお，連体子文や，連用相当子文，名詞相当子文，連体相当子文は，直接，述語と呼応しないので，述語の階層構造と関係づけることはできない．連用子文は，述語に直接かかっていく，成分レベルのものであるが，連体子文や連用相当子文，名詞相当子文，連体相当子文は成分の一部分であり，成分より下のレベルのものだからである．

(c) 子文の内部構造からみた子文の種類

次に，テキストを構成する文のうち，子文を，子文の内部構造という観点から分類してみよう．これは，子文の中がどれくらい文らしい形をしているかという観点からの分類である．

たとえば，次の(99)と(100)の実線部の文を比べてみよう．(99)の実線部は，時を表す「～とき」という節に相当する子文である．(100)の実線部は，思考の引用を表す「～と」という節に相当する子文である．
- (99) <u>居間のソファーに身を沈め，フーッと大きく息をついて，ぼんやり部</u>

屋の中を見つめていたときだ．急に目の前がどんどん果てしなく広がっていき，荒涼として何もない空間にたった一人，ポツンと立っているような感じが襲いかかってきた．　　（斎藤茂男『破局』pp.37-38）
(100) 稜子は，彼がまだ帰宅していないと思って，ドアの前で平気で男と立ち話して，笑い合っていたのだ．それがドアをあけてみたら彼がいたのでふてくされているのだろう．彼はそう直感したのだった．
(増田みず子『シングル・セル』p.253)

　(99)の「～とき」節に相当する子文の中には，「ている」のようなアスペクトの要素は出てくるが，「だろう」のような対事的ムードの要素は出てこない．一方，(100)の「～と」節に相当する子文の中には，「ている」のようなアスペクトの要素だけでなく，「だろう」のような対事的ムードの要素も出てくる．
　これは，「～とき」節に相当する子文より引用の「～と」節に相当する子文のほうが内部にいろいろな要素を含むことができ，文らしい形をしているということである．
　1.2節(c)で，節を，節の内部構造によってアスペクト分化節，テンス分化節，対事的ムード分化節などにわけたが，子文も同じようにわけることができる．子文は，次の表1.7のように，**アスペクト分化子文，テンス分化子文，対事的ムード分化子文**などにわけられる．

表1.7　子文の内部構造からみた子文の種類

子文の種類	子文の例
述語未分化子文	述語をもたない子文
ヴォイス分化子文	「～ながら」(同時)節に相当する子文
アスペクト分化子文	「～ずに」節に相当する子文
肯定否定分化子文	「～とき」節に相当する子文
テンス分化子文	「～ので」節に相当する子文
対事的ムード分化子文	「～けれど」節，「～と」(思考引用)節に相当する子文
対他的ムード分化子文	「～と」(発言引用)節に相当する子文

　この表のなかで「述語をもたない子文」というのは，次の(101)の「江東区」という文のように，名詞が文末にきていて，その文の述語といえるものがない文のことである．子文の場合は，節と違って，述語をもたない場合がある．

(101)　今回，登場する葛飾区などは，点としてすら理解されていない．そんな状況であろう．<u>江東区</u>．<u>これは，まだまだ大丈夫だ</u>．夢の島体育館がある．新木場がある．清澄庭園や門前仲町もある．そうして，日本のサウサリート，浦安へと続く首都高速湾岸線もある．
　　　　　　　　　　　（田中康夫『東京ステディ・デート案内』pp. 91-92）

1.5　テンスからみた単文・複文とテキスト

　ここまでの節では，単文と複文とテキストがそれぞれどのような構造をもっていて，それぞれの違いや共通性は何なのかをみてきた．この節から後は，単文の中と複文の中とテキストの中では文法形式の現れかたや機能がどう違うのかをみていく．

　この節では，テンス(tense，時制)をとりあげる．テンスというのは，「た」がつく過去形と「た」がつかない非過去形の対立である．(a)では単文，(b)では複文，(c)ではテキストについてみていく．

(a) テンスからみた単文

　日本語のテンスを表す述語の形態は，次の(102)のように，「た」がつく**過去形**と，「た」がつかない**非過去形**の二つが対立している．単文の述語では，過去形と非過去形のどちらかが，かならず選ばれる．

(102)　テンスを表す述語形態
　　・過去形：　　走った，歩いた，寒かった，雨だった，……
　　・非過去形：走る，　　歩く，　　寒い，　　雨だ，……

　単文では，過去形と非過去形の使いわけは，基本的に，その事態がおきる（または，おきた）のが，**発話時**（その文を話したり書いたりしている時点）より前であるか，後であるかによる．

　過去形が使われるのは，その文で表される事態が，発話時より前におきた場合である．次の(103)の文は，「行く」という事態が発話時より前の時点でおきたこと，つまり，過去を表している．

(103) 姉は北海道に行きました.

 非過去形が使われるのは，過去形が使われる場合以外のすべての場合である．具体的には，未来を表す場合，現在を表す場合のほか，時間を特定できない場合にも使われる．次の(104)は未来を表す例，(105)は現在を表す例，(106)は特定の時間を表さない場合である．

(104) 姉は北海道に行きます.
(105) 姉は北海道にいます.
(106) 北海道は九州より大きい.

 このように，単文では，テンスを表しわけるのに基準にする時は，基本的に，発話時である．

 なお，述語で表されるテンスは，過去であるか非過去であるかというおおまかなものである．もっと細かく時を指定したいときは，時を表す連用成分をつけ加えることができる．たとえば，次の(107)のようなものである．

(107) 時を表す連用成分： きのう，来月，3時に，2010年に，そのとき

(b) テンスからみた複文

 複文では，テンスを表す過去形と非過去形の使いわけは，単文とは違うところがある．

 複文でも，主文のほうのテンスは，基本的に単文と同じであり，その事態がおきる(または，おきた)のが，発話時より前であるか，後であるかによって決まる．

 次の(108)と(109)を例にすると，主文のテンスが過去形の「話した」になっているのは，「話す」という事態がこの文を発話するより前におきたからである．

(108) ルルはオーディションに応募したことを友だちに話した.
(109) ルルはオーディションに応募することを友だちに話した.

 それにたいして，複文の節の中のテンスは，単文とは違う．節の中のテンスは，基本的に，その事態がおきる(または，おきた)のが，主文の事態がおきる(または，おきた)時より前であるか，後であるかによって決まる．

前の(108)の節の中のテンスが過去形の「応募した」になっているのは,「応募する」という事態が,主文の「話す」という事態より前におきたからである.また,(109)の節の中のテンスが非過去形の「応募する」になっているのは,「応募する」という事態が,主文の「話す」という事態より後におきるはずのものだからである.

このように,複文の節の中では,テンスを表しわけるのに基準にする時は,基本的に,主文の事態がおきる(または,おきた)時である.

テンスは,単文でも,複文の節の中でも,事態がおきる(または,おきた)時が,ある基準時より前か後かを表す.しかし,その基準時が,単文と,複文の節の中では違う.単文や,複文の主文では,発話時が基準時になる.このようなテンスは,**絶対的なテンス**と呼ばれる.それにたいして,複文の節の中では,主文の事態がおきる(または,おきた)時が基準時になる.このようなテンスは,**相対的なテンス**と呼ばれる.

ただし,節といっても,いろいろなものがあり,すべての節がこのような性質をもっているわけではない.ここでは,次の表1.8のように,節を大きく三つにわけて考える.

表1.8 テンスからみた節の種類

節の種類	節の例
テンスの対立がない節	「〜ながら」,「〜たら」など
主文の時を基準時とする節	「〜とき」,一部の連体節など
発話時を基準時とする節	「〜けれど」,「〜から」など

はじめに,テンスの対立がない節というのは,「〜ながら」,「〜たら」,「〜ても」のように,「した」のような過去形と「する」のような非過去形を選択する余地がないものである.「〜まえに」や「〜あとで」も,節の中のテンスが基本的に決まっているので,テンスの対立がないと考えてよい.たとえば,「〜まえに」節の中では,次の(110)のように非過去形が使われ,(111)のような過去形は使われないからである.

(110) ここへ来るまえにデパートに寄ってきた.
(111) *ここへ来たまえにデパートに寄ってきた.

1.5 テンスからみた単文・複文とテキスト──33

　テンスの対立がない節というのは，1.2節(c)で行った，節の分類でいうと，ヴォイス分化節やアスペクト分化節のように，節の内部があまり分化していない節である．

　次に，主文の時を基準時とする節というのは，「～とき」や一部の連体節，一部の名詞節，それに引用の「～と」のように，基本的に，主文の事態がおきる時を基準にして，節の事態がおきるのがそれより前か後かによって，過去形と非過去形の選択が決まるものである．前にあげた(108)と(109)がその例である．

　ここで注意しなければならないのは，連体節や名詞節にはいろいろな種類があり，節の中のテンスの現れかたも違うことである．たとえば，次の(112)は，連体節ではあるが，非過去形しか使われないため，テンスの対立がない節になっている．(連体節の種類については，金水(1987)や大島(1989)が詳しい．)

(112)　両方の問題をいっぺんに<u>解決する</u>方法があります．

　主文の時を基準時とする節というのは，1.2節で行った，節の分類でいうと，テンス階層節のように，ある程度以上，内側(下)の階層にあり，かつ，肯定否定分化節のように，ある程度以上，節の内部が分化しているものである．

　最後に，発話時を基準時とする節というのは，「～けれど」や「～が」，「～から」のように，過去形と非過去形の選択が，単文と同じで，発話時より前か後かによって決まるものである．たとえば，次の(113)と(114)でいうと，「森さんが賛成する」という事態が発話時より前におきていれば，次の(113)のように「賛成しました」になる．その次の(114)のような「賛成します」は使えない．

(113)　その案に森さんは<u>賛成しました</u>が，林さんは賛成しませんでした．
(114)＊その案に森さんは<u>賛成します</u>が，林さんは賛成しませんでした．

　発話時を基準時とする節というのは，対他的ムード階層節のように，かなり外側(上)の階層にあり，かつ，対事的ムード分化節のように，節の内部がかなり分化しているものである．

(c) テンスからみたテキスト

テキストでも，テンスを表す過去形と非過去形の使いわけは，単文とは違うところがある．それを，次の(115)のように，二つの場合にわけて考えていこう．

(115) テキストにみられるテンスの特殊性
・子文の中でのテンスの基準時の特殊性
・テキスト全体の枠に依存した，テンスの対立の欠如

このうち，子文の中でのテンスの基準時の特殊性というのは，親文に従属した子文の中では，テンスの基準時が，発話時でなく，親文の事態がおきる時になる場合のことである．これは，複文の節の中で，テンスの基準時が，発話時でなく，主文の事態がおきる時になるのと同じような現象である．

たとえば，次の(116)の最初の文の「出す」は，発話時と同時か後のことを表しているわけではない．この文は，その後の文に従属している子文であり，「出す」は，後の文の「習慣だった」という事態と同時であることを表している．

(116) 目を覚ますと，一番先に台所へゆき冷蔵庫から卵を出す．これが左知子の朝の習慣だった． （向田邦子『男どき女どき』p.72）

つまり，テキストというのは，発話時を基準としたテンスをもつ文ばかりが集まってできているのではないということである．複文の場合と同じように，発話時でない時を基準としたテンスをもつ子文が混じっているのである．

このような特殊なテンスが現れやすいのは，小説などの物語の文章である．たとえば，次の(117)では，最初の文の「立っていた」や3番目の文の「のせた」が過去の事態を表し，2番目の文の「見おろしている」が現在の事態を表しているというわけではない．どれも過去におきた事態を表していると考えられる．

(117) 息遣いを感じて薄目をあけると，父が私の足もとに立っていた．微動だにせず私を見おろしている．しばらくそうしていたが，不意に枕元にまわりこみ私の両腋を抱えてぐいと引っ張りあげ，私の頭を持ちあげて枕にのせた． （柳美里『フルハウス』p.18）

1.5 テンスからみた単文・複文とテキスト──35

　物語の文章では，話の筋を述べる文には過去形が使われるが，筋ではなく付随的な状況を述べるような文は，従属的になり，非過去形が使われることがあるのである．

　一方，テキスト全体の枠に依存した，テンスの対立の欠如というのは，テキスト全体のテンスが固定されているために，テンスの対立がなくなることである．

　たとえば，日記は，基本的に，過去のことを書くものである．そのため，日記の文が表す「時」は過去に固定されていると考えられる．そのため，わざわざ過去形を使わなくても，過去を表すことができる．次の(118)は日記の一部であるが，「目覚める」，「点ける」が非過去形になっている．

(118)　一月一七日[火]
　　　　パークハイアット東京の客室で午前一〇時頃，目覚める．留守番電話を聞くと，田中，神戸が壊滅状態だ，と叫んでいる友人の声．本当かよ，と思いながらも滅多に見ないテレビを点ける．
　　　　　　　　　(田中康夫『東京ペログリ日記』pp.198-199)

　このような非過去形は，現在や未来を表しているのではなく，時を表していないものである．これは，この(118)の2番目の文，「留守番電話を聞くと，田中，神戸が壊滅状態だ，と叫んでいる友人の声．」が時を表していないのと同じレベルのものである．

　また，テキスト全体が特定の時と結びついていないために，そのテキストを構成している文にもテンスの対立がない場合もある．

　たとえば，映画やテレビドラマのあらすじを述べるテキストや，映画やドラマのシナリオのト書きは，特定の時とは無関係なものである．そのため，このようなテキストの文のテンスは，次の(119)のように非過去形になっていることが多い．

(119)　彼女は見合いを断る口実として，苦しまぎれに好きな人がいると言ってしまう．ぜひ会いたいと美栄子や三人組にせがまれたのんは，会社の同僚の保に臨時の恋人役を頼み込む．
　　　　　　　　　(『キネマ旬報』1991年6月下旬号 p.175)

日記やあらすじのテキストに，テキスト全体の枠に依存した，テンスの対立の欠如がみられるのは，それを書いている時点がいつであり，書いている内容がその時点より前のことか後のことかということが重要ではないからである．

なお，テキストの中でのテンスについては，工藤(1995：Ⅲ)が詳しい．

1.6 ていねいさからみた単文・複文とテキスト

この節では，ていねいさ(style，スタイル)という文法形式をとりあげる．ていねいさというのは，「です」か「ます」がつくていねい形と「です」も「ます」もつかない非ていねい形の対立である．

この節では，(a)で単文，(b)で複文，(c)でテキストについて，ていねいさの現れかたや機能をみる．それによって，単文の中と複文の中とテキストの中で，ていねいさの現れかたや機能がどう違うのかをあきらかにする．

(a) ていねいさからみた単文

日本語のていねいさを表す述語の形態は，次の(120)のように，「です」か「ます」がつく**ていねい形**と，「です」も「ます」もつかない**非ていねい形**の二つが対立している．単文の述語では，ていねい形と非ていねい形のどちらかが，かならず選ばれる．

(120) ていねいさを表す述語形態
・ていねい形：　走ります，寒いです，雨です，……
・非ていねい形：走る，　　寒い，　　雨だ，……

単文では，ていねい形と非ていねい形の使いわけは，基本的に，話し手が聞き手を自分にとって親しくない，上の人であるとして，ていねいに扱うかどうかによる．

ていねい形が使われるのは，話し手が聞き手を親しくない，上の人だとして，ていねいに扱っている場合である．次の(121)で「遅いです」，「どうしたんでしょう」というていねい形が使われているのは，この文の話し手が聞き手を親しくない，上の人として扱っているからである．

(121) 遅いですねえ．どうしたんでしょう．

　非ていねい形が使われるのは，ていねい形が使われる場合以外のすべての場合である．具体的には，話し手が聞き手を親しいとか，自分より下だとして，ていねいに扱わない場合のほか，聞き手がいない場合にも使われる．次の(122)は，聞き手が自分の家族の場合であり，「こっちだ」という非ていねい形が使われている．その次の(123)は，聞き手がいない「ひとりごと」の場合であり，「遅い」，「どうしたんだろう」という非ていねい形が使われている．

(122) お父さん，こっちだよ．
(123) 遅いなあ．どうしたんだろう．

　このように，単文では，ていねいさの使いわけは，話し手が聞き手をていねいに扱うかどうかによっている．

　なお，「です」，「ます」のていねい形よりさらにていねいなものとして，「ございます」の形がある（これを仮に「スーパーていねい形」と呼ぶことにする）．

　ただし，「ある」以外の動詞には，スーパーていねい形がない．そのため，ていねい形とスーパーていねい形の対応関係は，次の(124)のように不完全なものである．また，スーパーていねい形は，実際に使われることもあまりない．

(124) ていねい形とスーパーていねい形
　　・ていねい形：　　　　　走ります，寒いです，　　雨です
　　・スーパーていねい形：［なし］，　寒うございます，雨でございます

　このような事情から，スーパーていねい形は，ていねい形の一つのバリエーションだと考える．そうすると，ていねいさを表す形態は，基本的に，「です」か「ます」がつくていねい形と，「です」も「ます」もつかない非ていねい形の二つの対立ということになる．

(b) ていねいさからみた複文

　複文では，ていねいさを表すていねい形と非ていねい形の使いわけは，単文とは違うところがある．

　複文でも，主文のほうのていねいさは，基本的に単文と同じである．違うのは，節の中である．節の中では，基本的に，ていねいさの対立がなくなり，非

ていねい形が使われる．たとえば，次の(125)では，主文の述語はていねい形の「行きました」になっているが，節の中の述語は非ていねい形の「潜る」になっている．

(125) きれいな海に<u>潜る</u>ために，船で1時間もかかる島まで<u>行きました</u>．

このように，ていねいさは，一文で一回だけ表されるのが原則であり，節の中では，ていねい形と非ていねい形の選択は行われないのがふつうである．

ただし，節といっても，いろいろなものがあり，すべての節がこのような性質をもっているわけではない．ここでは，次の表1.9のように，節を大きく三つにわけて考える．

表1.9 ていねいさからみた節の種類

節の種類	節の例
ていねいさの対立がない節	「～ながら」，「～ずに」など
特殊なていねいさの対立がある節	「～たら」，「～とき」など
ていねいさの対立がある節	「～けれど」，「～から」など

はじめに，ていねいさの対立がない節というのは，「～ながら」，「～ずに」のように，「します」のようなていねい形と「する」のような非ていねい形を選択する余地がないものである．「～ば」も，次の(126)のようなていねい形はほとんど使われることがないので，ていねいさの対立がない節と考えてよい．

(126) ?お引き受けいただけますれば幸いです．

また，思考引用の「～と」も，次の(127)のようなていねい形が使われないことからわかるように，ていねいさの対立がない節である．

(127) *もう一度見ましょうと思いました．

ていねいさの対立がない節というのは，1.2節で行った，節の分類でいうと，ヴォイス分化節のように，節の内部があまり分化していない節である．思考引用の「～と」節は，節の内部がかなり分化しているが，ていねいさの対立がない節になっている．

次に，特殊なていねいさの対立がある節というのは，基本的にはていねい形と非ていねい形の対立がなく，非ていねい形だけが使われるとしてよいが，非常にていねいな文体では，ていねい形が使われることがある節である．

1.6 ていねいさからみた単文・複文とテキスト

たとえば，次の(128)と(129)の下線部では，非ていねい形の(128)がふつうに使われる形である．ていねい形の(129)が使われるのは，非常にていねいに言いたいときだけである．

(128) <u>あそこに見えているのは富士山</u>ですよ．
(129) <u>左手前方に見えております</u>のは，富士山でございます．

ということは，このような節の中でのていねい形と非ていねい形は，単文の中でのていねい形と非ていねい形とは機能が違うということである．このような節の中の非ていねい形は，単文の場合とは違い，聞き手をていねいに扱わないことを表していない．節の中が非ていねい形であっても，主文がていねい形であれば，文全体としては聞き手をていねいに扱うことになるからである．

このような節の中のていねい形と非ていねい形は，聞き手を非常にていねいに扱うか，ふつうにていねいに扱うかという対立である．主文でいうと，「ございます」のスーパーていねい形を使うか，ていねい形を使うかという対立に近いものである．

このタイプの節になるのは，「～たら」や「～とき」，一部の連体節，一部の名詞節などである．1.2節で行った，節の分類でいうと，テンス階層節のように，ある程度以上，内側(下)の階層にあり，かつ，肯定否定分化節のように，ある程度以上，節の内部が分化しているものである．

最後に，ていねいさの対立がある節というのは，「～けれど」や「～が」，「～から」のように，ていねい形と非ていねい形の選択が，単文と同じで，話し手が聞き手をていねいに扱うかどうかによって決まるものである．次の(130)のように，主文がていねい形であれば，これらの節の中もていねい形になるのがふつうである．その次の(131)のように，主文がていねい形で，節の中が非ていねい形だと，不自然になることが多い．

(130) その案に森さんは<u>賛成しました</u>が，林さんは<u>賛成しませんでした</u>．
(131) ?その案に森さんは<u>賛成した</u>が，林さんは<u>賛成しませんでした</u>．

このタイプの節になるのは，対他的ムード階層節のように，かなり外側(上)の階層にあり，かつ，対事的ムード分化節のように，節の内部がかなり分化しているものである．

(c) ていねいさからみたテキスト

テキストでも，ていねいさを表すていねい形と非ていねい形の使いわけは，単文とは違うところがある．それを，次の(132)のように，二つの場合にわけて考えていこう．

(132) テキストにみられるていねいさの特殊性
・子文の中でのていねいさの対立の欠如
・テキスト全体の枠に依存した，ていねいさの対立の欠如

このうち，子文の中でのていねいさの対立の欠如というのは，親文に従属している子文の中ではていねいさの対立がなくなる場合のことである．これは，複文の節の中でていねいさの対立がなくなるのと同じ現象である．

たとえば，次の(133)の2番目の文の「もたない」は非ていねい形になっているが，この非ていねい形は，話し手が聞き手をていねいに扱わないことを表しているわけではない．この文は，その後の文に従属している子文である．子文の述語が非ていねい形になっていても，その親文の述語がていねい形であれば，テキスト全体としては聞き手をていねいに扱うことになるからである．

(133) この年齢で，男の人をとりこにしてしまったからと言って，それが特別な能力のせいだとは，思いません．ただ，まわりの女子たちは，彼を魅き付ける程のものを<u>もたない</u>．それだけのことなのです．

(山田詠美『風葬の教室』pp.138-139)

ここからわかることは，テキストというのは，聞き手をていねいに扱うかどうかというていねいさの対立をもつ文ばかりが集まってできているのではないということである．複文の節と同じように，ほかの文に従属しているため，その文の中ではていねいさの対立を表さない文も混じっているのである．

一方，テキスト全体の枠に依存した，ていねいさの対立の欠如というのは，特定の読み手をもたないような種類のテキストで，ていねいさの対立がなくなることである．

たとえば，一般の新聞や雑誌，小説，専門書など，書きことばの多くは，特定の読み手を想定しないタイプのテキストである．このようなテキストではていねいさの対立がないため，次の(134)のように，ていねい形は現れず，すべ

ての文が非ていねい形になっている.

(134) およそ,レストランに入ったならば,尋ねることを<u>恥ずかしがってはいけない</u>.尋ねることは,ちっとも,恥ずかしいことではない.

(田中康夫『東京ステディ・デート案内』p.58)

このような非ていねい形は,聞き手をていねいに扱わないことを表しているのではなく,ていねいに扱うかどうかの選択をしていないことを表しているだけである.

つまり,非ていねい形には,聞き手をていねいに扱わないことを表すものと,聞き手をていねいに扱うかどうかの選択をしていないことを表すものがあるということである.単文や,複文の主文に現れる非ていねい形は,基本的に,聞き手をていねいに扱わないことを表すものである.複文の節の中や,テキストの中の子文に現れる非ていねい形は,基本的に,聞き手をていねいに扱うかどうかの選択をしていないことを表すものである.また,特定の読み手を想定しないタイプのテキストの文に現れる非ていねい形も,基本的に,聞き手をていねいに扱うかどうかの選択をしていないことを表すものである.

なお,テキストの中のていねいさについては,野田(1998)でとりあげられている.

1.7 ムードからみた単文・複文とテキスト

この節では,ムード(mood,法)という文法形式をとりあげる.ムードというのは,話し手が事態をどう判断し,それを聞き手にどう伝えるかということを表すものである.具体的に言うと,聞き手にたいする働きかけの対立,たとえば,主張の「する.」という形と質問の「する?」という形の対立や,主張する場合の確かさの対立,たとえば,「する」という形と「するらしい」という形の対立のことである.

この節では,(a)で単文,(b)で複文,(c)でテキストについて,ムードの現れかたや機能をみる.それによって,単文の中と複文の中とテキストの中で,ムードの現れかたや機能がどう違うのかをあきらかにする.

なお，ムードとよく似た用語にモダリティ(modality)がある．ここでは，ムードは「する」や「するらしい」のような形態を表す用語として使い，モダリティは「主張」や「質問」のような意味・機能を表す用語として使う．

(a) ムードからみた単文

日本語のムードの述語形態にはさまざまなものがあるが，大きくわけると，聞き手にたいするもの，話し手についてのもの，事態にたいするものの3種類になる．それぞれの代表的なものをあげると，次の(135)のようになる．

(135)　ムードの述語形態
　　　・聞き手にたいするムード(対他的ムード)の述語形態
　　　　主張形：　　　下降イントネーションの「する．」のような形
　　　　質問形：　　　上昇イントネーションの「する？」のような形
　　　　命令・依頼形：「しろ」のような命令形，「してください」など
　　　・話し手についてのムードの述語形態
　　　　描写形：　　　「する」のような，なにもつかない形
　　　　意志形：　　　「しよう」のような意志形，「するつもりだ」など
　　　　希望形：　　　「したい」，「してほしい」など
　　　・事態にたいするムード(対事的ムード)の述語形態
　　　　確か形：　　　「する」のような，なにもつかない形
　　　　不確か形：　　「するらしい」，「するかもしれない」など

　聞き手にたいするムードとしては，主張形と質問形と命令・依頼形の対立があり，単文の述語ではそのどれか一つの形が選ばれる．

　聞き手にたいするムードが主張形か質問形の場合は，話し手についてのムードに，描写形と意志形と希望形の対立があり，単文の述語ではそのどれか一つが選ばれる．

　さらに，話し手についてのムードが描写形の場合は，事態にたいするムードに，確か形と不確か形の対立がある．不確か形にもいくつかの形があり，単文の述語ではそのどれか一つが選ばれる．

なお，モダリティを表すものとしては，述語のムードの形態のほかに，ムードの連用成分がある．日本語では述語が文末にくるので，述語の形態だけでは，文の最後までムードが何であるかがわからない．そのため，文のムードを早めに伝えておきたいときには，次の(136)のような，ムードの連用成分をつけ加える．

(136)　ムードの連用成分
　　　・質問：　　「ちょっとお尋ねしますが」など
　　　・命令・依頼：「頼むから」，「お願いですから」など
　　　・不確か：　　「たぶん」，「きっと」，「もしかすると」など

(b) ムードからみた複文

複文では，ムードの形態の現れかたや機能が，単文とは違うところがある．

複文でも，主文のほうのムードは，基本的に単文と同じである．違うのは，節の中である．節の中では，ムードの形態が現れなくなったり，判断や感情の主体が話し手ではなくなったりする．

たとえば，「～たら」という節の中では，次の(137)のように，「～らしい」というムードの形は現れない．

(137) *波が高くなるらしかったら，海に行くのはやめよう．

また，たとえば「～たい」という形は，単文では，次の(138)のように，話し手の希望を表すだけで，その次の(139)のように，他人の希望は，基本的に表さない．しかし，その後の(140)のように，「～ときには」という節の中では，「中村さん」の希望を表すことができる．

(138)　私は泣きたい．
(139) *中村さんは泣きたい．
(140)　中村さんは泣きたいときには，思いっきり泣く．

このように，話し手の判断や話し手の聞き手にたいする働きかけを表すムードは，一文で一回だけ表されるのが原則であり，複文の節の中では，ムードの選択は行われないのがふつうである．

ただし，節といっても，いろいろなものがあり，すべての節がこのような性

質をもっているわけではない．ここでは，次の表1.10のように，節を大きく三つにわけて考える．

表1.10 ムードからみた節の種類

節の種類	節の例
ムードの対立がない節	「～ながら」,「～ずに」など
特殊なムードの対立がある節	「～たら」,「～とき」など
ムードの対立がある節	「～けれど」,「～から」など

はじめに，ムードの対立がない節というのは，「～ながら」や「～ずに」,「～まえに」,「～あとで」のように，ムードの対立がなく，ムードを表す形態が現れないものである．たとえば，次の(141)のように，「～まえに」節の中には「～かもしれない」というムードの形は現れない．

(141) *うちに来るかもしれないまえに，電話してくるはずだ．

このような，ムードの対立がない節に分類される節は，テンスからみた節の分類のなかで，テンスの対立がない節に分類される節とかなり一致する．また，ていねいさからみた節の分類のなかで，ていねいさの対立がない節に分類される節とかなり一致する．

次に，特殊なムードの対立がある節というのは，話し手についてのムードの対立や事態にたいするムードの対立の多くがあるが，その対立のしかたが主文の場合と違うものである．主文のムードは，話し手の判断や感情を表すものに限られるが，このタイプの節の中では，話し手以外の人の判断や感情を表すことができる．それは，前の(138)から(140)の例でみたとおりである．

このタイプの節になるのは，「～たら」や「～とき」,一部の連体節，一部の名詞節などである．このタイプになる節は，テンスからみた節の分類のなかでは，主文の時を基準時とする節とかなり一致する．また，ていねいさからみた節の分類のなかでは，特殊なていねいさの対立がある節とほぼ一致する．

最後に，ムードの対立がある節というのは，「～けれど」や「～が」,「～から」のように，話し手についてのムードの対立や事態にたいするムードの対立の多くがある節である．

このタイプの節の中のムードは，主文の場合と同じように，基本的に，話し

手の判断や感情を表す．たとえば，「～たい」という形は，このタイプの節の中では，主文と同じように，話し手の希望を表すだけで，他人の希望は，ふつう表さない．そのため，話し手の希望を表す，次の(142)は自然だが，他人の希望を表す，その次の(143)は不自然である．

(142) <u>ぼくも</u> <u>行きたい</u>けど，用事があって行けない．
(143) ?<u>彼も</u> <u>行きたい</u>けど，用事があって行けない．

このタイプになる節は，テンスからみた節の分類のなかでは，発話時を基準時とする節とほぼ一致する．また，ていねいさからみた節の分類のなかでは，ていねいさの対立がある節とほぼ一致する．

(c) ムードからみたテキスト

テキストでも，ムードの現れかたや機能は，単文とは違うところがある．それを，次の(144)のように，四つの場合にわけて考えていこう．

(144) テキストにみられるムードの特殊性
・子文の中でのムードの対立の欠如
・子文の中でのムードの機能の特殊性
・テキスト全体の枠に依存した，ムードの対立の欠如
・テキスト全体の枠に依存した，ムードの機能の特殊性

このうち，子文の中でのムードの対立の欠如というのは，親文に従属している子文の中ではムードの対立がなくなる場合のことである．これは，複文の節の中でムードの対立がなくなるのと同じような現象である．

たとえば，次の(145)の3番目の文の「強いこと」は「～という」という伝聞の形にはなっていないが，伝聞を表している．伝聞の形がなくても伝聞を表せるのは，この文がその後の文に従属している子文だからである．親文の述語が伝聞形であれば，子文の述語が伝聞形になっていなくても，子文も伝聞を表すことになるのである．

(145) 専門家に伺ったところでは，動物の雄が配偶者を選ぶ規準は，まず雌として生活力旺盛（おうせい）なこと，次に繁殖力，そして子育てが上手なことだという．人間からみて，あら可愛いいわね，などというのは，

彼らの目には入っていないらしい．雌が雄を選ぶ規準は，まず強いこと．おしっこ臭い匂いを発散させ，好色であることだという．
　　　　　　　　　　　　　　（向田邦子『男どき女どき』pp. 188-189）

　ここからわかることは，テキストを構成する文は，すべてムードの対立をもっているわけではないということである．複文の節と同じように，ほかの文に従属しているため，その文の中ではムードの対立を表さない文も混じっているのである．

　二つめの，子文の中でのムードの機能の特殊性というのは，親文に従属している子文の中では，判断したり感情をもったりする主体が話し手ではなくなることである．

　たとえば，次の(146)の2番目の文に「～た(くない)」という，希望の形があるが，これはこの小説の書き手の希望を表しているわけではない．小説の登場人物の希望を表している．これは，この文がその後の点線を引いた文に従属している子文だからである．これは，複文の節の中で，判断したり感情をもったりする主体が話し手でなくなることがあるのと同じ現象である．

(146)　恨む筋合いでもない母親を嫌い続けている自分に怯えた．母親のことなど思い出したくない．自分さえ忘れてしまえば，ほかに母親の子どもはいないのだし，父親は再婚しているのだから，母親のことは誰も思い出さなくなる．そう思うと，かえって怯えの気持は強くなった．　　　　　　　　　（津島佑子『火の河のほとりで』p. 184）

　ここからわかることは，テキストを構成する文は，話し手の判断や感情を表すムードの対立をもっているものばかりではないということである．複文の節と同じように，ほかの文に従属しているため，ムードの形態が，話し手以外の人の判断や感情を表すようになった文も混じっているのである．

　三つめの，テキスト全体の枠に依存した，ムードの対立の欠如というのは，マニュアル(説明書)や規則など，特定のモダリティが多く出てくるはずのテキストで，ムードの対立がなくなり，「する」のようないちばん基本的な形が使われることである．

　たとえば，マニュアルは，基本的に，命令・依頼や義務が書かれているもの

1.7 ムードからみた単文・複文とテキスト —— 47

である。そのため，マニュアルの文が表すモダリティは，基本的に，命令・依頼や義務に固定されていると考えられる。そのため，わざわざ命令・依頼や義務の形を使わなくても，命令・依頼や義務を表すことができる。次の(147)は電話機のマニュアルの一部であるが，「ダイヤルしてください」のような形ではなく，「ダイヤルする」という形が使われている。

(147) クイック通話を使う
　　　1　充電台から**子機を取る**
　　　2　**ダイヤルする**
　　　3　相手が出たら**話す**
　　　4　話が終わったら**充電台に戻す**　　（『コードレス留守番電話付パーソナルファックス取扱説明書　KX-PW11CLK』pp.40-41）

この「ダイヤルする」のような形は，事態を描写しているものではなく，積極的に特定のモダリティを表さないものである。積極的にモダリティを表さないで，テキスト全体の枠に依存したモダリティを表すのである。

四つめの，テキスト全体の枠に依存した，ムードの機能の特殊性というのは，小説のように書き手の判断や感情が出てこないテキストでは，判断したり感情をもったりする主体が書き手ではなくなることである。

たとえば，次の(148)の下線を引いた文，「達夫にしても，プライドはあるらしい」は，この小説の書き手の判断を表しているわけではない。小説の登場人物の判断を表している。これは，ほとんどの小説が書き手の判断や感情を書かないスタイルをとっているからである。そうしたテキスト全体の枠に依存して，判断や感情の主体が書き手ではなく登場人物になるのである。

(148)　——じゃ，ぼくは帰ります。
　　　　意外に，あっさりと達夫は立ち上がった。達夫にしても，プライドはあるらしい。泰も腰を上げた。
　　　　　　　　　　　（津島佑子『火の河のほとりで』p.269）

なお，テキストの中のムードについては，野田(1989a)でとりあげられている。

1.8 主題からみた単文・複文とテキスト

前の三つの節でとりあげたテンスとていねいさとムードは，基本的に述語の形態で表されるものだった．この節でとりあげる**主題**(theme，テーマ)は，基本的に，格成分の形態で表されるものである．

主題というのは，その文が何について述べるかを表すものである．主題を表す代表的な形は「は」であり，「は」がついた「私は」のような**主題形**と，「は」がつかない「私が」のような**非主題形**が対立している．

この節では，(a)で単文，(b)で複文，(c)でテキストについて，主題の現れかたをみる．それによって，単文の中と複文の中とテキストの中で，主題の現れかたがどう違うのかをあきらかにする．

(a) 主題からみた単文

日本語の主題を表す形態は，次の(149)の「鈴木さんは」のような「は」がつく主題形と，その次の(150)の「鈴木さんが」のような「は」がつかない非主題形の二つが対立している．

(149) <u>鈴木さんは</u>10時ごろに来ました．
(150) 10時ごろに<u>鈴木さんが</u>来ました．

この主題と非主題の対立は，次の表1.11のように，格の対立とはまったく別のものである．表の上下の対立が主題と非主題の対立であり，左右の対立が格の対立である．たとえば，格が「を」格のとき，それが主題であれば「〜は」になり，それが非主題であれば「〜を」になるということである．

表 1.11 主題と非主題の対立のしかた

	「が」格(主格)	「を」格(対格)	「に」格(位格)
主題	田中は(来た)	肉は(食べた)	ここには(ある)
非主題	田中が(来た)	肉を(食べた)	ここに (ある)

単文では，主題をもつ有題文と，主題をもたない無題文のどちらになるかという選択がある．日本語の文の多くは，主題をもつ次の(151)のような有題文

である．ただし，その次の(152)のような，できごとを表す文は，主題をもたない無題文になる．

　　(151)　<u>私は</u>ときどき辛いものが食べたくなります．
　　(152)　けさ，北海道で<u>地震</u>がありました．

　無題文になりやすい条件としては，述語が一回だけのできごとや一時的な状態を表すものであること，主格が，話の現場に存在する「私」や「これ」のようなものでないこと，文の内容が予想しにくい事態を表すものであることなどがあげられる．

　有題文と無題文の選択で有題文が選ばれた場合は，次に，どの成分が主題になるかという選択が行われる．たとえば，次の(153)と(154)の選択である．この二つの文は同じ事態を表しているが，(153)のように「林さん」が主題になるか，(154)のように「サラダ」が主題になるかの選択が必要なのである．

　　(153)　<u>林さんは</u>サラダを作ります．
　　(154)　<u>サラダは</u>林さんが作ります．

　主題が選択されるときの原則は，一言でいうと，選択肢がないものが主題になるということである．たとえば，前の(153)は，「林さんが作る」のは「サラダ」であり，「スープ」ではないことを言う文である．「林さん」には選択肢がなく，「サラダ」のほうには「サラダ」か「スープ」かという選択肢がある．そうすると，主題になるのは選択肢のない「林さん」である．選択肢のある「サラダ」は主題にならない．

　反対に，その後の(154)は，「サラダを作る」のは「林さん」であり，「私」ではないことを言う文である．「サラダ」には選択肢がなく，「林さん」のほうには「林さん」か「私」かという選択肢がある．そうすると，主題になるのは選択肢のない「サラダ」である．選択肢のある「林さん」は主題にならない．

　主題の選択はこのように行われるが，名詞のなかには主題になりやすい名詞や，反対に，主題にならない名詞がある．

　主題になりやすい名詞の代表は，「私」や「これ」のように話の現場に存在するものを指す名詞である．このような名詞は，それが選択肢のあるものになっていないかぎり，次の(155)のように，主題になりやすい．

(155) ここは，春の桜も秋の紅葉もきれいなところです．

　一方，主題にならないのは，「だれ」や「何」のような疑問語である．このような疑問語は，次の(156)のように，主題になることはない．

(156) *だれはそんなことを言ったんですか？

(b) 主題からみた複文

　複文では，主題の現れかたが，単文とは違うところがある．

　複文でも，主文のほうの主題は，基本的に単文と同じである．違うのは，節の中である．節の中では，主題形が現れなくなることがある．

　たとえば，「～たら」という節の中では，次の(157)のように，「～は」という主題形は現れない．

(157) *水道の水はまずかったら，浄水器をつけるといいよ．

　主題というのは，その文が何について述べるのかを表すものである．文全体ではなく，文の一部である節が何について述べるかを表すような主題形は使われないのがふつうである．

　ただし，すべての節がこのような性質をもっているわけではない．ここでは，次の表1.12のように，節を大きく三つにわけて考える．

表1.12　主題からみた節の種類

節の種類	節の例
主格もなく主題の対立もない節	「～ながら」，「～まま」など
主格はあるが主題の対立はない節	「～たら」，「～とき」など
主題の対立がある節	「～けれど」，「～から」など

　はじめに，主格もなく主題の対立もない節というのは，次の(158)の「～ながら」節のように，内部に独自の主格をもつことができない節である．「～ながら」や「～まま」などがこのタイプになる．このような節には，主題の対立もない．

(158) *純ちゃんがギターをひきながら，私は歌を歌った．

　このタイプに分類される節は，テンスからみた節の分類で，テンスの対立がない節に分類される節と，ある程度，一致する．また，ていねいさからみた節

の分類で，ていねいさの対立がない節に分類される節と，ムードからみた節の分類で，ムードの対立がない節に分類される節と，ある程度，一致する．

次に，主格はあるが主題の対立はない節というのは，内部に独自の主格をもつことはできるが，主題形は現れず，格成分はすべて非主題形になる節である．「～たら」や「～とき」，「～まえに」，「～ように」，一部の連体節，一部の名詞節などがこのタイプになる．このような節の中に主題の「～は」が現れないことは，前の(157)でみたとおりである．

このタイプに分類される節は，テンスからみた節の分類で，主文の時を基準時とする節に分類される節と，ある程度，一致する．また，ていねいさからみた節の分類で，特殊なていねいさの対立がある節に分類される節と，ムードからみた節の分類で，特殊なムードの対立がある節に分類される節と，ある程度，一致する．

最後に，主題の対立がある節というのは，単文や，複文の主文と同じように，主題の対立がある節である．「～けれど」や「～が」，「～から」などがこのタイプになる．このような節では，次の(159)と(160)のような，主題形と非主題形の選択が行われる．

(159) 山口さんは3時に来るから，それまでには戻ります．
(160) 3時に山口さんが来るから，それまでには戻ります．

このタイプになる節は，テンスからみた節の分類で，発話時を基準時とする節に分類される節とほぼ一致する．また，ていねいさからみた節の分類で，ていねいさの対立がある節に分類される節と，ムードからみた節の分類で，ムードの対立がある節に分類される節と，ほぼ一致する．

(c) **主題からみたテキスト**

テキストでも，主題の現れかたは，単文とは違うところがある．それを，次の(161)のように，四つの場合にわけて考えていこう．

(161) テキストにみられる主題の特殊性
・子文の中での主題の対立の欠如
・子文の中での主題成分の欠如

・テキスト全体の枠に依存した，主題成分の欠如
・主題になりやすい名詞の拡大

このうち，子文の中での主題の対立の欠如というのは，親文に従属している子文の中では主題形と非主題形の対立がなくなり，非主題形が現れる場合のことである．これは，複文の節の中で主題の対立がなくなるのと同じような現象である．

たとえば，次の(162)の最初の文の「……小さな食堂で出たのが」は非主題形になっているが，これは，この文がその後の文に従属している子文だからである．この文が子文でなければ「……小さな食堂で出たのは」という主題形のほうが自然になるはずであるが，子文であるために，節の中と同じように，非主題形が使われているのである．

(162) 中国少数民族の天地雲南省の昆明郊外，名刹(めいさつ)竜門を三百メートルの断がい上に見あげる滇池の辺イ族の人たちの小さな食堂で出たのが鶏のササミでもないし，豚や魚でもない．不思議な味の甘さは，あれは犬だったようだ．

(『西日本新聞』1987.11.26 夕刊 p.1「四季」)

二つめの，子文の中での主題成分の欠如というのは，親文に従属している子文の中では，「～は」という主題成分そのものが現れなくなることである．

たとえば，次の(163)の2番目と3番目の文には主題が現れていないが，この文の主題は「聖子(は)」だと考えられる．この文に主題がないのは，前の文と主題が同じで，前の文に従属しているからである．

(163) だから聖子は，〈都市〉を歌います．「ぼくときみ」のラブ・ソングを歌います．日常の動作を通じて感じることをテーマに，ふだんの言葉で歌います． (小倉千加子『松田聖子論』p.172)

これは，次の(164)の文の節の中で，主文と共通の主題「聖子(は)」が現れないのと同じような現象である．

(164) だから聖子は，〈都市〉を歌い，「ぼくときみ」のラブ・ソングを歌い，日常の動作を通じて感じることをテーマに，ふだんの言葉で歌います．

1.8 主題からみた単文・複文とテキスト──53

ただし，前の(163)のような親文と子文は，たがいに独立性が高く，従属関係は弱い．

三つめの，テキスト全体の枠に依存した，主題成分の欠如というのは，主題が特定のものに決まっているようなテキストで，「～は」という主題成分が現れなくなることである．

たとえば，日記や私小説などでは，多くの文の主題は「私」など，特定のものに決まっている．そのため，次の(165)のように，「私は」などの主題成分は現れないのがふつうである．

(165) **七月二七日[水]**
玉川郵便局で不在配達物を受け取って車に乗り込もうとすると，デザイン学校の学生風な少女に「日記，読んでます」と言われ，思わず嬉しくなる．が，運転しながら，"清く正しい"日々を綴るこの頁を彼女はどういう感想を抱きながら読んでいるのかと少々，不安にもなる． （田中康夫『東京ペログリ日記』p. 112）

四つめの，主題になりやすい名詞の拡大というのは，テキストでは，主題になりやすい名詞として，「私」や「これ」のような話の現場に存在するものを指す名詞のほかに，前の文脈に出てきた名詞や，それに関連がある名詞が加わることである．

たとえば，次の(166)の2番目と3番目の文では，それぞれ「ひとつ」と「もうひとつ」が主題形になっている．このような名詞が主題になれるのは，テキストだからである．これらは，その前の文に出てきた「二つの側面」に関連がある名詞だから主題になれるのである．

(166) 数学の研究には，二つの側面があると思います．ひとつは既存の数学の概念を崩していくこと．もうひとつは，人間の敵である『無知』との戦いです． （『朝日新聞』1994.11.21 夕刊 p.5）

なお，テキストの中の主題については，野田(1996：第5部)でとりあげられている．

1.9 主格からみた単文・複文とテキスト

この節では,どの名詞が**主格**(subject,主語)になるのかという問題をとりあげる.主格というのは「～が」という形で表される格成分で,「～を」で表される対格や,「～に」で表される与格と対立している.

主格の選択は,単に格成分だけの問題ではなく,述語の問題でもある.主格の選択のためには,受動や使役という述語のヴォイスの選択や,自動詞と他動詞という述語の選択をしなければならないからである.

この節では,(a)で単文,(b)で複文,(c)でテキストについて,どのように主格が選択されるのかをみる.それによって,単文の中と複文の中とテキストの中で,主格の選択がどう違うのかをあきらかにする.

(a) 主格からみた単文

日本語の主格を表す形態は,次の(167)の「佐々木が」や,その次の(168)の「高橋が」のように,「が」がつく主格形である.主格形は,(167)の「高橋を」のような「を」格(対格)や,(168)の「佐々木に」のような「に」格(与格)と対立している.

(167)　佐々木が 高橋を誘った.

(168)　高橋が 佐々木に誘われた.

この(167)と(168)は同じ事態を表しているが,主格が違う.(167)の主格は「佐々木」であり,(168)の主格は「高橋」である.この場合,主格の選択に利用されているのは,動詞を非受動形の「誘う」にするか,受動形の「誘われる」にするかというヴォイスの対立である.

主格の選択に利用されるのは,非受動形と受動形の対立だけではない.非使役形と使役形の対立が利用されることもある.次の(169)と(170)も同じ事態を表しているが,主格を「その笑顔」にするか「美智子」にするかは,非使役形と使役形の対立によっている.

(169)　その笑顔が美智子をはっとさせた.

(170) 美智子がその笑顔に<u>はっとした</u>.

また，次の(171)の「見つける」と(172)の「見つかる」のような，自動詞と他動詞の対立が利用されることもある．

(171) 山下が加藤を<u>見つけた</u>.
(172) 加藤が山下に<u>見つかった</u>.

さらに，次の(173)の「寒い」と(174)の「暖かい」のような，対になっている形容詞も，主格の選択に利用されることがある．

(173) 冬は北関東の方が北陸より<u>寒い</u>.
(174) 冬は北陸の方が北関東より<u>暖かい</u>.

このようにいろいろな手段によって主格の選択が行われるのであるが，どういう名詞が主格に選ばれるのだろうか．単文では，主格になれるものが複数ある場合は，次の(175)のような二つの原則によって主格が選ばれると考えられる．

(175) 単文での主格選択の原則
　　・原則1　動作を行うほうを主格にする
　　・原則2　話し手に近いほうを主格にする

原則1は，動作を行うほうと動作を受けるほうがあるときに，動作を行うほうを主格にするということである．たとえば，次の(176)と(177)では，(176)のほうがよく使われる．

(176) <u>野村</u>が<u>上田</u>に声をかけた.
(177) <u>上田</u>が<u>野村</u>に声をかけられた.

原則2は，話し手に近いほうと話し手から遠いほうでは，話し手に近いほうを主格にするということである．たとえば，次の(178)と(179)では，(178)のほうがよく使われる．((178)の「私は」や(179)の「野村は」は，主格が主題になっている例である．とくに「私」は主題になりやすいので，主題になっている例を示すが，ここで問題にしているのは「私は」や「野村は」が主格だということである．)

(178) <u>私</u>は<u>野村</u>に声をかけられた.
(179) <u>野村</u>は<u>私</u>に声をかけた.

原則1に当てはまり原則2に当てはまらない場合や，原則2に当てはまり原則1に当てはまらない場合はあるが，原則1にも原則2にも当てはまらない場合は，次の(180)のように，非常に不自然になる．

(180) ＊<u>上田</u>は<u>私に</u>声をかけられた．

(b) 主格からみた複文

複文では，主格の選択が，単文とは違うところがある．

複文でも，主文のほうの主格は，基本的に，単文と同じである．

ただし，主文が過去形になっている「〜と……」や「〜たら……」の主文の場合だけは，単文とはまったく違う．次の(181)のように，節の主格と主文の主格が違うときは，主文の主格が「私」以外のものでなければならないからである．その次の(182)のように，主文の主格が「私」だと，非常に不自然になる．

(181) 私が彼に話しかけようとすると，<u>彼は</u>あわてて立ちあがった．

(182) ＊彼が私に話しかけようとすると，<u>私は</u>あわてて立ちあがった．

一方，複文の節の中では，主格の選択が，単文とはかなり違う．たとえば，次の(183)の「〜とき」という節の中では，「私に声をかけられた」は自然である．

(183) <u>私に声をかけられたとき</u>，どう思った？

この節では，動作をするほうの「私」ではなく，動作を受けるほうの「あなた」が主格になっている．これは，単文での主格選択の原則1に反している．また，この節では，話し手に近いほうの「私」ではなく，話し手から遠いほうの「あなた」が主格になっている．これは，原則2に反していることになる．

単文での主格選択の原則1にも原則2にも反しているのに，この(183)がなりたっているのは，複文の節の中では，主格選択の原則が違うからである．節の中での主格選択の原則は次の(184)のようなものだと考えられる．

(184) 複文の節の中での主格選択の原則

・原則1　動作を行うほうを主格にする

・原則3　主文の主格に近いほうを主格にする

1.9 主格からみた単文・複文とテキスト──57

　原則1は,単文の場合と同じである.原則3は,単文の場合の原則2とは違う.単文の場合は,「私」に近いほうを主格にするのが原則だったが,複文の節の中では,主文の主格と同じか,それがなければ,主文の主格に近い側のものを主格にするのが原則である.

　前の(183)で「私に声をかけられたとき」が自然だったのは,この節の中の主格「あなた」が主文「どう思った?」の主格「あなた」と同じで,節の中での主格選択の原則3に当てはまるからである.

　単文の中と複文の節の中で主格選択の基準がかわるのは,1.5節(b)でみた,テンスの場合とよく似ている.テンスの場合,単文では発話時を基準にし,複文の節の中では,主文の事態がおきる時を基準にしていた.ここでみた,主格の選択の場合は,単文では発話者を基準にし,複文の節の中では,主文の主格を基準にしているといえる.

　ここまでみてきたのは「〜とき」節の例であるが,もちろん,すべての節が「〜とき」節と同じような性質をもっているわけではない.ここでは,次の表1.13のように,節を大きく三つにわけて考える.

表1.13　主格からみた節の種類

節の種類	節の例
節の主格を主文の主格と一致させなければならない節	「〜ながら」,「〜まま」など
節の主格を主文の主格と一致させるのがふつうの節	「〜とき」,「〜ために」など
節の主格を主文の主格と一致させなくてもよい節	「〜けれど」,「〜から」など

　はじめに,節の主格を主文の主格と一致させなければならない節というのは,「〜ながら」や「〜まま」のように,内部に独自の主格をもつことができない節である.このような節では,次の(185)のように,節の主格は現れない.「私たちに見守られながら」という節の主格「あの人たち(が)」が,主文の主格と同じであるため,節の主格はかならず削除されるのである.

(185)　あの人たちは私たちに見守られながら今まで自力でやってきた.

　次の(186)のように,節の主格を主文の主格と一致させない文は,なりたた

ない.
- (186) *あの人たちは私たちが見守りながら今まで自力でやってきた.

次に,節の主格を主文の主格と一致させるのがふつうの節というのは,複文の節の中での主格選択の原則3にしたがうのがふつうの節である.「〜とき」や「〜ために」,一部の連体節,一部の名詞節などがこのタイプになる.このような節では,次の(187)のように,節の主格と主文の主格を一致させるほうがふつうである.
- (187) 山口製菓は福島食品に商標権侵害で訴えられたために,新製品の発売を見送った.

ただ,節の主格と主文の主格を一致させなくても,次の(188)がそれほど不自然ではないように,非常に不自然になるというわけではないことが多い.
- (188) 福島食品が商標権侵害で山口製菓を訴えたために,山口製菓は新製品の発売を見送った.

最後に,節の主格を主文の主格と一致させなくてもよい節というのは,「〜けれど」や「〜が」のような節である.このような節では,次の(189)のように,節の主格と主文の主格を一致させることもあり,その次の(190)のように,節の主格と主文の主格を一致させないこともある.
- (189) 山口製菓は福島食品に商標権侵害で訴えられたが,新製品の発売を強行した.
- (190) 福島食品が商標権侵害で山口製菓を訴えたが,山口製菓は新製品の発売を強行した.

(c) 主格からみたテキスト

テキストでも,主格の選択は,単文とは違うところがある.それを,次の(191)のように,二つの場合にわけて考えていこう.
- (191) テキストにみられる主格の特殊性
    - ・子文の中での主格の選択
    - ・テキスト全体の枠に依存した,主格の選択

このうち,子文の中での主格の選択というのは,親文に従属している子文の

中で，子文の主格を親文の主格に一致させる場合のことである．これは，複文の節の中の主格を主文の主格に一致させるのと同じような現象である．

　たとえば，次の(192)の会話の最後の文の主格は，省略されているが，「私」である．この文の主格が「私」になっているのは，その前の文の主格が「私」だからである．この文はその前の文に従属しているので，主格を前の文の主格と一致させるほうが好まれるのである．

(192) 「<u>出版社で受賞の知らせを受け</u>，<u>かみさんに電話したら</u>，『うれしさのあまり気絶しないで』と言われました．<u>先日もレストランで倒れ</u>，<u>救急車を呼ばれたばかりですから</u>……」と稲見さん．

(『朝日新聞』1991.5.20 夕刊 p.9「取材ファイル」)

もう一つの，テキスト全体の枠に依存した，主格の選択というのは，テキストによって主格が固定されていることである．

　たとえば，日常の会話では，主格を「私」に固定しようという力が強く働く．次の(193)のように主格を「私」にした文は自然であるが，その次の(194)のように，「私」ではなく「知らない人」を主格にした文はかなり不自然になる．また，その後の(195)のように，「私」ではなく「私の足」を主格にした文も，さらに不自然になる．

(193) <u>私</u>は<u>知らない人</u>に足を踏まれたんだ．
(194) ?<u>知らない人</u>が<u>私の足</u>を踏んだんだ．
(195) *<u>私の足</u>が<u>知らない人</u>に踏まれたんだ．

一方，書きことばのテキストのなかには，「私」を主格に固定しないで，客観的な描写をするスタイルをとるものもある．次の(196)の最後の文では，「私」を主格にしないで，「その娘をやっていた轟君(夕起子)」を主格にしている．

(196) 次のカットは，石段を登って来た三四郎と矢野正五郎が見た，神社の拝殿で祈っている娘の姿であった．その娘は，警視庁の試合で三四郎と闘う村井半助の娘で，父の勝利を祈願しているのだが，三四郎と正五郎は，そうとは知らず，その無心に祈っている姿に心をうたれ，その邪魔をしないように，遠くから神社に拝礼して去る，と

いう場面である．
　　その時，その娘をやっていた轟君(夕起子)が，私にたずねた．
　　　　　　　　　　　　　　　　　　　　（黒澤明『蝦蟇の油』p.234）
　日常の会話では，「私」があれば，できるだけ「私」を主格にして，「私」を中心にした叙述をしようとする傾向が強いのにたいして，書きことばのなかには，かならずしも「私」を主格にしない，客観的な叙述をするものがあるということもある．そのようなテキスト全体の枠にしたがって，主格の選択のしかたがかわるのである．
　なお，このような叙述のしかたの問題は，話し手の視点の問題につながっていく．視点ついては，久野(1978：第2章)が詳しい．

1.10　まとめ

　この章で述べたことを，節ごとに簡単にまとめると，次のようになる．
1.1　単文から複文へ
- 複文は，単文の一部分が，文に近い「節」に拡張されてできたものである．
- 節に拡張されるのは，述語と，格成分の中の名詞である．
- 拡張のしかたには，限定と並列がある．

1.2　複文を構成する節の種類
- 複文を構成する節は，三つの観点から，それぞれ次のように分類できる．
- 主文にたいする機能からは，連用節，連体節，名詞節に分類できる．
- 主文述語の階層構造からは，アスペクト階層節，テンス階層節などに分類できる．
- 節の内部構造からは，アスペクト分化節，テンス分化節などに分類できる．

1.3　文からテキストへ
- テキストは，性質の違うさまざまな文で構成されている．
- テキストの中の文と文の関係には，従属的な関係と並列的な関係がある．
- 従属的な関係にある親文と子文の関係は，複文の主文と節の関係と似ている．

1.4 テキストを構成する子文の種類
- テキストを構成する子文は，三つの観点から，それぞれ次のように分類できる．
- 親文にたいする機能からは，連用子文，連体子文，名詞相当子文などに分類できる．
- 親文述語の階層構造からは，アスペクト階層子文，テンス階層子文などに分類できる．
- 子文の内部構造からは，アスペクト分化子文，テンス分化子文などに分類できる．

1.5 テンスからみた単文・複文とテキスト
- 単文では，発話時を基準にして，それより前のことには過去形，後のことには非過去形が使われる．
- 複文の節の中や，親文に従属した子文では，発話時ではなく，主文や親文が表す事態の時を基準にして，それより前のことには過去形，後のことには非過去形が使われることがある．

1.6 ていねいさからみた単文・複文とテキスト
- 単文では，話し手が聞き手をていねいに扱うときは，ていねい形，そうでないときは，非ていねい形が使われる．
- 複文の節の中や，親文に従属した子文では，聞き手をていねいに扱うかどうかの選択をしていないことを表す，非ていねい形が使われることがある．

1.7 ムードからみた単文・複文とテキスト
- 単文では，話し手の判断や感情を表すために，質問形，希望形，不確か形などのムードの形態が使われる．
- 複文の節の中や，親文に従属した子文では，ムードの対立がなくなったり，ムードの形態が，話し手以外の人の判断や感情を表すために使われることがある．

1.8 主題からみた単文・複文とテキスト
- 単文では，その文が何について述べるかが「〜は」という主題形で表される．

- 複文の節の中や，親文に従属した子文では，「は」がつく主題形と「は」がつかない非主題形の対立がなくなり，「〜が」などの非主題形が使われることがある．

1.9 主格からみた単文・複文とテキスト

- 単文では，話し手に近いほうのものが，「〜が」という主格形になるのが原則である．
- 複文の節の中や，親文に従属した子文では，話し手に近いものではなく，主文や親文の主格に近いものが，「〜が」という主格形になるのが原則である．

2
複文各論

2.1 複文概説

この章では,複文に関わる様々な表現の中で,特に条件表現と連体修飾表現を取り上げて,その内容を検討する.本節では,それに先だって,複文全体の概観を行う.

文は,その構造から**単文**と**複文**に分けられる.単文とは,単一の述語を中心としたまとまりからなる文のことである.(1)は述語「注文した」を中心とする単文の例である.

(1) 花子はコーヒーを注文した.

これに対して,複文とは,複数の述語を含みそれぞれの述語を中心とした複数のまとまりからなる文のことである.(2)は「注文した」を中心としたまとまりと「行って」を中心としたまとまりからなる複文の例である.

(2) 花子は喫茶店に行ってコーヒーを注文した.

複文を構成する,述語を中心としたまとまりを**節**と呼ぶ.節は,複文の中心となる**主節**と,主節に従属することで文の構成要素となる**従属節**に分かれる.(2)について言えば,「花子はコーヒーを注文した」という部分が主節であり,「喫茶店に行って」という部分が従属節である.そして,従属節の性格の違いに基づいて複文が類型化されることになる.次に,従属節の種類にどのようなものがあるかを見てみることにしよう.

(a) 従属節の類型

従属節にどのような類型が認められるかという問題を考えるに当たっては,あらかじめ,単文を構成する要素(成分)には主にどのようなものがあるのかという点を明らかにしておかなければならない.

そこで,次のような単文の例を考えてみる.

(3) 花子は熱いコーヒーをゆっくり飲んだ.

ここでは便宜的に,この文を「花子は」「熱い」「コーヒーを」「ゆっくり」「飲んだ」という五つの要素に分けることにする.これらの要素のうち「花子は」

は文の**主題**を表す働きをする．この主題に対して「熱いコーヒーをゆっくり飲んだ」という説明がなされているわけである．「熱い」は名詞「コーヒー」を修飾する働きをする．この働きにちなんで**連体修飾語**と呼ぶことにしよう．「コーヒーを」は「飲んだ」が表す意味を補う働きをする．このような性格に基づいて，この要素を**補足語**と呼ぶことにしよう．「ゆっくり」は「飲んだ」が表す事態をさらに詳しく述べるために付加される要素である．このような要素を**連用修飾語**と呼ぶことにする．最後に，「飲んだ」は文の中心的な要素として機能する**述語**である．このように，単文を構成する主な要素は，主題，補足語，連用修飾語，連体修飾語，述語の五つである．

　これらの要素に基づいて従属節の類型を考えてみる．まず，主題と補足語の働きをする従属節を挙げることができる．次の例を見てみよう．
　（4）　早足で散歩をすることは健康によい．
　（5）　太郎は子供が泣いているのを見かけた．
これらの例における「早足で散歩をすること」「子供が泣いているの」という従属節は，主題と補足語の中心要素となる名詞の性格を有する．そこで，このような従属節を**名詞節**と呼ぶことにしよう．

　第2に，連用修飾語の働きをする従属節がある．次の(6)における「テレビを見ながら」はその例である．
　（6）　娘はいつもテレビを見ながら食事する．
本章では，連用修飾語の働きをしているとみなすことができる従属節を一括して**連用節**と呼ぶことにする．

　第3に，連体修飾語の働きをする従属節がある．次は，その例である．
　（7）　きのう見た映画はとても楽しかった．
この例における従属節「きのう見た」は名詞「映画」を修飾している．このような連体修飾語の働きをする従属節を**連体節**と呼ぶことにしよう．

　第4の類型は，次の例に見られるような従属節である．
　（8）　娘は会社に勤め，息子は大学に行っている．
この例における「娘は会社に勤め」という従属節は「息子は大学に行っている」という主節に対して，意味的に対等な関係で結びついている．このような，

主節と対等な関係で並べられている従属節を**並列節**と呼ぶことにする．

　従属節の類型としては，これら4種類のものが中心となるわけであるが，これに，周辺的なものではあるが，もう一つの類型を加えたいと思う．それは，次のような例における従属節である．

　(9)　話し合いがまとまったかどうか，早く結果が知りたい．

この例の「話し合いがまとまったかどうか」という従属節は，主節に対して直接的な結びつきを持たない．「連用節」の一種とみなすことも考えられなくはないが，ここでは，主節から遊離した位置に置かれた従属節と見て，この種の従属節を**遊離節**と仮称しておく．

　以上，従属節の類型として，名詞節，連用節，連体節，並列節，遊離節の5種類を挙げた．以下では，「遊離節」を除く四つの類型について，順にその内容をもう少し詳しく見ていくことにする．

(b) 名 詞 節

　名詞節とは，名詞の性格を有し主題，補足語の中心要素となる従属節をいう．先に挙げた(4)(5)における「早足で散歩をすること」「子供が泣いているの」がその例である．これらの例では，「こと」「の」という形式が名詞節を構成する上で決定的な役割を果たしている．「早足で散歩をする」「子供が泣いている」には名詞的な性格はない．これらが名詞の性格を持つには「こと」「の」の付加が要求されるのである．「こと」「の」の付加によって名詞節が成立するのは，「こと」「の」が名詞の性格を有するからに他ならない．

　名詞節の組み立てにおいて問題になるのは，「こと」と「の」の選択の問題である．「こと」と「の」がいつでも交代可能であるならば，文法的な問題は生じてこないのであるが，実際には，「こと」と「の」の使用には制約がある．例えば，(4)の「こと」は「の」に置き換えられるが，(5)の「の」は「こと」に置き換えられないのである．

　(10)　早足で散歩をするのは健康によい．
　(11)　*太郎は子供が泣いていることを見かけた．

このような，「こと」と「の」の使い分けの問題は名詞節に関する最も重要な

検討課題である．この問題の詳細については，益岡(1997，1部2章)を参照していただきたい．

なお，名詞節の中には「こと」「の」の付加が要求されないものがある．それは，次の例に見られるような疑問表現の場合である．

(12) 誰がその会議に出席するかを早く決めなければならない．

疑問表現の場合は，「誰がその会議に出席するか」というような表現がそのままの形で名詞節として用いられる．名詞の性格を持った要素が付加されることなく名詞節を構成できる点が，疑問表現の特徴であると言える．

(c) 連用節

連用節というのは，広い意味での連用修飾語の働きをする従属節のことである．連用修飾の概念が関わる従属節には様々なものがあるので，それらを何らかの形で下位分類する必要がある．ここでは，意味的な観点による分類を行うことにする．

連用節は意味的な観点からは主として，付帯状況・様態を表すもの，程度を表すもの，目的を表すもの，時を表すもの，原因・理由を表すもの，条件・譲歩を表すもの，逆接を表すもの，引用を表すもの，が挙げられる．以下，これらの連用節について，順次その内容を見ていくことにしよう．

まず，付帯状況・様態を表す連用節であるが，これには次のような例が挙げられる．

(13) 花子はいつも音楽を聴きながら勉強する．

(14) 私が言うように動いてください．

(13)の「音楽を聴きながら」という連用節は「勉強する」という動作に付随する事態(付帯状況)を表している．また，(14)では，「私が言うように」という連用節が「動く」という動作のやり方(様態)を表している．付帯状況・様態を表す連用節は，「連用修飾」の概念に最もふさわしいものの一つである．

程度を表す連用節は，次のようなものをいう．

(15) 試験は私が考えていたほど難しくなかった．

(16) 試験は誰もが解けないくらい難しかった．

(15)(16)の「私が考えていたほど」「誰もが解けないくらい」は，「あまり（難しくなかった）」や「とても（難しかった）」のような表現と同様にある状態の程度を表している．このような程度を表す連用節も付帯状況・様態を表す連用節と同じく，「連用修飾」という概念にふさわしいものである．

目的を表す連用節には，次のような例が挙げられる．
(17) 鈴木さんは車を買うために貯金をしている．
(18) 花子は太り過ぎないようにダイエットをしている．

目的を表す連用節を代表する表現は「～ために」と「～ように」である．これら二つの表現は，前者が意志的動作((17)では「買う」)を表し，後者が無意志的事態((18)では「太り過ぎない」)を表すという点で対照的である．

時を表す連用節には種々の接続形式がある．主節の事態の時と同時を表すもの，主節の事態の時より前または後を表すもの，主節の事態の時を含む期間を表すもの，などがその例である．次に，そのような例をいくつか挙げておこう．
(19) 部屋のドアを開けたとき，人が飛び出してきた．
(20) よく考えてから，結論を出しなさい．
(21) 旅行の計画を立てる前に，いろいろ問い合わせをしてみた．
(22) ぼんやりしているあいだに，バスが通り過ぎてしまった．

このような種々の接続形式がどのように使い分けられるのかといった問題や，時を表す連用節におけるテンス，アスペクトの問題などをめぐって，これまでに詳しい検討がなされてきた．この点については，寺村(1983)や工藤(1995, Ⅳ)を参照されたい．

原因・理由を表す連用節には，次のような「～ために」「～ので」「～から」などの表現がある．
(23) 母が病気になったために，旅行は中止になった．
(24) 時間がなかったので，先に行くことにした．
(25) 約束の時間に遅れそうだから，そろそろ出かけることにしよう．

これらの連用節は，主節の事態に対する原因を表現したり，主節が表す判断・態度に対する理由(根拠)を表現したりする．この種の連用節については特に，「～ので」と「～から」がどのように使い分けられるのかという点が様々な観

点から考察されてきた．この問題に関しては，益岡(1997，2部4章)を参照していただきたい．

　条件を表す連用節は，接続形式の種類が豊富で，その使い分けも微妙である．次に挙げるのは，条件を表す連用節を代表するとされる「〜れば」「〜たら」「〜と」「〜なら」という表現である．

　(26)　この本を読めば，何か手がかりが得られるだろう．
　(27)　私の説明が分からなかったら，先生に聞いてください．
　(28)　この問題が解決すると，両国の関係は改善されるだろう．
　(29)　住民の意思が変わらないなら，この計画は中止するしかない．

これらの例に見られるとおり，条件を表す連用節は互いによく似た面を持っており，それぞれの表現を文法的にどのように特徴づければよいのかは重要な検討課題である．本章では2.2節において，従来の研究を踏まえつつこの課題に取り組んでみたいと思う．

　条件を表す連用節に関連するものとして，次のような譲歩の意味を表す連用節がある．

　(30)　需要が減っても，価格は下がらないだろう．
　(31)　謝ったところで，許してはもらえないだろう．

これらの表現では，条件から帰結するはずの事態が実際には成り立たないという意味を表している．この点で，譲歩の表現は条件の表現と関連していると考えられるのであるが，前田(1993)には，「〜ても」がなぜ譲歩(逆接条件)の意味を表すことができるのかについての詳しい考察があるので参照されたい．

　逆接を表す連用節には，次の例に示されるような「〜のに」や「〜けれども」などがある．

　(32)　何度も考えたのに，答えが見つからなかった．
　(33)　この計画の実現にはずいぶん時間をかけたけれども，思ったような成果はあがらなかった．

これらの例では，連用節の事態から予想されるものとは異なった結果になるという逆接の意味が表されている．ただし，「〜けれども」は次の(34)のように，連用節と主節との間に逆接的な関係が認められない場合に用いられることもあ

る.
(34) こちらはA銀行ですけれども，どんなご用件でしょうか．
　連用節の最後の例として，引用を表すものを見ておこう．引用を表す代表的な形式は，次の例に見られるような「〜と」である．
(35) 太郎は，あれを買いたいとノートパソコンを指さした．
(36) 花子は，これから一生懸命がんばるつもりだと言った．
(35)の「〜と」は通常の連用修飾の従属節であるが，(36)の「〜と」は「言った」ことの内容を表している点で述語を補う役割，すなわち補足語の役割を果たしていると見ることができる．(36)のような「〜と」は，「連用修飾」の概念で捉えるのは適切ではなく，むしろ「補足節」とでも呼ぶべき内容のものである．「〜と」のこのような用法は，主節の述語が「言う」のような「発話の動詞」または「思う」のような「思考の動詞」の場合に見られるものである．

(d) 連体節
　連体節は被修飾名詞との関係を表す接続形式を持たないことが多い．そのため連体節が被修飾名詞とどのような関係にあるかは，連体節の内容や被修飾名詞の性格によって決まることになる．
　例えば，次の表現を比べてみよう．
(37) 警察が公表した事実
(38) 被疑者が事件現場にいた事実
これらの例では，どちらも連体節が「事実」という名詞を修飾している．しかし，(37)と(38)とでは，連体節と「事実」との関係は異なっている．すなわち，前者では，連体節の述語「公表した」と被修飾名詞「事実」との間に「事実を公表した」という，述語と補足語の関係が成り立っている．この場合，「事実」は連体節の内部要素に還元できるのである．これに対して，後者では，「事実」は連体節の述語と結びつけることはできない．「事実」は連体節の外部要素の位置にとどまるのである．このような違いを踏まえて，寺村(1975-1978)は(37)のような連体節の表現を「内の関係」の連体修飾，(38)のような連体節の表現を「外の関係」の連体修飾，と名づけている．

連体節の表現をこのような「内の関係」「外の関係」といった類型化をもとにしてその文法的性格を明らかにしていくことは大切なことであるし，実際，そのようなアプローチによって広範な言語事実が明るみに出されてきたのである．とはいうものの，連体節と被修飾名詞はいつも接続形式を持たないというわけではない．次の例ではそれぞれ「という」「との」「ような」が接続形式として用いられている．

　（39）　被疑者が事件現場にいたという事実
　（40）　被疑者が事件現場にいたとの噂
　（41）　マスコミが報道しているような事実

このような接続形式が連体節の表現においてどのような働きをしているのかということも，連体節の表現をめぐる検討課題の一つである．本章では，こういった問題意識の下で，2.3節において連体修飾表現をより詳しく見てみることにする．

(e) 並列節

並列節というのは，主節に対して対等な関係で並べられる従属節のことであった．次の例はいずれも，従属節が並列節の性格を持つものである．

　（42）　おじいさんは山へ柴刈りに行き，おばあさんは川へ洗濯に行った．
　（43）　日曜日には本を読んだり音楽を聴いたりした．
　（44）　太郎は音楽もできるし，絵も上手だ．

これらの例は並列節の表現としては最も典型的なものであり，並列節の部分と主節の部分を入れ替えても意味は変わらない．

　（45）　おばあさんは川へ洗濯に行き，おじいさんは山へ柴刈りに行った．
　（46）　日曜日には音楽を聴いたり本を読んだりした．
　（47）　太郎は絵も上手だし，音楽もできる．

このように，述語の連用形，「～たり」という形式，接続助詞「し」などによって従属節が主節に結びつけられる場合は，その従属節は並列節の性格を保持するのであるが，述語の「～て」という形式によって従属節が主節に結びつけられる場合は，並列節の性格を持つこともあるし連用節に移行することもあ

る．次の例は，「～て」で表される節が典型的な並列節として用いられるものから典型的な連用節として用いられるものまでの，用法の連続性を示している．

(48) おじいさんは山へ柴刈りに行って，おばあさんは川へ洗濯に行った．
(49) 花子は喫茶店に行って，コーヒーを飲んだ．
(50) 太郎は風邪を引いて学校を休んだ．
(51) 鈴木さんはフェリーに乗って九州へ行った．
(52) 花子は眼を閉じて先生の話を聞いていた．

以上，並列節の表現とその周辺を一瞥した．詳細については寺村(1981，11章)を参照されたい．

2.2 条件表現

条件表現は，複文研究の中で最も盛んに研究されてきたテーマの一つである．その最大の理由は，条件節（前件）の部分が多様な表現形式，すなわち，「～れば」(以下**レバ形式**と呼ぶ)，「～たら」(以下**タラ形式**と呼ぶ)，「～と」(以下**ト形式**と呼ぶ)，「～なら」(以下**ナラ形式**と呼ぶ)などの形式によって表され，それらの間に微妙な使い分けが見られるからである．そこで，本節では，これら四つの条件節を含む文がそれぞれどのように用いられるかをできるだけ具体的に記述していくことにする．

なお，条件表現を記述する際には，それをどのように規定するかという根本的な問題があるが，ここではその厳密な規定を提示する用意はない．本節では，暫定的に，主節（後件）で表される事態の成立が条件節（前件）で表される事態の成立に依存し，かつ，前件と後件がいずれも非現実の事態を表すものを条件表現と規定しておく．この規定に従えば，条件表現に該当しない用法，すなわち，前件と後件がともに現実の事態を表す用法（以下「事実的用法」と呼ぶ)や前件が現実の事態を表す用法が認められるが，本節では，このような用法も記述の対象とする．以下，レバ形式の表現，タラ形式の表現，ト形式の表現，ナラ形式の表現，の順にその用法を見ていくことにする．

(a) レバ形式の表現

レバ形式の表現の用法の中でまず挙げるべきものは，時間を超えて成り立つ一般的な因果関係を表す用法である．これには，次のような例が挙げられる．

(53) 朱に交われば赤くなる．

(54) 努力すれば報われるものだ．

この用法は，前件と後件の組み合わせにより，物事の道理を表す点に特徴がある．(53)や(54)のような表現は，あくまでも物事の道理を説いているのであって，現実には必ずしもこのような事態が成り立つとは限らないわけである．例えば，(54)の例で言えば，「努力しても報われない」ということは現実には十分あり得ることである．このように，現実の事態には必ずしも拘泥しないという意味において，この用法は非現実の事態を表していると言うことができよう．

また，この用法においては，物事の道理を表すという性格から，論理性が強く，そのため，前件が成立しなければ後件も成立しないという，裏の意味を暗示しやすい．例えば，(54)は次のような裏の意味を含意することになる．

(55) 努力しなければ報われない．

さらに，物事の道理を表すという性格から，文末のムードは，先の例や次の例のように，事態の真偽の判断を表すものに限られる．

(56) 努力すれば報われるだろう．

次に，先に挙げた用法とは異なるものとして，特定の時空間に実現する個別的事態を表す用法がある．これには，前件が，実現が見込まれる事態を表す場合と仮定的な事態を表す場合がある．次の例を見てみよう．

(57) 彼が帰って来れば，すぐに会おう．

(58) もしもっとよく調べれば，何か手がかりが得られるだろう．

(57)は，これから先の時点で「彼が帰って来る」ことが見込まれていることを表している．そのような見込みのもとに，その事態が実現したら「(彼に)すぐに会おう」という表現者の意志が表されているのである．この場合，前件，後件ともに未然の事態を表しており，その意味で非現実の事態の表現と見ることができる．

他方，(58)は，「もし」という語の存在が示すように，前件で未然の事態が

仮定され，その仮定のもとに後件でその帰結が述べられている．この場合も，明らかに，非現実の事態の表現と見ることができる．また，このような仮定の事態を表す場合も，物事の道理を表す用法の場合と同様に，裏の意味を含意する傾向が強い．(58)は，次のような裏の意味を暗示するわけである．

　(59)　もしこれ以上調べなければ，何も手がかりは得られないだろう．

　ところで，特定の時空間に実現する個別的事態を表す用法においては，文末のムードはどのようになるのであろうか．従来の研究では一般に，前件が動的事態を表す場合と静的事態を表す場合で，文末のムードの現れ方が異なるとされてきた．すなわち，前件が動的事態を表す場合は，文末のムードは真偽の判断を表すものに限られ，静的事態を表す場合は種々のムードを表すことができるということであった．これに対して，本節では，この見方は十分に正確であるとは言えず，修正を施す必要があるものと考える．すなわち，このような見方が妥当なのは前件が仮定的な事態を表す場合であり，前件が実現が見込まれる事態を表す場合は，動的事態であっても文末のムードは真偽の判断を表すものに限られないように思われる．このことは，先の(57)の例にも示されている．この例では，文末は意志のムードを表しているのである．あわせて，次の例も参照されたい．

　(60)　彼が帰って来れば，すぐに話をしますか．
　(61)　彼が帰って来れば，すぐに話がしたい．
　(62)　彼が帰って来れば，すぐに話をしなさい．

これらの表現では，文末のムードはそれぞれ，質問のムード，願望のムード，命令のムードになっている．

　これに対して，前件が仮定的事態を表す場合は，原則として，従来の見方，すなわち，動的事態を表す場合は文末のムードは真偽の判断を表すものに限られ，静的事態を表す場合は種々のムードを表すことができる，という見方が成り立つように思われる．まず，動的事態を表す場合を見ておこう．

　(63)　もし彼が来れば，問題は解決するだろう．
　(64)？もし彼が来れば，すぐに会おう．
　(65)？もし彼が来れば，すぐに話をしますか．

(66) ？もし彼が来れば，すぐに話がしたい．

(67) ？もし彼が来れば，すぐに話をしなさい．

次に，静的事態を表す場合の例を挙げておく．

(68) もし彼がいれば，問題は解決するだろう．

(69) もし彼がいれば，すぐに会おう．

(70) もし彼がいれば，会って話をしますか．

(71) もし彼がいれば，会って話がしたい．

(72) もし彼がいれば，会って話をしなさい．

かくして，前件が動的事態を表す場合に文末のムードが真偽の判断を表すものに限られ，静的事態を表す場合に種々のムードを表すと言えるのは，前件が仮定的な事態を表す場合のことである，ということが明らかになった．もっとも，これは原則にすぎず，この原則には若干の例外が存在する．

一つは，前田(1995)が挙げている，前件の主体と後件の主体が異なり前件と後件が同じ動作を表す場合，文末が意志のムードを表現することができるという例である．

(73) あなたが行けば私も行きます．

この例は，「もし」が付加できることが示すように，仮定的事態の表現である．

(74) もしあなたが行けば私も行きます．

仮定的事態の表現であり，かつ，前件が動的事態を表しているにもかかわらず，文末のムードは，真偽の判断を表すものではなく，意志のムードを表すものである．この点で，先の原則の例外となる．ただし，この場合，意志のムード以外の，勧誘のムード，質問のムード，命令のムードなどは許容度が低いようである．

(75) ？もし太郎が行けば私たちも行きましょう．

(76) ？もし太郎が行けばあなたも行きますか．

(77) ？もし太郎が行けばあなたも行きなさい．

もう一つは，前件が「誰」や「どれ」のような疑問語を含む場合である．この場合，後件は，文末が質問のムードを表すことになる．

(78) どのバスに乗れば北町に行けますか．

(78)のような例も，前件が仮定的事態で，かつ，動的事態を表しているのに，文末が質問のムードを取っている点で，先の原則の例外になる．

ちなみに，この種の質問表現を，レバ形式以外の条件表現について見てみると，次のようになる．

(79) どのバスに乗ったら北町に行けますか．
(80) どのバスに乗ると北町に行けますか．
(81) *どのバスに乗るなら北町に行けますか．

以上の例から，前件に疑問語を含む質問文は，ナラ形式の場合以外は成立するということが分かる．なお，ナラ形式の条件表現がこの種の質問文を成立させることができないのは，主節(後件)に対する従属節(前件)の従属度が低く，疑問のスコープが従属節に及ばないためであると考えられる．この点については，益岡(1997, 3部2章)を参照していただきたい．

次に，レバ形式の表現が事実に反する仮定を表す用法(反事実的条件の用法)を見てみよう．以下に，若干の例を挙げることにする．

(82) もっと安ければ買うのに．
(83) もう少し注意していれば，事故は起こっていなかっただろう．
(84) あの時助けてくれなければ，今頃は命がなかっただろう．

この用法では，前件の述語は状態性のものである場合が多い．上の例で言えば，(82)では形容詞が，(83)では「〜ている」という形式が，(84)では否定の形式が，それぞれ用いられている．ただし，次の(85)の例のように，前件が動的述語である場合もある．

(85) あの時君の言うことをちゃんと聞けば，こんなことにはならなかっただろう．

また，後件の述語は「〜た」という形式を取ることが多い．上の例では，(82)以外は「〜た」という形式を取っている．これは，述語が過去の形を取ることで，現実からの乖離というムード的な意味を表すことができるためではないかと考えられる．

最後に，レバ形式の表現の事実的用法に簡単に触れておきたい．レバ形式の表現が事実を表すことはあまり一般的ではないが，一部にそのような例が認め

られる．一つは，前件，後件が個別的事態を表す場合である．

　（86）　これだけ説明してくれれば，私としては満足だ．

もう一つは，既然の反復的事態を表す場合である．次の例を見られたい．

　（87）　当時は，街に出かければ一杯飲んで帰ったものだった．

　以上，レバ形式の表現の諸用法を見てきた．その諸用法とは，時間を超えて成り立つ一般的な因果関係を表す用法，前件が実現が見込まれる事態を表す用法，前件が仮定的事態を表す用法，反事実的条件の用法，および事実的用法であった．これら諸用法を見渡してみて，全体を統一的に特徴づけることははたして可能であろうか．もしこれらの用法を同列に置いて眺めると，統一的な特徴づけは断念しなければならないであろう．ここで注意すべきは，事実的用法は，レバ形式の表現にとっては周辺的な位置にあるということである．また，次の項で詳しく見るように，前件が実現が見込まれる事態を表す用法は，主としてタラ形式の表現に属する用法であり，レバ形式の表現においては大きな比重を占めるものではない．さらに，反事実的条件を表す用法は，前件が仮定的な事態を表す用法の一部とみなすことができる．

　このように考えると，レバ形式の表現の主たる用法は，時間を超えて成り立つ一般的な因果関係を表す用法と前件が仮定的な事態を表す用法の二つに絞り込むことができよう．そうすると，後はこれらに共通する特徴を見つけ出せばよいということになるのであるが，この点は，じつは，容易なことではない．ここでは，これ以上の追究は差し控え，今後の検討課題としたい．

　以上で，レバ形式の表現の記述を終えることとする．

（b）タラ形式の表現

　タラ形式の表現の用法のうち，まず取り上げるべきは，前件が実現の見込みのある事態を表す場合である．この用法については，すでにレバ形式の表現のところで見たが，ここでもう少し詳しく観察してみよう．

　次の例を見られたい．

　（88）　夏休みになったら海に泳ぎに行こう．

　（89）　目的地に着いたら，すぐに連絡をしてくれ．

(90) 仕事が片づいたら何がしたいですか.

　これらの例では，前件は，これから先の時点で実現することが分かっている個別的事態を表している．(88)の例で言えば，「夏休みになる」ことは時間の問題であって，一定の時間が経過すれば「夏休みになる」ということが了解されている．当該の事態を現実に実現する以前の段階で捉えているという点にちなんで，この用法を「現実化以前の事態を表す用法」と呼ぶことにしよう．この用法では，前件も後件も非現実の事態を表すとみなすことができるので，この場合，条件表現が成立していると言うことができる．

　現実化以前の事態を表す用法においては，そこで表現される事態は動的なものに限られる．それは，時間の経過に伴って実現する事態というものが本来的に，時間の経過の中で発生する事態でなければならないからである．静的事態の場合，特定の時空間において実現するというのは，特定の時空間において存在するということを意味するにすぎない．時間の経過の中で発生するという性格を持った事態ではないわけである．

　また，現実化以前の事態を表す用法では，文末のムードに制約はない．文末のムードは種々のものになり得る．先の例では，(88)は勧誘のムード，(89)は命令のムード，(90)は質問のムードを表している．

　ところで，現実化以前の事態を表す用法については，前項において，レバ形式の表現にもこの用法が見られるということを指摘しておいた．ただし，ここで注意しなければならないのは，レバ形式の表現の場合は，仮定的な事態として解釈される傾向が強いという点である．レバ形式の表現が現実化以前の事態を表すのは，その事態の内容が時間の経過に伴って必ず実現する性格のものである場合である．先の例で言えば，(88)がそのような場合に相当する．「夏休みになる」というのは，時間の経過に伴って必ず実現する事態である．したがって，「夏休みになれば」というレバ形式を含む表現の文末のムードには制約はない．

(91) 夏休みになれば，大勢の観光客が押し寄せてくるだろう．
(92) 夏休みになれば，海に泳ぎに行こう．
(93) 夏休みになれば，一度遊びに来なさい．

(94) 夏休みになれば,どこに行きたいですか.

これに対して,(89)や(90)のような表現における前件は,レバ形式で表された場合,仮定的事態を表すものとみなされやすく,文末のムードは真偽判断を表すもの以外は現れにくいようである.

(95) 目的地に着けば,何か連絡をしてくるだろう.
(96) ?目的地に着けば,しばらく休憩しよう.
(97) ?目的地に着けば,すぐに連絡をしなさい.
(98) ?目的地に着けば,まず何がしたいですか.
(99) 仕事が片づけば,彼らはすぐに立ち去るだろう.
(100) ?仕事が片づけば,しばらく休憩しよう.
(101) ?仕事が片づけば,すぐに連絡をしなさい.
(102) ?仕事が片づけば,まず何がしたいですか.

続いて,タラ形式の表現の二つ目の用法に移ることにしよう.それは,次の例のような,前件が実現するかどうかが定かではない個別的事態,すなわち,仮定的事態を表す用法である.問題の事態が仮定的事態であることは,「もし」という語の存在によって示される.

(103) もし試験に合格したら,両親はとても喜んでくれるだろう.
(104) もし明日までに原稿が仕上がったら,いつもの店で一杯飲もう.
(105) もし何か問題があったら,いつでも連絡してくれ.
(106) もし暑かったら,エアコンを使ってもいいですか.

仮定的事態を表す用法も,現実化以前の事態を表す用法と同様に,文末のムードに制約はない.このことは上の例が示す通りである.

ただし,これらの用法の間で違いが生じるのは,現実化以前の事態を表す用法がもっぱら動的事態を表現するのに対して,仮定的事態を表す用法においては,関係する事態は(103)や(104)のように動的事態であることもあるし,(105)や(106)のように静的事態であることもある,という点である.これは,仮定的事態の場合は,特定の時空間で実現するということだけが問題であり,その実現の仕方は,特定の時空間に発生するということでもよいし,存在するということでもよいからである.

仮定的事態を表す用法に関連して，次に，事実に反する事態を仮定する用法（反事実的条件の用法）を見てみたい．この用法については，レバ形式の表現に関してすでに触れる機会があったが，ここではタラ形式の表現の例を挙げることにする．

(107)　もっと安かったら，買うのに．
(108)　もう少し注意していたら，事故は起こっていなかっただろう．
(109)　あの時助けてくれなかったら，今頃は命がなかっただろう．

これらの表現は，前項で見たレバ形式の表現をタラ形式の表現に置き換えたものである．

このような置き換えが可能であるという事実が示すように，反事実的条件の用法に関する限り，レバ形式の表現とタラ形式の表現とは同じ性格を有するものと思われる．タラ形式の表現においても，前件の述語は状態性のものが中心であり，また，後件の述語は多くの場合「～た」という形式を取る．

条件用法の最後の例として，時間を超えて成り立つ一般的な因果関係を表す用法を取り上げよう．この用法は，前項で観察したレバ形式の表現に見られるものであった．はたして，このようなレバ形式をタラ形式に置き換えることは可能であろうか．次の例を見られたい．

(110)　朱に交わったら赤くなる．
(111)　努力したら報われるものだ．

これらの例は，口語的な表現としては一応許容されるように思われる．タラ形式の表現は一般に，口語体の表現で好んで用いられる．タラ形式のこのような性格のために，(110)や(111)のような表現が可能となるのであろう．このような文体上の制約を考慮すると，時間を超えて成り立つ一般的な因果関係を表す用法は，タラ形式の表現にとっては周辺的なものにすぎない，と見るべきであろう．

次に，タラ形式の表現による事実的用法を取り上げることにする．まず初めに，例を挙げておこう．

(112)　家の外に出たら，突然大きな音がした．
(113)　のんびりと音楽を聴いていたら，会社から電話がかかってきた．

(114) 部屋の中に入ったら，異常な暑さだった．

(112)では，前件，後件ともに動的事態を表している．(113)では，前件は静的事態を，後件は動的事態を表している．さらに(114)では，前件は動的事態を，後件は静的事態を表している．いずれの例においても，前件，後件ともに，既然の事態が表されている．

蓮沼(1993, p.79)は事実的なタラ形式の表現の特徴を次のようにまとめている．

(115) 事実的な「たら」は前件の事態が成立した状況において，後件の事態を話し手が実体験的に認識するといった関係を表す場合に使用される．

蓮沼(1993)は，(115)の原則のためにタラ形式の表現が不自然になる三つの場合を挙げている．第1に，同一主語の意志的行為の連続を表す場合である．

(116) *ゆうべ，ご飯を食べたらテレビを見ました．

第2に，前件が話し手以外の意志的な動作を表し，全体が引用標識なしで表現されたような場合である．

(117) ?あるとき，坂口さんが，彼の家へ「乳をしぼるところをみせてくれ」といって遊びに行ったら，躍り上がるようにして彼は喜んだ．

第3に，前件・後件が同一主体の無意識的な動作や変化の連続を表すような場合である．

(118) ??どんぐりはころころころがったら池に落ちた．

これら三つの例と，先に挙げた(112)(113)(114)の例を比較していただきたい．後者の例ではいずれも，蓮沼(1993)の(115)の原則が当てはまるように思われる．このことから，蓮沼(1993)のタラ形式の表現の事実的用法に関する特徴づけは妥当なものと見ることができよう．

以上，タラ形式の表現の事実的用法に関する蓮沼(1993)の説を見てきた．

それでは，今まで観察してきたタラ形式の諸用法を統一的に特徴づけることは可能であろうか．まず，条件用法の中では，タラ形式が現実化以前の事態を表す用法，タラ形式が仮定的事態を表す用法，タラ形式が反事実的条件を表す用法，時間を超えて成り立つ一般的因果関係を表す用法が認められた．

このうち，タラ形式が反事実的条件を表す用法は，タラ形式が仮定的事態を表す用法の一部と見てさしつかえあるまい．また，時間を超えて成り立つ一般的な因果関係を表す用法は，口語表現におけるレバ形式の表現の言い換えであると見ることができ，タラ形式の表現においては周辺的な位置を占めるにすぎないと言うことができよう．さらに，タラ形式が現実化以前の事態を表す用法と，仮定的事態を表す用法とは一括して，個別的事態の実現を表す用法とみなすことができよう．このように見れば，タラ形式の条件用法は，前件で個別的事態の実現を表し，後件でその実現に依存するもう一つの個別的事態を表すもの，と特徴づけることが可能であるように思われる．

このような特徴づけに対して，タラ形式の表現の事実的用法はどのような関係にあるのであろうか．タラ形式の事実的用法の特徴づけとしては，本節では，蓮沼(1993)の原則(115)を採用するわけであるが，この原則と先にまとめた条件用法の特徴づけとは直接的なつながりはない．何と言っても，未然の事態(条件用法)と既然の事態(事実的用法)との違いは決定的なものである．

しかも，小林(1996)によれば，未然の事態を表す「タラ」と既然の事態を表す「タラ」とは通時的に見て成立事情が異なるということである．こうした点を考えると，個別的事態の実現を表す用法と事実的用法を統一的に特徴づけることは避けるべきであるように思われる．そこで，タラ形式の表現は個別的事態の実現を表す用法と事実的用法という二つの用法を中心とするということを，本項の結論としたいと考える．

(c) ト形式の表現

ト形式の表現の第1の用法は，既然の個別的事態を表す用法である．この用法は，現実の事態を描く点で，事実的用法の一種である．次の例を見られたい．
  (119)　太郎は部屋に入ると，ハンガーに服をかけた．
  (120)　太郎が部屋に入ると，電灯がついていた．
  (121)　太郎が部屋で本を読んでいると，突然家が揺れだした．
(119)では，前件，後件ともに動的事態を表している．(120)では，前件は動的事態，後件は静的事態を表している．さらに(121)では，前件は静的事態を，

後件は動的事態を表している．

蓮沼（1993）は，ト形式の事実的用法の表現は，「語りもの」の文体で用いられると指摘しているが，このことが当てはまるのは，事実的用法の中でも，個別的事態を表す用法の場合である．確認の意味で，上の表現を対話文に変えてみると，いずれも不自然な表現になる．

(122)　?太郎は部屋に入ると，ハンガーに服をかけましたよ．
(123)　?太郎が部屋に入ると，電灯がついていましたよ．
(124)　?太郎が部屋で本を読んでいると，突然家が揺れだしたよ．

ト形式の表現のもう一つの事実的用法は，反復される事態を一般化して描く場合である．これには次のような例が考えられる．

(125)　太郎は酒を飲むと，顔が赤くなる．
(126)　この地方は夏になると，たくさんの観光客が訪れる．
(127)　私は試験になると，いつも体の調子が悪くなった．

反復される事態が過去に観察されたものである場合には，(127)のように後件の述語は「〜た」という形式を取る．

なお，先に，既然の個別的事態を表す表現は「語りもの」の文体で用いられるということを指摘したが，反復される事態を表現する場合は，このような性格は認められない．(125)(126)(127)などの文は，次の例が示すとおり，対話文として用いることができるのである．

(128)　太郎は酒を飲むと，顔が赤くなりますよ．
(129)　この地方は夏になると，たくさんの観光客が訪れますよ．
(130)　私は試験になると，いつも体の調子が悪くなりましたよ．

ト形式の表現は，また，仁科（1995）の指摘にあるように，前件と後件の間に法則的な結びつきが認められる場合にも用いられる．仁科（1995）の挙げている例の一つを次に示す．

(131)　ある命題の対偶をとると，その真偽値はもとの命題と同じである．

この例は，現実の事態を観察したものではなく，抽象的な法則性を問題にする文である．その意味で，この用法は，時間を超えて成り立つ一般的な因果関係を表すレバ形式の表現と同じく，非現実の事態を表現する条件用法の一種とみ

なしてよいのではなかろうか．(131)は，レバ形式で置き換えてもほぼ同じ意味を表すことができる．

(132) ある命題の対偶をとれば，その真偽値はもとの命題と同じである．

次に，ト形式の表現が未然の事態を表す場合を見てみよう．ト形式の表現が未然の事態を表す場合には，大別して，法則性や事態の反復性に支えられる場合と，仮定の事態が表される場合とがある．このうち，前者は，次のような例で示される．

(133) 夏が過ぎると食欲ももとに戻るだろう．

(134) この地方は夏になると，たくさんの観光客が訪れるだろう．

これらの例はそれぞれ，「夏が過ぎると食欲ももとに戻る」「この地方は夏になるとたくさんの観光客が訪れる」という法則的事態，反復的事態を未来の事態に適用したものである．この場合，仮定を表す「もし」のような語を付加すると，不自然な表現になってしまう．

(135) *もし夏が過ぎると食欲ももとに戻るだろう．

(136) *この地方はもし夏になると，たくさんの観光客が訪れるだろう．

一方，後者は，次のような例で示される．

(137) この問題が解決すると，両国の関係は大いに改善されることになる．

(138) あと1勝すると，2桁勝利ということになる．

これらの例は，ト形式が仮定の事態を表しているので，「もし」のような語を付加することができる．

(139) もしこの問題が解決すると，両国の関係は大いに改善されることになる．

(140) もしあと1勝すると，2桁勝利ということになる．

このように，ト形式の表現は仮定の事態を表すことができる(すなわち，条件用法を有する)のであるが，レバ形式の表現，タラ形式の表現とは異なり，原則として，反事実的条件を表すことはできない．次のような反事実的条件文はいずれも不自然である．

(141) ?もっと安いと，買うのに．

(142) *もう少し注意していると，事故は起こっていなかっただろう．

(143) *あのとき助けてくれないと，今頃は命がなかっただろう．

また，仮定の事態を表す場合，タラ形式の表現においては文末が種々のムードを表し得るのに対して，ト形式の表現においては，原則として，(137)や(138)のように真偽判断を表すものに限られ，それ以外のムードは許容されない．

(144) ?この問題が解決すると，皆で休暇を取ろう．

(145) ?この問題が解決すると，次はどの問題に挑戦しますか．

(146) ?この問題が解決すると，次の問題に取り組んで下さい．

ただし，次のような警告の意味を表す場合には，文末に意志のムードを取ることができる．

(147) 動くと撃つぞ．

なお，警告の意味を表すト形式の表現には，次のような例も存在する．

(148) そんなにのんびりしていると，迎えのバスに乗り遅れるぞ．

この例では，前件は既然の事態を，後件は未然の事態をそれぞれ表している．言い換えれば，前件は現実の事態を，後件は非現実の事態を表しているわけである．

以上，ト形式の表現の諸用法を観察してきたのであるが，それでは，これらの諸用法を統一的に特徴づけることは可能であろうか．結論を先に言えば，これらの用法にはいずれも，前件と後件で二つの事態を並列的に結合しているという特徴が見出されるということである．以下，それぞれの用法について，この点を確認していくことにしよう．

まず，既然の個別的事態を表す用法である(119)のような例はどうであろうか．

(119) 太郎は部屋に入ると，ハンガーに服をかけた．

この例においては，「太郎が部屋に入った」ことと「太郎がハンガーに服をかけた」ことが相伴って現れたということが表現されている．さらに，これら二つの事態が時間的・空間的に近接する関係にある点にも注目したい．このことは，このような例が二つの事態を並列的に結合していることを意味するものである．

次に，(125)のような，反復される事態を一般化して描く用法であるが，この用法においても，二つの事態が並列的に結合されていると見ることができる．

　(125)　太郎は酒を飲むと，顔が赤くなる．

(125)では，「太郎が酒を飲む」ことと「太郎の顔が赤くなる」こととが相伴って現れるということが表されている．

　また，(131)のような，前件と後件の結びつきによってある法則性を表現する用法においても，前件で表されている事態と後件で表されている事態とが並列的に結合することによって一つの法則が言い表されている，と見ることができる．

　(131)　ある命題の対偶をとると，その真偽値はもとの命題と同じである．

(131)は，「ある命題の対偶をとる」ことと「その真偽値はもとの命題と同じである」こととが並列的に結びつけられることで，一つの法則を表すわけである．

　前件が仮定を表す用法においても，前件の事態が後件の事態を伴うことにより一つのまとまった内容を表している．この場合，後件のムードは原則として真偽判断を表すものに限られる．この点からしても，前件と後件の事態は並列的に結びつけられていると言ってよいのではないか．具体的に言えば，例えば(137)では，「この問題が解決する」ということは「両国の関係が大いに改善されることになる」ということを伴って現れるわけである．

　警告の意味を表す用法については，(147)のように，後件が意志のムードを表すことがある．このような例においては，一見したところ，前件と後件の結合の並列性が認められないように見えるかもしれない．しかしながら，(147)の例においても，「動く」ことが「撃つ」ことを伴う（しかも，二つの事態は時間的・空間的に近接する関係にある）ということが表現のポイントであり，この場合も，二つの事態の並列的結合という性格は保たれているのである．

　このようにして，ト形式の表現は，そのいずれの用法においても，二つの事態の並列的結合という性格が関係していることが明らかになった．当該の事態が既然，未然のいずれを表すかは用法によって異なるものの，前件の事態と後件の事態とが並列的に結びついているという点は，ト形式の表現に一貫して認められる特徴である（この点については，国広(1982, p.269)，坪本(1986,

p.173)を参照されたい).

以上の考察から，ト形式の表現の諸用法は，前件と後件で表される二つの事態が並列的に結合されるという形で，統一的に特徴づけることが可能であると言えよう．

(d) ナラ形式の表現

ナラ形式の形の上の特徴は，「～するなら」と「～したなら」のようなテンスの対立を持つことである．以下では，必要に応じて，「～するなら」のような形式を「ルナラ」，「～したなら」のような形式を「タナラ」と表記することにする．また，もう一つの特徴は，「～するなら」のような形のほかに「～するのなら」のように「の」を含む形が用いられるという点である．ここでは，必要に応じて，「～するなら」のような形式を「ナラ」，「～するのなら」のような形式を「ノナラ」と表記することにする．

さて，これからナラ形式の表現の用法を見ていくわけであるが，第1に取り上げたいのは，前件で聞き手から得た情報を真であると仮定して，後件で話し手の何らかの判断・態度(種々のムード)を表すという用法である．聞き手から得た情報というものは，Akatsuka(1985)や赤塚(1998)のいう新規獲得情報(発話の場で得た新情報)であって，それを真と断定する(事実として扱う)ことはできない．したがって，話し手は，聞き手から得た情報は真であると仮定するしかないわけである．次の例を見られたい．

(149) A: 私は間違ったことは言っていない．
　　　 B: 間違っていないのなら，証拠を見せなさい．
(150) A: 歓送会には太郎も出席するそうだ．
　　　 B: 太郎が出席するのなら，僕は出席しない．

このタイプのナラ形式の表現では，「なら」の前に「という」を挿入できる場合が少なくない．

(151) 間違っていないというのなら，証拠を見せなさい．
(152) 太郎が出席するというのなら，僕は出席しない．

次に，ナラ形式の表現は，発話場面において聞き手に関して観察される様子

を前件で表し，後件で話し手の何らかの判断・態度を表すことができる．

（153） 急いでいるのなら，話は後にしよう．
（154） お金がないのなら，今払ってもらわなくてもいいよ．

この場合も，聞き手が現実にどういう状況にあるのかは断言することはできず，真であると仮定するしかないのである．

以上の二つの用法では，ナラを使うことができるだけでなく，ノナラを使うこともできる．また，「もし」のような語を付加することも多くの場合可能である．

（155） もし間違っていないのなら，証拠を見せなさい．
（156） もし太郎が出席するのなら，僕は出席しない．
（157） もし急いでいるのなら，話は後にしよう．
（158） もしお金がないのなら，今払ってもらわなくてもいいよ．

ナラ形式の表現は，また，表現者が前件で主体的に，ある事態を真と仮定して提示する用法を持つ．この用法は，ある事態の成立が仮に想定されるという表現であるから，典型的な仮定の表現であると言うことができる．次のような場合がその例である．

（159） 妻が賛成してくれるなら，私は新しい仕事を始める．
（160） 誰かお金を貸してくれる人がいるなら，私は世界旅行をしたい．

この種の表現では，ノナラよりもナラのほうが適切である．また，「もし」のような語が付加される場合が多い．

（161） もし妻が賛成してくれるなら，私は新しい仕事を始める．
（162） もし誰かお金を貸してくれる人がいるなら，私は世界旅行をしたい．

次に，ナラ形式の表現には，事実に反する事態を想定する仮定の表現（反事実的条件文）も存在する．この場合，次の例に示されるように，前件は通常タナラの形式で表される．

（163） もっと安かったなら，買うのに．
（164） もう少し注意していたなら，事故は起こっていなかっただろう．
（165） あのとき助けてくれなかったなら，今頃は命がなかっただろう．

反事実的条件文においては，ノナラは使用されずもっぱらナラが使われる．ま

た,「もし」のような語の使用は一般的である.

 (166)　もしもっと安かったなら,買うのに.
 (167)　もしもう少し注意していたなら,事故は起こっていなかっただろう.
 (168)　もしあのとき助けてくれなかったなら,今頃は命がなかっただろう.

ナラ形式のもう一つの用法に,鈴木(1994)がタラの形式の強調形であるとしている,タナラの次のような使い方がある.この用法では,前件が表す事態が真として想定されているというわけではない.次の例を見られたい.

 (169)　目的地に着いたなら,すぐに連絡をしてくれ.

タナラがタラの強調形として用いられる場合には,ノナラは使用されない.

次に,ナラ形式が提題的な働きをする場合を見ておこう.ナラは名詞に後続するとき,提題的な機能を持つことがある.

 (170)　土産なら吉備団子がいいよ.

この場合,ナラは「～は」と同じく,「～について言えば」といった意味を表す.

 (171)　土産は吉備団子がいいよ.

この「Xナラ」のXの部分が節で表されるとき,次のような表現が得られることになる.

 (172)　土産を買うなら吉備団子がいいよ.

この場合,ナラ形式は真であると仮定された事態を表すわけではない.事態の真偽は問題にされていないのである.このような,提題的な機能を持つナラ形式においては,ノナラよりもナラのほうが適しているようである.また,仮定の意味は関係しないから,「もし」のような語は通常,使用されない.

最後に,前件が現実の事態を表すと見られる例を取り上げたい.次の(173)の例を見ていただきたい.

 (173)　何度説明しても先生に分かってもらえないのなら,もう説明するの
　　　　はやめることにしよう.

この例においては,「何度説明しても先生に分かってもらえない」という事態は話し手が現実の事態として受け入れているものと考えられる.「もし」を付加することはできないし,さらには,同じ状況で次のように言うことができる

のである(ただし，この文が(173)と同じ意味を表しているというわけではない).

(174) 何度説明しても先生に分かってもらえないのだから，もう説明するのはやめることにしよう.

したがって，周辺的な例ではあるが，(173)のような場合には，前件が現実の事態(話し手が事実と認めている事態)を表しているものとみなしておく.

以上，ナラ形式の表現の用法を見てきたわけであるが，このうち，前件で聞き手から得た情報を真であると仮定して，後件で話し手の判断・態度を表す用法，前件で発話場面において聞き手に関して観察される様子を表し，後件で話し手の判断・態度を表す用法，表現者が前件で主体的にある事態を真であると仮定して提示する用法，および反事実的条件の用法は共通して，前件においてある事態を真であると仮定し，後件において表現者の判断・態度を表すという，条件用法の特徴を持っている．これに対して，タナラがタラの強調形として用いられる用法は，ナラ形式の表現の一用法であるというよりは，タラ形式の変異形とみなすべきものと考える．また，前件が提題的機能を持つ用法は，仮定を表す用法とは別の(したがって，条件用法とは別の)独立した一つの用法であると思われる.

こうしてみると，ナラ形式の表現は基本的には，前件においてある事態を真であると仮定し，後件において表現者の判断・態度を表すという用法を中心として，これに，前件が提題的機能を有する用法が加わるという形で，全体をまとめることができよう.

(e) 課題と展望

以上，条件表現の中で，レバ形式の表現，タラ形式の表現，ト形式の表現，ナラ形式の表現の用法を見てきた．これらの用法をできる限り一般化して述べれば，レバ形式の表現については，時間を超えて成り立つ一般的な因果関係を表す用法と前件が仮定的事態を表す用法，という二つの条件用法が中心となる.

タラ形式の用法は，前件で個別的事態の実現を表し，後件でその実現に依存するもう一つの個別的事態を表す条件用法と，既然の事態を表す事実的用法が

中心となる．

　また，ト形式の表現については，前件と後件で表される二つの事態が並列的に結合するという形で一般的に特徴づけることができる．

　さらに，ナラ形式の表現については，前件においてある事態を真であると仮定して提示し，後件において表現者の判断・態度を表すという条件用法を中心として，これに，前件が提題的機能を有する用法が加わると言うことができる．

　本節では，条件表現を暫定的に，後件で表される事態の成立が前件で表される事態の成立に依存し，かつ，前件，後件がともに非現実の事態を表すもの，と規定した．この規定に拠る限り，事実的用法，前件が現実の事態を表す用法，および，前件が提題的機能を有する用法は条件表現の枠から外れてしまうことになる．特に事実的用法は，多くの形式に見られる重要な用法である．もしも，このような事実的用法を条件表現の中に組み込む必要があるということになれば，本節で暫定的に設定した条件表現の規定は不十分なものであり，今後の課題として，あらためて，条件表現とは何かという根本的な問題に取り組むことが要請される．

　さらに，提題表現と条件表現との関係についても，深いところでは何らかのつながりがありそうである．本節では，この問題に立ち入ることはできなかったが，検討すべき課題の一つとして挙げておきたい．

　また，本節では，レバ形式など四つの形式の表現を取り上げたわけであるが，条件表現としては，他にも次のような，「～とすれば（としたら，とすると）」「～ては」「～たとき（に）は」「～場合（に）は」などの形式を挙げることができる．

　（175）　この説明が不十分であるとすれば，さらに考えてみる必要がある．
　（176）　あなたに反対されては，立つ瀬がない．
　（177）　日本が優勝したときは，皆で乾杯しよう．
　（178）　何か質問がある場合には，この用紙にその質問を書いてください．

これらの表現に関しては，すでにいくつかの研究がある．そうした研究成果をもとにして今後さらに検討していく必要がある．

　この節では，条件表現とそれに関係する表現を対象として，記述文法の観点

からその主な用法を概観した．残された課題は少なくないが，それらについては今後の検討に委ねることとしたい．

2.3 連体修飾表現

　本節では，従属節が名詞を修飾する表現を取り上げる．以下では，名詞を修飾する節を**連体節**，修飾される名詞を**主名詞**と呼ぶことにする．

　従来の研究では，寺村(1975-1978)の「内の関係」と「外の関係」の区別に代表されるように，連体節と主名詞の関係のあり方に基づいて連体修飾表現の類型化がなされてきたが，本節では，連体節と主名詞を接続する形式を類型化の第1の基準にしたいと思う．

　連体節と主名詞を接続する形式を考えるに当たっては，名詞が名詞を修飾する場合の接続形式が参考になる．名詞が名詞を修飾する表現の中で最も基本的な接続の仕方は，次のような「名詞+「の」+名詞」という形式である．

（179）　明日の会議
（180）　旅行の話
（181）　雨の日

これに対応する連体節と主名詞の接続形式は，次の例に見られるような，連体節が主名詞に直接接続する「連体節+主名詞」という形式である．

（182）　私が友人から聞いた事実
（183）　政治家が業者から賄賂をもらった事実

このような接続形式を取る連体修飾表現を，本節では，**基本型修飾表現**と呼ぶことにする．

　名詞が名詞を修飾する場合のもう一つの接続の形式は，「名詞+「という」+名詞」という形式である．次はその一例である．

（184）　鈴木という人

これに対応する連体節の表現が「連体節+「という」+主名詞」の形式を取る，次のような表現である．

（185）　早く減税をすべきだという意見

接続形式として「という」が用いられるこの種の連体修飾表現を**トイウ修飾表現**と呼ぶことにしよう．

トイウ修飾表現に関連して，接続形式に「との」が用いられる(すなわち，「連体節+「との」+主名詞」という形式の)連体修飾表現にも目を向ける必要がある．ただし，この場合，対応する「名詞+「との」+名詞」は成り立たない．

(186) 早く減税すべきだとの意見

(187) *鈴木との人

(186)のような連体修飾表現を**トノ修飾表現**と呼ぶことにしよう．

名詞が名詞を修飾する表現には，さらに，「のような」という接続形式を用いた「名詞+「のような」+名詞」という表現がある．次のような例がそれに当たる．

(188) Ａ市のような地方都市

これに対応する連体節の表現が，次の例に示されるような，「連体節+「ような」+主名詞」という表現である．

(189) 私がいつも聴いているような音楽

このような連体修飾表現を**ヨウナ修飾表現**と呼ぶことにする．

以上，接続形式の違いに基づいて連体修飾表現の主たる類型として，基本型修飾表現，トイウ修飾表現，トノ修飾表現，ヨウナ修飾表現の4種類を設定した．以下では，これら4種類の連体修飾表現を個別に取り上げ，それぞれの特徴を明らかにしていく．さらに，それに続いて，関連する二つの問題を論じることにする．

(a) 基本型修飾表現

基本型修飾表現は，「名詞+「の」+名詞」という修飾表現における二つの名詞の間に様々な関係が成り立つのと同様に，連体節と主名詞との関係は多様である．そのために，その関係のあり方に基づいて基本型修飾表現をいくつかの類型に分けることが必要となる．本節で示す類型化は，寺村(1975-1978)の類型化を一部修正した形を取る．

寺村(1975-1978)は，連体修飾表現を大きく「内の関係」の修飾表現と「外

の関係」の修飾表現に分け，さらに，後者を「ふつうの内容補充」の修飾表現と「相対的補充」の修飾表現に分けている．このうち，内の関係の修飾表現とは，概略的に言えば，連体節の述語と主名詞との間に特定の格関係が成り立つものをいう．例えば，次の例では「焼く」と「男」との間に「男が焼く」という関係が成立している．

（190） さんまを焼く男

次に，ふつうの内容補充の修飾表現とは，(191)の例に見られるように，連体節が主名詞の内容を補う役割を持つものをいう．

（191） 清少納言と紫式部が逢った事実

さらに，相対的補充の修飾表現とは，連体節が主名詞と相対的な関係にある概念の内容を表すという性格のものである．例えば，次の例では，「深酒をした」という叙述は主名詞「翌日」と相対的な関係にある「当日」の説明をしているわけである．ただし，この場合，「内容を表す」という記述には少々問題がある．この点については後述する．

（192） 深酒をした翌日

以下，このような寺村(1975-1978)の類型化に多少の修正を加えながら，基本型修飾表現の詳細を見ていくことにする．

まず，第1の類型は内の関係の修飾表現である．内の関係の修飾表現は，連体節の述語と主名詞との間に格関係が成り立つものであった．例えば，次の連体修飾表現では，それぞれ括弧に示した格関係が成立している．

（193） この本を書いた人　（(その)人が書いた）
（194） 鈴木さんが書いた本　（(その)本を書いた）
（195） 花子がプレゼントを贈った人　（(その)人に贈った）
（196） 太郎が口論した人　（(その)人と口論した）
（197） 花子が手紙を書いたペン　（(その)ペンで書いた）

寺村(1975-1978)では，次のような例を相対的補充の修飾表現とみなしているが，本節では，内の関係の修飾表現として扱いたいと思う．

（198） 火事になった原因

(198)は「(その)原因で火事になった」という格関係が成り立っているものと

見たい．

　内の関係の修飾表現が成立するか否かを決定する重要な条件は，連体節と主名詞の関係のあり方から，それらの間の格関係を読みとることができるかどうかという点である．先の(193)から(198)のような例では，そのような読みとりは容易である．それに対して次のような例では，格関係の読みとりは困難である．その結果，このような修飾表現は許容度が低くなる．

　(199)　*太郎が歌を歌った人　((その)人と歌った)

(199)の表現の許容度を上げるためには，例えば，次のような付加情報を与える必要がある．

　(200)　太郎がいっしょに歌を歌った人

(200)では，「いっしょに」という表現により，格関係の読みとりが容易になるわけである．

　格関係の読みとりが困難である場合には，それを容易なものにするため，指示詞などを用いて格関係を明示する方法が採られることもある．次はその一例である．

　(201)　太郎が毎日そこで起き食べ寝る日常の生活

この例では，連体節内に「そこで」という表現が挿入されることにより，「日常の生活で起き食べ寝る」という格関係が成立していることが明示される．

　このような格関係の明示化の逆方向にあるものが，寺村(1975-1978)のいう「短絡」の構文である．短絡の構文とは，主名詞と特定の格関係を結ぶはずの連体節の述語が欠落する現象のことである．寺村(1975-1978)が挙げている例には次のようなものがある．欠落していると考えられる述語を括弧内に示しておく．

　(202)　頭のよくなる本　((その)本を読めば)

　(203)　彼女が腹を痛めた娘　((その)娘を産むために)

同様の例を，松本(1993)と井口(1995)から引用しておく．(204)と(205)が松本(1993)からの，(206)と(207)が井口(1995)からの引用である（なお，松本(1993)の例に付された括弧内の補いは筆者のものである）．

　(204)　高校入試に絶対受かる家庭教師　((その)家庭教師が教えれば)

2.3 連体修飾表現

(205) 太郎がホームランを打ったユニフォーム
 　　 （太郎がホームランを打ったときに(その)ユニフォームを着ていた）
(206) 子供の成績がちっとも上がらない塾　((その)塾に行っても)
(207) 卒業資格を得られなかった大学　((その)大学に行ったのに)

　これらの短絡の表現を見てみると，寺村(1975-1978)と井口(1995)が指摘しているように，欠落している述語は主名詞と意味的につながりが強いもの，すなわち，その名詞に対して連想しやすい述語である，ということが分かる．そのような意味的なつながりに基づいて，欠落している述語を復元することが可能になるわけである．
　短絡という見方を拡張することによって，寺村(1975-1978)において「ふつうの内容補充」の例とされている次のような修飾表現も，短絡的表現の一種であると見る可能性が開ける．

(208) 紅衛兵が線路の上を歩いている写真
(209) 大きな眼の女性が扇を手にしてかすかにほほえんでいる絵

これらの例は，寺村(1975-1978)では，主名詞が感覚を表す名詞で，連体節が感覚の内容を表す節であるとされている．しかしながら，後に詳しく見るように，連体節が主名詞の内容を表す場合は，一般に基本型修飾表現の形式だけでなく，トイウ修飾表現の形式も取り得るのであるが，(208)と(209)にはトイウ修飾表現は成り立たない．

(210) *紅衛兵が線路の上を歩いているという写真
(211) *大きな眼の女性が扇を手にしてかすかにほほえんでいるという絵

この事実から考えて，(208)や(209)のような表現は，むしろ，主名詞と結びつくべき連体節内の述語が欠落している短絡的表現である，とみなすことができる．すなわち，(208)と(209)は，それぞれ次に示すような形で述語を補うことが可能である．

(212) 紅衛兵が線路の上を歩いているところが写っている写真
(213) 大きな眼の女性が扇を手にしてかすかにほほえんでいるところが描かれている絵

　このように，短絡的表現は内の関係の修飾表現において重要な位置を占める

ものであることが分かる．

　次に，基本型修飾表現のもう一つの類型として，寺村(1975-1978)のいうふつうの内容補充の修飾表現を取り上げよう．ふつうの内容補充の修飾表現とは，次の例のような，連体節が主名詞の内容を説明するタイプのものである．

　(214)　女房の幽霊が三年目にあらわれる話

本節では，この種の連体節を**内容節**と呼ぶことにする．内容節は，基本型修飾表現だけでなく，後に見るように，すべての類型の修飾表現，すなわち，トイウ修飾節，トノ修飾節，ヨウナ修飾節の表現にも見られるものである．

　当該の連体修飾表現が内容節の表現であるか否かを見分ける簡便なテストは，接続形式「という」を取ることができるかどうかというものである．内容節の表現であれば，(214)の例がそうであるように，原則として「という」を挿入することができる．

　(215)　女房の幽霊が三年目にあらわれるという話

なお，寺村(1975-1978)では，「という」が挿入できない内容節の表現も認められているが，本節ではこのような見方は採らない．この点については後に触れることにする．

　内容節を取ることができる主名詞は，その性格から，特定の名詞に限られる．基本型修飾表現の場合，そのような名詞としては，寺村(1975-1978)が「「コト」を表わす名詞」と呼んでいるものが挙げられる．ここでは，寺村(1975-1978)が挙げている例の一部を引用しておく．

　(216)　少納言と彼女が逢った事実
　(217)　当日券は全部売り切って，補助券を出す騒ぎ
　(218)　社会的な要求を実質的に反映した洋学の勝利に席をゆずる結果(となった)
　(219)　自分でも自分を呪わねばならぬ運命
　(220)　手に虫蛇の模様の入墨ををする風習
　(221)　遺留品が少ない例
　(222)　ローマとカルタゴが戦った歴史

(223) こんなに心から笑った覚え(は今までにない)
(224) 中国が西独の核技術導入をはかる可能性
(225) 軍艦マーチが流れたら，身に憶えのある者は素早く姿を隠す仕組み
(226) スキ焼などの料理を出す商売
(227) 人を愛する資格

なお，寺村(1975-1978)が挙げている次の例は，内容節の表現とするよりは，内の関係の修飾表現と見たほうがよいように思われる．

(228) 少数党が多数党に対抗する方法

(228)の主名詞である「方法」は連体節の述語である「対抗する」と，次に示すような格関係を結んでいると考えてはどうであろうか．

(229) 少数党が多数党にその方法で対抗する

また，次の(230)の例も，内容節の表現と見るよりも，(231)に示したような内の関係の短絡的表現とみなすほうがよいのではないか．

(230) リヨンへ入る準備
(231) (その)準備をするためにリヨンへ入る

ちなみに，(228)も(230)も「という」の挿入は許されない．

(232) *少数党が多数党に対抗するという方法
(233) *リヨンへ入るという準備

内容節を取ることができる主名詞として，寺村(1975-1978)は，「コト」を表わす名詞に加えて，「感覚の名詞」を挙げている．そして，主名詞が感覚の名詞であるときは「という」は挿入できないとしている．以下に，その一部を引用する．

(234) 紅衛兵が線路の上を歩いている写真
(235) だれかが病室の扉をそっと開ける気配
(236) 肩を叩いたり握手をしたりするシーン
(237) さんまを焼く匂い
(238) 誰かが階段を下りてくる音
(239) 琵琶法師が小盲目をつれて，東海道を鎌倉へと下って行く姿
(240) 看護婦のカミソリが腋を動く感触

これらの例のうち，(234)については，すでに述べたとおり，内の関係の短絡的表現とみなすという考え方を採りたい．「という」を挿入することができないことから，本節では内容節の表現とは見ないわけである．

 (241) *紅衛兵が線路の上を歩いているという写真

 これに対して，(235)と(236)のような修飾表現は，寺村(1975-1978)の記述に反して，「という」を挿入することができる．

 (242)　だれかが病室の扉をそっと開けるという気配
 (243)　肩を叩いたり握手をしたりするというシーン

したがって，これらの例は内容節の表現であると考えられる．本節では，感覚の名詞を独立の類型として立てることはせず，「気配」や「シーン」のような名詞は先に挙げたコトを表す名詞に含めることにしたい．

 次に，(237)や(238)の例は，「という」の挿入を許さないという点から，内容節の表現とはみなさない．

 (244) *さんまを焼くという匂い
 (245) *誰かが階段を下りてくるという音

これらの例をどのように扱うかという問題については，基本型修飾表現の第3の類型を取り上げるときに論じたいと思う．

 最後に，(239)や(240)のような例については，慎重な扱いが必要である．(239)と(240)は，「という」の挿入を許さない点で，内容節の表現には含めない．

 (246) *琵琶法師が小盲目をつれて，東海道を鎌倉へと下って行くという姿
 (247) *看護婦のカミソリが腋を動くという感触

しかしながら，「姿」「感触」という名詞は，次の例のように，「という」が挿入できる場合もある．

 (248)　選手たちが懸命に球を追っている(という)姿を見て感激した．
 (249)　近いうちに新しい案が提出される(という)感触を得た．

「という」の挿入を許すこれらの例は，先に見た「気配」や「シーン」の場合と同じく本節では，コトを表す名詞に含めることにしたい．

 一方，トイウの挿入を許さない(239)や(240)の扱いについては，基本型修飾

表現の第3の類型を取り上げる際に論じることにする.
　以上の考察をまとめると,基本型修飾表現の二つ目の類型である内容節の表現に関しては,その主名詞がコトを表す名詞に限られるという点を指摘することができる.
　次に,基本型修飾表現の第3の類型を見ることにしよう.第3の類型は,寺村(1975-1978)が「相対的補充」と名づけているものである.相対的補充とは,次の例のような,連体節が主名詞と相対的な関係にある名詞の内容を補充・説明する構文であるとされる.
　(250)　近代教育の制度や内容を西洋のモデルにしたがって,つくり出そう
　　　　とした結果
(250)においては,連体節は主名詞「結果」と相対的な関係にある「原因」の内容を説明しているというわけである.
　しかしながら,寺村(1975-1978)が挙げている他の相対的補充の例では,内容補充の性格は認められない.例えば,次の例を見てみよう.
　(251)　私たちが勉強をしている上で誰かが柔道の練習をしていた.
この場合,連体節は主名詞「上」と相対的な関係にある「下」に関する説明であるには違いないとしても,「下」の内容を説明しているとは言えない.
　(250)や(251)に関して言えることは,連体節と主名詞との間の意味的な関係が明示されておらず,その関係を表そうとすれば何らかの語句を補う必要があるという点である.このような特徴に基づいて本節では,この種の連体修飾表現を**縮約的修飾表現**と名づけたいと思う.縮約的修飾表現には,どのような種類の語句を補うべきかという点に関して,種々のものが考えられるが,その主なものには,空間的・時間的な概念が関わるものと,連体節と主名詞の間に因果関係が認められるものが挙げられる.
　このうち,空間的・時間的な概念が関わるものの例としては,先に挙げた(251)や次のような例(寺村(1975-1978)から引用したものである)が挙げられる.
　(252)　文子が座ったうしろ
　(253)　おかっぱの五つぐらいの女の子を腰掛けさせた横
　(254)　逮捕される前日

(255) 母が死んだ翌日
(256) 太田夫人が持ち主であった前(に…)
(257) 買い物にでた帰り

これらの例については，次のような語句を補うことが考えられる．

(258) 私たちが勉強をしているところの上
(259) 文子が座ったところのうしろ
(260) おかっぱの五つぐらいの女の子を腰掛けさせたところの横
(261) 逮捕される日の前日
(262) 母が死んだ日の翌日
(263) 太田夫人が持ち主であったときの前
(264) 買い物にでたときの帰り

先に第2の類型を観察した際に問題として残っていた次のような例も，縮約的修飾表現とみなすことができよう．

(239) 琵琶法師が小盲目を連れて，東海道を鎌倉へと下って行く姿
(240) 看護婦のカミソリが腋を動く感触

すなわち，これらの例は次のような語句を補うことができる．

(265) 琵琶法師が小盲目を連れて，東海道を鎌倉へと下って行くときの姿
(266) 看護婦のカミソリが腋を動くときの感触

次に，連体節と主名詞の間に因果関係が認められるものの例としては，以下のような表現が挙げられる．(267)から(273)までの例は寺村(1975-1978)からの引用であり，最後の(274)の例はMatsumoto(1997)からの引用である．

(267) 私が食べた残り
(268) たばこを買ったおつり
(269) 柩を焼く煙
(270) 一年中村あるきをした報酬
(271) 異常なものを見つけた動揺
(272) 唇をあてたよごれ
(273) 塚を掘ったタタリ
(274) 本を売った金

2.3 連体修飾表現

これらの例においては，連体節と主名詞の間の意味的な関係を表そうとすると，「～ことから生じる(生じた)」などの語句を補うことができる．

(275) 私が食べたことから生じた残り
(276) たばこを買ったことから生じたおつり
(277) 柩を焼くことから生じる煙
(278) 一年中村あるきをしたことで得た報酬
(279) 異常なものを見つけたことから生じた動揺
(280) 唇をあてたことから生じたよごれ
(281) 塚を掘ったことから生じたタタリ
(282) 本を売ったことで得た金

先に問題となった「結果」を主名詞とする(250)のような表現も，因果関係が関わる例と見ることができる．すなわち，次のような語句の補いが可能である．

(283) 近代教育の制度や内容を西洋のモデルにしたがって，つくり出そうとしたことから生じた結果

また，第2の類型に関して問題として残されていた次のような表現も，同様の扱いができるものと考えられる．

(237) さんまを焼く匂い
(238) 誰かが階段を下りてくる音

これらの表現についても，上の例と同じような語句の補いが可能である．

(284) さんまを焼くことから生じる匂い
(285) 誰かが階段を下りてくることから生じる音

縮約的修飾表現はかなり広い範囲に及ぶものであって，上に挙げたタイプはその一部にすぎない．連体節と主名詞の間の意味的な関係を補う語句も様々なものが認められよう．一例を挙げると，次の(286)の場合であれば，(287)に示すような補いが必要となる．

(286) 罪を犯した償い
(287) 罪を犯したことに対する償い

寺村(1975-1978)が挙げている相対的補充の例も多岐にわたるものであり，前

述したタイプには収まらないものも多い．こういった例を縮約的修飾表現という類型の中でどのように扱うべきかは，今後に残された課題である．また，縮約的修飾表現と先に見た短絡的表現との区別も微妙である．(208)や(209)の例について，先には短絡的表現とみなす可能性を示唆したが，あるいは，縮約的修飾表現の例と見たほうがよいかもしれない．この点についても，さらに検討する必要がある．

　以上，基本型修飾表現の類型として，内の関係の修飾表現，内容節の表現，縮約的修飾表現，という3種が認められることを見た．

（b）トイウ修飾表現

　次に，トイウ修飾表現の観察に移ることにしよう．トイウ修飾表現については，すでにこれまでの議論から，連体節が主名詞の内容を説明するタイプの表現であること，すなわち，内容節の表現であることが分かっている．内容節の表現においては，どのような名詞が主名詞になり得るかが問題となるのであった．

　トイウ修飾表現に関してどのような名詞が主名詞になり得るかを考えるに当たっては，二つの名詞X, Yが関わる「XというY」の表現が参考になる．「XというY」の表現は，その内容から二つの類型を区別することができる．そのうちの一つは，「鈴木という人」のようなタイプである．「鈴木という人」は，言い換えれば，「鈴木と呼ばれる人」ということであり，Xの部分が引用の性格を有する点が特徴的である．「という」はもともとは「と＋いう」であると考えられるが，このうちの「と」は引用を表す表現である．

　「XというY」のもう一つのタイプは，「言語学という学問」のような表現である．この場合，「学問」は「言語学」が属する範疇を表している．同様に，「言語学という分野」の場合には，「分野」が「言語学」の属する範疇を表すことになる．一般化して言うと，「XというY」の表現において，YがXの属する範疇を表すということである．同じ「言語学」という対象を問題にしていても，それを「学問」の一つと見るか「分野」の一つと見るかでは，その扱いが異なるわけである．

このように,「XというY」の表現には,引用が関係する場合と範疇化が関係する場合があるわけであるが,トイウ修飾表現にも,同じことが当てはまる.以下,この点について詳しく見ていくことにする.

まず,引用が関係するトイウ修飾表現を取り上げよう.ここで問題になるのは,先にも述べたとおり,どのような名詞が主名詞になり得るのかという点である.この問題を考える際には,寺村(1975-1978)の指摘にもあるように,引用表現を要求する動詞にどのようなものがあるのかという点が参考になる.引用が関係する動詞には大別して,「言う」類の動詞と「思う」類の動詞の2種がある.これに対応して,引用が関係する名詞(本節では,**引用系名詞**と呼ぶことにする)には,「発話」に関する名詞と「思考」に関する名詞が挙げられる.

このうち,発話に関する名詞の具体例としては,「言葉」「発言」「指摘」「手紙」「噂」「不平」「質問」「命令」「指示」「提案」「誘い」などがある.このような名詞を主名詞とする修飾表現の例を挙げておこう.

(288) 逆境に負けてはいけないという言葉
(289) 早く減税案をまとめるべきだという発言
(290) 二人はまもなく結婚するだろうという噂
(291) この案は本当に実現可能なのかという質問
(292) 結論を出すのはしばらく待てという指示
(293) すぐに理事会を開催しようという提案

一方,思考に関する名詞の具体例としては,「考え」「信念」「意見」「推測」「仮定」「疑問」「希望」「祈り」「決意」などが挙げられる.このような名詞を主名詞とする修飾表現には次のようなものがある.

(294) 関係者の意見をよく聞こうという考え
(295) 日本語は学習が困難だという意見
(296) 事件はなかなか解決しないだろうという推測
(297) この問題をどのように解決すればよいのかという疑問
(298) できれば近くの高校に入りたいという希望
(299) 高齢化の問題に本格的に取り組もうという決意

以上で引用が関係するトイウ修飾表現の観察を終え,次に範疇化が関係する

トイウ修飾表現を見てみたいと思う．範疇化が関係するトイウ修飾表現における主名詞は，先に見た，基本型修飾表現としての内容節の表現における主名詞と同じものである．すなわち，寺村(1975-1978)のいう「「コト」を表わす名詞」である．本節では以下，この種の名詞を**コト系名詞**と呼ぶことにする．

次の例の「事実」は，コト系名詞に属する．

(300) 政治家が業者から賄賂をもらったという事実

(300)の修飾表現では，「政治家が業者から賄賂をもらった」事態を「事実」という範疇に属するものとみなしている．「事実」の代わりに「事件」という範疇に属するものと見れば，次のような表現に変わる．

(301) 政治家が業者から賄賂をもらったという事件

(300)と(301)とは，問題とされている事態は共通であるが，その事態をどの範疇で捉えるかという点が異なっている．

どのような名詞がコト系名詞に属するかについては，すでに前項で詳しく述べたので，ここでは，その一部の例を挙げるにとどめる．

(302) 当日券は全部売り切って，補助券を出すという騒ぎ
(303) 自分でも自分を呪わねばならぬという運命
(304) 手に虫蛇の模様の入れ墨をするという風習
(305) ローマとカルタゴが戦ったという歴史
(306) 中国が西独の核技術導入をはかるという可能性
(307) スキ焼などの料理を出すという商売

以上，トイウ修飾表現に引用系名詞を主名詞とするものと，コト系名詞を主名詞とするものがあることを見た．

(c) トノ修飾表現

トイウ修飾表現に続いて，トノ修飾表現を取り上げることにする．「との」という接続形式は二つの名詞を接続することはなく（すなわち，「鈴木との人」や「言語学との学問」のような表現は成り立たない），もっぱら連体節と主名詞とを接続する形式である．「との」という形式は「と＋の」の組成を持つものと考えられ，したがって，引用の概念が関わる修飾表現で用いられることが

2.3 連体修飾表現

予想される．

この予想が間違っていないことは，「との」が引用系名詞を主名詞とする内容節の表現で使用できるという事実によって示される．前項で挙げた引用系名詞（発話に関する名詞と思考に関する名詞）の例を使って，この点を確認しておこう．

(308) 逆境に負けてはいけないとの言葉
(309) 早く減税案をまとめるべきだとの発言
(310) 二人はまもなく結婚するだろうとの噂
(311) この案は本当に実現可能なのかとの質問
(312) 結論を出すのはしばらく待てとの指示
(313) すぐに理事会を開催しようとの提案
(314) 関係者の意見をよく聞こうとの考え
(315) 日本語は学習が困難だとの意見
(316) 事件はなかなか解決しないだろうとの推測
(317) この問題をどのように解決すればよいのかとの疑問
(318) できれば近くの高校に入りたいとの希望
(319) 高齢化の問題に本格的に取り組もうとの決意

トイウ修飾表現の場合は，主名詞となる名詞が引用系名詞だけでなく，コト系名詞であってもよかったのであるが，トノ修飾表現では，コト系名詞が主名詞になることはできない．トノ修飾表現はトイウ修飾表現とは異なり，範疇化の表現を成立させることはできないわけである．次のような，コト系名詞を主名詞とする内容節の表現はいずれも許容されない．

(320) *政治家が業者から賄賂をもらったとの事実
(321) *当日券は全部売り切って，補助金を出すとの騒ぎ
(322) *自分でも自分を呪わねばならぬとの運命
(323) *手に虫蛇の模様の入れ墨をするとの風習
(324) *ローマとカルタゴが戦ったとの歴史
(325) *中国が西独の核技術導入をはかるとの可能性
(326) *スキ焼などの料理を出すとの商売

このように，トノ修飾表現による内容節の表現は，トイウ修飾表現による内容節の表現に比べ，その範囲がより限定されている．さらに，これに関連して，トイウ修飾表現は，高橋(1994)が指摘しているように，内の関係の修飾表現にも現れ得るという事実がある．そのような事例を高橋(1994)から引用しておこう．

(327)　小さなカンバスに絵筆をふるって絵を描くという芸術家
(328)　最初から適応性があって，人生をたくましく生きていけるという人

このような用法はトノ修飾表現には見られない．

(329)　*小さなカンバスに絵筆をふるって絵を描くとの芸術家
(330)　*最初から適応性があって，人生をたくましく生きていけるとの人

こういった事実に加えて，「との」は二つの名詞を接続することができないということを考え合わせると，「との」は「という」ほど機能語化(文法化)していないということが言えそうである．従来の研究において，接続形式「との」が「という」に比べて考察の対象にされることが少なかったのは，「との」の機能語化が進んでいないという事情によるものと考えられる．

以上の考察をまとめると，トノ修飾表現は引用系名詞を主名詞とする内容節の表現に用いられるということが言える．

(d) ヨウナ修飾表現

次に，第4の類型としてヨウナ修飾表現を取り上げることにしよう．

ヨウナ修飾表現の特徴を考えるに当たっても，「ような」が二つの名詞を接続する「XのようなY」という表現が参考になる．この表現には主として次のような二つの用法がある．

(331)　A市のような地方都市
(332)　彼のような優しい人

(331)の表現は「A市の類の地方都市」とでも言うべき内容のものであって，XがYの一つの例であるという関係を表している．一方，(332)においては，「彼」が持っている「優しい」という性格が取り出されている．すなわち，この場合は，Xが有する特定の属性を表現する点に特徴がある．

これらに対応して、ヨウナ修飾表現にも例示の用法と特定の属性を表現する用法の二つが認められる（ただし、ヨウナ修飾表現においては、これら二つの用法はそれほど明確に区別できるわけではない）。次に、基本型修飾表現における類型化に従って、具体例を挙げることにしよう。

　まず、例示の用法であるが、次に挙げるのは内の関係の修飾表現の例である。
　（333）　君が指摘したような事実
　（334）　母を満足させるような言葉
これは、次のように言い換えることができる。
　（335）　君が指摘した類の事実
　（336）　母を満足させる類の言葉
　次は、内容節の表現の例である。
　（337）　被害者が誰かに恨まれていたような事実
　（338）　スキ焼などの料理を出すような商売
これらは、次のような言い換えが可能である。
　（339）　被害者が誰かに恨まれていた類の事実
　（340）　スキ焼などの料理を出す類の商売
　さらに、縮約的修飾表現の場合も考えられる。
　（341）　魚が腐ったような匂い
この例も、次のように言い換えることができる。
　（342）　魚が腐った類の匂い
　一方、特定の属性を表現する用法にも、同様の類型が認められる。一つは、内の関係の修飾表現の場合である。
　（343）　好きな本を与えておけばいつまでも黙って読んでいるようなおとなしい子
この例では、連体節の内容に基づいて「おとなしい」という属性が付与されている。
　内容節の表現にも同様の例が見られる。
　（344）　保険金のために他人を死に追いやるような残酷な事件
この場合も、連体節の内容から「残酷な」という属性が与えられるわけである。

さらに，縮約的修飾表現についても，特定の属性を表現することは可能である．

　(345)　魚が腐ったようないやな匂い

この表現は，先の(341)の例との区別が曖昧であるきらいはあるものの，「魚が腐った」という事態から「いやな」という属性を引き出している点で，特定の属性を表現する用法の例と見ておきたいと思う．

　なお，内容節の表現において「ような」が使われる場合には，内容節と主名詞を接続する表現として「という」が現れることもある．この場合には，接続形式は「というような」の形を取ることになる．次はそのような例である．

　(346)　日本語は学習が困難だというような意見

ちなみに，この場合，「という」を「との」に置き換えることはできない．

　(347)　*日本語は学習が困難だとのような意見

「との」は「という」に比べて使用範囲が限られているということが，この場合にも当てはまるわけである．

　以上，ヨウナ修飾表現の用法を探ってみた．さらに検討を要する点も残ってはいるが，ここでは，ヨウナ修飾表現には，例示の用法と特定の属性を表現する用法があるという点を一応の結論としておきたい．

(e) コト系名詞とトイウの有無

　本節(a)から(d)までの項で，基本型修飾表現，トイウ修飾表現，トノ修飾表現，ヨウナ修飾表現の特徴を見てきたわけであるが，以下では，それに関連する問題を2点取り上げることにする．

　まず，そのうちの一つは，コト系名詞を主名詞とする内容節の表現に関する問題である．これまでの考察から，コト系名詞を主名詞とする内容節の表現は，基本型修飾表現の形式を取る場合もあるし，トイウ修飾表現の形式を取る場合もあるということが分かった．すなわち，接続形式「という」の介在が任意であるということである．この場合，問題となるのは，「という」が介在しない表現と介在する表現とでは，何か意味的な違いがあるのかどうかという点であるが，以下では，「という」の有無が意味の違いをもたらすということを具体

的に示してみたいと思う．なお，ここでは，「という」が介在しない表現を**基本型内容節**の表現，「という」が介在する表現を**トイウ内容節**の表現と呼ぶことにする．

　基本型内容節の表現とトイウ内容節の表現の第1の違いは，内容節が主名詞を限定する働きを持つかどうかという点にある．このことを明らかにするには，名詞が名詞を修飾する「言語学の分野」のような表現と「言語学という分野」のような表現を比較すればよい．この場合，前者では「言語学」という名詞が「分野」という名詞を限定しているのに対して，後者では「言語学」という名詞は「分野」という名詞を限定してはいない．後者では，「分野」は「言語学」が属する範疇を表しているにすぎないのである．

　このような違いは，「分野」を限定させるような問いに対して，どのような答えが可能であるかを見ることで明らかになる．次の例を比べてみよう．

（348）　A：卒業論文はどの分野で書きますか．

　　　　　B：言語学の分野で書きます．

（349）　A：卒業論文はどの分野で書きますか．

　　　　　B：?言語学という分野で書きます．

「どの分野で」というのは，「分野」を限定することを求める表現である．この質問に対して，「言語学の分野で」と答えることは自然であるが，「言語学という分野で」と答えることは適切ではない．この事実は，「言語学の分野」が限定表現になっているのに対して，「言語学という分野」が限定表現にはなっていないということを示している．

　これと同様のことが，基本型内容節の表現とトイウ内容節の表現に見られる．すなわち，基本型内容節の表現は主名詞を限定する性格を持つのに対して，トイウ内容節の表現にはそのような性格は見出されない．次の例を比較されたい．

（350）　A：どんな仕事を探していますか．

　　　　　B：外国人に日本語を教える仕事を探しています．

（351）　A：どんな仕事を探していますか．

　　　　　B：?外国人に日本語を教えるという仕事を探しています．

「どんな仕事」という表現は「仕事」を限定することを求めている．この求め

に対して，基本型内容節の表現は適切な答えになり得るが，トイウ内容節の表現は適切な答えにはなり得ない．このことから，基本型内容節の表現が主名詞を限定する働きを持つのに対して，トイウ内容節の表現は限定表現とは言えない，ということが明らかになった．

この点と関連して，両表現の間の第2の違いが問題となる．基本型内容節の表現は主名詞を限定するという点で，当然のことながら，構造的にも意味的にも主名詞が主要素となる．これに対して，トイウ内容節の表現では，主名詞は内容節に限定されることはなく，内容節が表す事態がどの範疇に属するかの情報を与えるだけである．したがって，構造的には主名詞が主要素であることは間違いないが，意味的には主要素は範疇に関する情報を与えるだけであって，情報の重点はむしろ内容節のほうにあると考えられる．つまり，トイウ内容節のほうが基本型内容節よりも情報の重要度が高いということである．

トイウ内容節のほうが基本型内容節よりも情報の重要度が高いという点は，次のような例を観察することで明らかになる．

(352) 私が特に強調したいことは，この問題が既に何度も検討されてきているという事実である．

(353) ?私が特に強調したいことは，この問題が既に何度も検討されてきている事実である．

これらの例においては，「私が特に強調したいこと」という表現が用いられることによって，「この問題が既に何度も検討されてきている」という部分の情報の重要度が高まることになる．そして，(352)のほうが(353)よりも自然な表現であるという事実は，内容節の情報の重要度を高めたいときには「という」が用いられるということを示している．このことから，トイウ内容節は基本型内容節に比べてその情報の重要度が高いと言うことができよう．

このような見方は，高橋(1997)の分析によって裏づけられる．高橋(1997)は，「任意のトイウ」が出現する一つの条件として，修飾節の内容が被修飾名詞の内容よりも重要であるという点が挙げられるということを，多数の談話資料の分析に基づいて主張している．ここでは，その詳細を紹介することは差し控えるが，内容節の情報の重要度を明らかにするためには，談話分析の手法が有効

であることは間違いない．

　以上，コト系名詞を主要素とする内容節の表現と「という」の有無の関係をめぐって考察を行った．

（f）連体節と「陳述度」

　本節の最後の問題として，連体節と寺村(1975-1978)のいう「陳述度」の関係を取り上げたいと思う．これは，わかりやすく言えば，連体節の中にどれだけの範囲の表現要素が現れ得るかという問題である．例えば，次の例では，主題を表す「～は」という表現要素は内の関係の連体節には現れ得ないということが示されている．

　（354）＊鈴木さんは書いた本

　連体節中に現れ得る要素の範囲を考えるために，ここでは，文の構成要素を大別して，文を表現する主体からは独立した客観的な事態に関わるものと，表現する主体の心的態度に関わるものに分けることにしよう．ここでは，これら2種類の構成要素をそれぞれ**命題**，**モダリティ**と呼ぶことにする．命題とモダリティの内部にどの範囲の要素が現れ得るのかに関しては，南(1993)の「描叙」「判断」「提出」「表出」という四つの階層の区別に従うことにする．すなわち，命題の内部に現れる要素は，「描叙」と「判断」の階層に属する要素であり，モダリティの内部に現れる要素は，「提出」と「表出」の階層に属する要素であると考える．以下，このような考えの下に，種々の連体節を見ていくことにしよう．

　まず，基本型修飾表現の検討から始めよう．基本型修飾表現には，内の関係の修飾表現，内容節の表現，縮約的修飾表現という三つの類型があった．このうち，内の関係の修飾表現における連体節には，基本的には，命題の要素しか現れ得ない．つまり，判断の階層に属する要素(例えば，否定を表す「ない」や過去を表す「た」のような要素)までしか現れないということである．ただし，少し問題になるのは，提出の階層に属するとされる推量を表す「だろう」という要素である．寺村(1975-1978)は，次のような例を挙げ，内の関係の連体節内には「だろう」が現れ得ると指摘している．

(355)　彼が見ているだろう月

「だろう」が内の関係の連体節に現れる表現は，実例の中にも見られないことはないが，あまり出現頻度は高くないようである．「だろう」をめぐる問題については益岡(1997，補説1章)を参照していただくこととして，ここでは，提出の階層に属するとされる，主題を表す「〜は」や意志を表す「〜う・よう」が内の関係の連体節には現れないという点を考慮し，一応の結論として，内の関係の修飾表現における連体節に現れ得る要素は命題に属する要素であるとしておきたい．（この点については，益岡(1997，補説1章)で指摘したように，限定的修飾と非限定的修飾の区別が関係する.）

基本型の第2の類型である内容節の表現については，連体節中に現れる要素は，次のような例に示されるとおり，判断の階層に属する要素までである．

(356)　被疑者が何も供述しなかった事実

提出の階層に属する要素は，連体節に現れることはない．したがって，内容節に現れ得る要素は，命題に属する要素であるという結論になる．

基本型のもう一つの類型である縮約的修飾表現に関しては，連体節に現れ得る要素は，内容節の表現の場合と同じく，判断の階層に属する要素までである．このことを示す例を一例だけ挙げておこう．

(357)　国会で重要法案が採決できなかった翌日

このことから，縮約的修飾表現における連体節についても，現れる要素は命題に属する要素に限られると言うことができる．

以上の観察から，基本型修飾表現における連体節内に現れる要素は，基本的には，命題に属する要素であると考えられる．

次に，トイウ修飾表現を見てみよう．トイウ修飾表現には主名詞が引用系名詞の場合とコト系名詞の場合があった．このうち，引用系名詞の場合は，連体節(内容節)に提出の階層に属する要素が現れ得る．例えば，次の例には，「〜は」「だろう」「〜う・よう」が現れている．

(358)　この問題はなかなか解決されないだろうという推測
(359)　来週歓送会を開こうという提案

このことから，引用系名詞を主名詞とするトイウ修飾表現における連体節には，

モダリティに属する要素が現れ得ると言える．

　これに対して，コト系名詞が主要素となる場合は，判断の階層に属する要素は現れるが，提出の階層に属する要素の出現には制約がある．このうち，判断の階層に属する要素が現れることは，次のような例に示されるとおりである．

　（360）　被疑者が何も供述しなかったという事実

　一方，提出の階層に属する要素のうち，「～は」については出現の可能性は十分にある．次のような例は珍しくない．

　（361）　日本は天然資源に乏しいという事実

「だろう」に関しては，出現の可能性は低いが，次のような例がまれに見られる．

　（362）　他の投手では1イニングでも押さえるのが難しいだろうという場面

「～う・よう」についても，次のような表現には出現可能である．

　（363）　来月までに完成しようという計画

このような事実から，コト系名詞が主名詞となるトイウ修飾表現では，モダリティに属する要素が部分的に現れ得ると見る必要があろう．

　次は，トノ修飾表現である．トノ修飾表現は引用系名詞を主名詞とすることから，その連体節（内容節）に提出の階層に属する要素が出現可能であることが予想される．次の例は，実際に，このような要素が出現可能であることを示している．

　（364）　この問題はなかなか解決されないだろうとの推測
　（365）　来週歓送会を開こうとの提案

このような事例に基づいて，トノ修飾表現における連体節にはモダリティに属する要素までが現れる，という結論を引き出すことができる．

　最後に，ヨウナ修飾表現を取り上げよう．ヨウナ修飾表現は内の関係の修飾表現，内容節の表現，縮約的修飾表現のいずれの場合についても使用可能であった．これらの修飾表現全般を通して，その連体節には判断の階層に属する要素までが出現できる．

　（366）　あなたが知らないようなこと
　（367）　被害者が誰かに恨まれていたような事実

(368) 魚が腐ったような匂い

また,「という」が介在する内容節の表現においては,提出の階層に属する要素も現れる.

(369) この問題はなかなか解決されないだろうというような見方
(370) この会社を買収しようというような考え

このように,ヨウナ修飾表現における連体節には,その内容に応じて,命題に属する要素が現れるものと,モダリティに属する要素までが現れるものとがあるということが分かる.

以上,連体節内にどの範囲の要素が現れ得るかという,連体節の「陳述度」の問題をめぐって,そのあらましを述べてみた.

(g) 課題と展望

本節では,記述文法の立場から,連体修飾表現を対象としてその全体像を概観した.従来の研究では,連体節と主名詞の関係のあり方の違いに基づいて連体修飾表現を類型化するやり方が一般的であったが,本節では,接続形式の違いを基盤として連体修飾表現の諸相を探ってみた.

具体的には,名詞による連体修飾表現との対応なども視野に入れつつ,接続形式の現れ方に基づいて,基本型修飾表現,トイウ修飾表現,トノ修飾表現,ヨウナ修飾表現,という四つの類型を立て,それぞれについてその文法的性格を考察し,さらには,それに関連する二つの問題を検討した.

接続形式の現れ方に着目したアプローチを採ることによって,考察の対象の枠を少しは広げることができたのではないかと考えている.とはいえ,本節の記述は連体修飾表現のあらましを描いたものにすぎず,細部において考察すべき点が多く残っている.今後さらに検討を加えて本節の記述の不備を補っていきたいと思う.

3
接続詞・指示詞と文連鎖

3.1 文章・談話における文脈展開形態

(a)「文連鎖」と「連文」

　本章では,日本語の**文章・談話**における意味の脈絡,すなわち,文脈の展開機能を担う「接続詞」と「指示詞」を取り上げるが,いずれも,品詞論・構文論ともに未解決の課題が少なくない.1文中の構成要素には収まりきれない,文を越える言語単位の成立にかかわる文脈展開機能を有するためであろう.

　現代日本語の**接続詞**は,他の品詞からの転成語や連語などが大半を占めており,「副詞」をはじめ,「接続助詞」や「接続語」「独立語」との関係が問題になる.**指示詞**もまた,「代名詞」「コソアド」「指示語」などの名称の変遷を経て,「指示代名詞」「連体詞」「副詞」「形容動詞」などの複数の品詞間にわたる表現の総称として,品詞論的な名称の妥当性が問われるところであろう.

　接続詞と指示詞はともに,「文の文脈」を越える「文章の文脈」の成立に関与する.接続詞には,ソ系の指示詞を含む連語が多く,両者の境界が不明瞭な,転成途上とでもいった用法もある.一方,指示詞は,「あいづち」「応答詞」「感動詞」などとの区別も問題になる.

　本章は,文章・談話における接続詞と指示詞の働きの解明を主たる目的とするものであるが,文脈展開という課題の設定と紙幅の制約から,接続詞を中心に扱い,指示詞については,それとの関連で必要最小限取り上げることにする.

　まず,**文連鎖**という用語の規定とその分析観点を明らかにしておこう.

　文章と**談話**は,それぞれ,日本語の文字言語と音声言語によるコミュニケーションの唯一の実現形態であり,最大かつ最も具体的な言語単位である.その成立過程において生じる文連鎖という現象は,従来,「文連続」(仁田義雄1997:13-14),「文連結」(坪本篤朗1998:100),「連文」(藤原与一 1980:829)などの規定のやや曖昧な名称で呼ばれてきたが,何らかの意味のつながりのある複数の文や発話からなる文章・談話の構成要素の一つである.

　一般に,「文連鎖」は「文連続」「文連結」「連文」の同義語とされるが,本章では,文章論に「文の連鎖関係」(永野賢1972,1986),「文の連接関係」の

「連鎖型」(市川孝 1957, 1978)という用語があるため,文連鎖を日本語のコミュニケーションの成立過程に観察される言語現象を指すものに限定し,**文を越える言語単位**については,「連文」という名称を用いる.連文の概念規定は,長田久男(1984:15)による定義に従うが,長田(1984:7)には,「「連文」は,文章中に任意に措定する「文の連続体」である」という規定もある.

　連文とは,意義のつながりのある二つ以上の文の連続体のことである.
　連文は,最小は2文,最大は文章全体にいたる大小様々な意味のつながりを有する複数の文の連続集合体である.
　本章では,連文を「文のつながり」という狭義の概念に限定し,「話題」という意味内容上のまとまりを表す文の集合統一体については,改行1字下げをともなう「段落」とは別に,**段**という名称の言語単位を考える(佐久間まゆみ 1992a, 2000a).より大きな話題のまとまりを表す複数の段の連続統一体からなる連文を**連段**,複数の連段からなる最大かつ最も高次元の話題のまとまり,つまり,「主題」を表す完結統一体としての最大規模の連文が**文章**となる.
　同様に,音声言語の最大の言語単位である**談話**においても,大小様々な意味のつながりや話題のまとまりからなる階層構造が成立している.「発話」「発話連鎖」「隣接ペア」「話段」など(佐久間 1987)の言語単位が,談話における意味のつながりとまとまりを表し,最終的に,これらの音声言語の単位が複数まとまって,談話という日本語の話し言葉によるコミュニケーションの唯一の実現形態を成立させる.

(b) 文章における文のつながりとまとまり

　次に,連文とはいかなる言語単位かを,実際の文章例で見ておこう.
　例(1)は,星新一の連作短編集『ノックの音が』所収の小説の冒頭段落Iの第1文の引用である.
　(1)　　I①ノックの音がした.　　　　　　　　(星新一「計略と結果」)
　この1文のみからこの小説のストーリーの発端となる場面を理解することは難しい.ここには,単独の文の文脈に限られた話題の断片のごときものしか表されていないからである.

3.1 文章・談話における文脈展開形態―121

いつ，どこで，だれが聞いた音なのか，また，だれが，なぜ，どこの戸をどんなふうにノックしたのかなどは，一切わからない．ただ，「ノックの音がした」という聴覚的印象のみが提示されている．この1文からなる段落Ⅰには，まだ連文の意味のつながりは成立していないのである．

(2)　Ⅱ②玄関の戸を勢いよくたたく音だった．　（星新一「計略と結果」）

例(2)は，(1)に後続する段落Ⅱの第1文だが，ここではじめて，例(3)のような連文の意味のつながりが成立する．

(3)　Ⅰ①ノックの音がした．
　　　Ⅱ②玄関の戸を勢いよくたたく音だった．　（星新一「計略と結果」）

文①の主語の「ノックの音ガ」が，文②にも省略されて続き，「玄関の戸を勢いよくたたく音だった」という説明が続くが，話題のまとまりを表す段が成立しているのかどうかは，定かではない．

例(4)は，(3)の文②に続く段落Ⅱの全4文であるが，ここには，複数の連文の意味のつながりとまとまりを表す複数の段や連段が成立している．

(4)　Ⅰ①ノックの音がした．
　　　Ⅱ②玄関の戸を勢いよくたたく音だった．③眠っていた大友順三は，
　　　それで目をさました．④枕元の電気スタンドをつける．⑤時計の針は，
　　　午前一時をさしていた．　　　　　　　（星新一「計略と結果」）

文③には，「眠っていた大友順三ハ」「ソレ(デ)」，つまり，だれかが「玄関の戸を勢いよくたたくノックの音で」「目をさましタ」という過去の出来事が述べられる．文③の指示詞「ソレ」が文①の「ノックの音」と文②の「玄関の戸を勢いよくたたく音」の両方を指し示し，「ノックの音で目をさました大友順三」の話題を表す，連文①～③からなる段1が成立する．

(5)　③a眠っていた大友順三は，それで目をさました．
　　　　b それで，眠っていた大友順三は目をさました．

例(5)の③bのように，文③の指示詞の「ソレデ」を文頭に移行すると，接続詞的な働きに転じ，文②と③の文間文脈には，先行文が原因，後続文が結果を示す「順接型」の連文が成立する．この場合は，文③の接続詞「ソレデ」が連文①②を「ノックの音」という話題にまとめ，段1を成立させる．

122──3 接続詞・指示詞と文連鎖

また，文③の主語「大友順三ハ」が文④にも省略されて続き，「枕元の」という場所が設定され，「電気スタンドをつける」という，過去の助動詞「タ」の省略された動詞述語が続く．連文③④には「添加型」の接続詞「ソシテ」，連文④⑤には順接型の接続詞「スルト」を，想定することができる．文⑤には，「時計の針ハ」「午前一時をさしテイタ．」と，時間が設定されている．

連文③〜⑤は，「大友順三の行為」に関する話題を表す段2を形成する．中心文③が，「玄関のノックの音で大友順三が午前一時に目をさました」という段1と2の話題をまとめ，冒頭2段落の全5文からなる連段一を成立させる．

例(4)の連文は，指示詞や語句の反復・省略によるもので，接続詞は用いられていないが，一部の文間文脈に想定しうる接続詞が，文のつながり，すなわち，文の連接関係を認定する際の指標となっている．

(6)　Ⅲ⑥a しかし，医者という看板をかかげている以上，b 知らん顔はできない．⑦a 居留守を決め込んだことがわかると，b あとで問題になる．⑧そんな事態は，彼の望まぬことだった．

(星新一「計略と結果」)

例(6)の段落Ⅲ文⑥の接続詞「シカシ」は，段落Ⅱ文⑤から当然予想される「真夜中のノックの音は無視する」という常識に反する結果を文⑥に導く「逆接型」の文の連接関係となり，連文⑤⑥は段3を形成する．「医者」の「順三」には真夜中の急患を無視することは許されないという事情を，連文⑦⑧に補足している．連文⑥⑦には「補足型」の接続詞「トイウノハ」，連文⑦⑧には「添加型」の接続詞「ソシテ」を，想定することができる．文⑧の指示詞「ソンナ」を伴う「事態ハ」という主語が，文⑦の内容を文⑧に持ち込んで，一つの話題にまとめ，連文⑥〜⑧からなる段5を成立させる．

連文⑥⑦は，「医者の順三の事情」という話題を表す段4を形成し，例(4)の連段一とともに，「真夜中のノックの音に対する医者の大友順三の心理」という大話題を表す連段三を成立させる．

例(4)(6)の3段落全8文からなる連段四の形態的指標は，表3.1に示す通りである．図中に記した（ ）は省略を補ったもの，［ ］は「主語（提題表現）」と「述語（叙述表現）」以外の文の成分を示す．それぞれの文間と節間に記した符

表3.1 例(4)と(6)の分析図

段落	文節	提題表現	叙述表現	段	連段
I	①	ノックの音 ガ	シタ.		
II	②	(ソレハ)	音ダッタ.	1	
	↓(ソノタメ)				
	③	[ソレデ] 大友順三 ハ	さましタ.		一
	+(ソシテ)				
	④	(順三ハ)	つける.	2	
	↓(スルト)				
	⑤	時計の針 ヲ	さしテイタ.		
	Z				
III	⑥a シカシ	(順三ハ)	かかげテイル以上,	3	三
	↓(ダカラ)				
	⑥b	(順三ハ)	知らん顔 ハ できナイ.		四
	↑(トイウノハ)				
	⑦a	(順三ハ)	きめこんだこと ガわかるト,	4	二
	↓(スルト)				
	⑦b	(順三ハ)	(ソレハ) 問題になる.		
	+(ソシテ)				
	⑧	彼ノ	ソンナ 事態 ハ 望まぬことダッタ.	5	

(注1) 段落番号 I〜III, 文番号①〜⑧, 節番号 a〜b, 段番号 1〜5, 連段番号 一〜四
(注2) 接続詞＿＿, 指示詞〜〜〜, 提題表現 □, 反復表現＿＿, 省略表現 ( )
(注3) 文の連接関係 (1. 順接型→ 2. 逆接型 Z 3. 添加型＋ 4. 対比型↔ 5. 同列型＝ 6. 補足型← 7. 転換型↓ 8. 連鎖型−)

号は,「文の連接関係」(市川1957, 永野1986, 佐久間1990a)を記号化して図解したものである.

段落 I, II は, 文①の主語「ノックの音ガ」や文②の指示詞「(ソレハ)」の略題表現, 文③の「ソレ(デ)」などにより, 内容的に直接つながっている.

段落 II, III は, 段落 III 文⑥の接続詞「シカシ」により, 段落 II 文⑤と逆接型の連文を形成する. 連文⑦⑧は文⑥の根拠付けをする補足型の連文を形成する. 文⑥の接続詞「シカシ」の機能領域は, 前件が段落 I, II の連文①〜⑤からなる連段 一, 後件が段落 III の連文⑥〜⑧からなる連段 二 である. 文⑥の接続詞「シカシ」の段統括機能により, 連文①〜⑥からなる連段 三 が形成され, 3段落 I〜III の全8文からなる連段 四 が小説の冒頭場面を設定する.

段落Ⅲ文⑧の指示詞「ソンナ」の先脈指示機能により，主語「事態ハ」の叙述内容を文⑦から持ち込み，段⑤を形成する．さらに，文⑥の理由も間接的な指示内容として文⑧に持ち込まれ，提題表現「ソンナ事態ハ」に対する叙述表現「彼の望まぬことダッタ」が連段三の大きな話題をまとめ，最終的に小説の冒頭3段落からなる大連段四を成立させる．

接続詞と指示詞はともに，文章中の連文や段の大小様々の意味のつながりとまとまりを表すが，その文脈展開機能は質的に異なり，相互補完し合う形で段や連段の統括機能をそれぞれ発揮している．複文の内部にある複数の節相互の関係にも統括機能は認められるが，この場合は，接続助詞やその相当表現によるものであるため，節の統括力は相対的に弱いものとなる．

(c) 談話における発話のつながりとまとまり

談話の場合も，先行発話と後続発話のつながりとまとまりが，自分の発話のみならず，相手の発話にまで及んで認められる．複数の参加者による話段の文脈が交錯し，複雑な様相を呈して展開する談話資料の場合は，個々の発話にとどまらず，段を主要な談話の成分として位置づけて，「話段」の相対的な統括機能から全体的構造を把握することが不可欠となる．接続詞や指示詞は，文章の場合と同様に，談話における複雑な統括機能を相互補完的に担っている．

例(7)は，3人の女子大生による雑談の談話資料であるが，この中には，話段として認定可能な発話連鎖が複数含まれ，大小の話題のまとまりがある（佐久間 2000a:79-81参照）．

(7) {沈黙}
1N　30分 //たった？
2S　　　　結構，
3N　うん，かなり．
4S　結構たっちゃった//よね，時間．
5M　　　　　　　うん．
6M　じゃ，雑談 ？
7S　雑談 で//しょ．

3.1 文章・談話における文脈展開形態 —— 125

```
 8M       なに？ 雑談 て．
 9S   お待たせ．{笑い}
10N   ううん，全然．
```

```
11N   結構，真面目に反省してしまったわよね．{笑い}
12S                                     ね．
13M   なんか， 雑談 なんだか， 反省 なんだか，わかんないね．
14S   うん．{笑い}
15M   最後に，なんか，//ナンパな話で終わっちゃったね．{笑い}
16S                  最後，もう， 雑談に近かったかもしんない．
17S   雑談に近かったかもしんない．
```

```
18N   でも，あの R さんっていう人 は，
19M                              うん．
20N   妙に友達になりたがる人なの．
21S   そんな感じ．
22M   // R さん ？
23S   なんか，うん， 友達 がいないんだとか言//って．
24N                                          うん．
25N   それでね，あの，パーティー出らんなくって，
26M                                          うん．
27N   書き置きをしてったの，// 彼 ．
28M                          あっ，うん，うん，うん．
```

```
29N   で，それにね， 私 ，少し， 提案 ありますって書いてあって，
30N   で， 先生 も， 経験 が少ないし，
31N   あの， 私たち も，日本語をしゃべる 機会 が少ないから，
32N   友達になれば， それ が，一挙両得//だよってことを延々と書い
      てあっ//て，
33M          {笑い}うん，うん，うん．
34N   あっ，なるほどね(とか思って)．
```

```
35S   寮に住んでるって言ったっ//け．
```

36N　うん．
37M　K塾 が持ってんの？
38S　うん，そうみたい．
　　　{沈黙}

(佐久間まゆみ監修『女子学生談話資料集』)

　全部で38発話からなる日常談話の一部であるが，これ自体が談話の成分としての**大話段**であり，「初め」と「終わり」が{沈黙}によって区切られ，その前後では，いずれも異なる話題が展開されている．
　例(7)は，2種の**話段**と7種の**小話段**からなる大話段である．
　話段Ⅰ(1N～17S)では，6Mの順接型か添加型の接続詞「ジャ」によって，話題を雑談へと変えようとしているが，18発話中に3小話段が含まれている．①「時間」，②「雑談」，③「反省／最後／雑談」という反復表現が各小話段の話題を表している．
　話段Ⅱ(18N～38S)は，18Nの「転換型」の接続詞「デモ」と指示詞「アノ」により，話題をその直前に取り上げた「Rさんっていう人」へと再び転じ，Nが発話の主導権を握って，SとMがあいづちを打って聞き役になる．20発話中に4小話段が含まれているが，①「Rさん／友達」，②25Nの接続詞「ソレデ(ネ)」による「パーティーの書き置き」，③29N，30Nの接続詞「デ」による「Rの提案」へと展開し，最後に④「寮／K塾」に転じているが，④以外は，すべてNの発話の接続詞から始まり，他の参加者のあいづちや同意表示の発話で終わっている．④は，35Sと37Mの質問によって次の話題を導くつなぎの小話段である．35Sの発話は，接続詞「トコロデ」と提題表現「Rさんハ」が省略されている．
　話段は，発話権を握る話者の実質的発話や質問から始まり，他の参加者の相づちや応答などで終わる．これは，参加者の役割分担が明瞭な会話や対話の場合に共通している．接続詞や指示詞は，話段の中心発話や統括機能を相互に補完し合う形で担うが，談話全体の文脈展開や対人関係の機能も分担している．

3.2 文脈展開形態としての接続詞と指示詞

(a) 時枝誠記の接続詞と代名詞

時枝誠記(1950:290)の提唱になる「文章論」においては,「思考展開の表現」としての接続詞と代名詞の文脈展開機能が当初より重視されていた.

> 文章の直接の成分的要素は,文でもなく,語でもないが,文章の表現的特質から,語が重要な関係を持つ場合がある.文章の構造的特質は,絵画的建築構図にあるのではなく,思考展開の表現にあることはすでに述べたことであるが,このやうな展開を表現するものとして,最も重要な役割を果すのは,接続詞および代名詞である.

時枝(1950:75)の代名詞は,本章の指示詞に相当する.

> これらの代名詞に於いて,関係概念を表現する中心的部分が,「こ」「そ」「あ」「ど」であるところから,佐久間博士は,代名詞の体系をコソアドの体系として把握して居られることは注意すべきことである.このやうに,代名詞と云はれてゐる語は,すべて話手との関係を規定するところに特色があるのでその点に於いて一般の体言或は名詞と明かに区別せられなければならないものなのである.これらの語の特色は,話手の属性的概念の表現にあるのではなく,全く話手との関係概念の表現にあるので,文法研究に於いて,話手が考慮されねばならない一つの事例といふことが出来るのである.

時枝(1950:291)は,接続詞,代名詞がともに「文章展開の重要な標識」となる点を重視する一方で,両者の働きの相違にも言及している.

> 接続詞が,文章の展開に重要な役割を持つものとするならば,代名詞は,分裂展開する思考を集約して,これを統合する任務を持つものであると云へるのである.

抽象的で曖昧な記述ではあるが,「接続詞が辞に属し,話手の思考の直接的展開の表現」であるのに対し,「話手と事柄との関係の概念的表現」である代名詞は詞に属するものであると区別している.

また，接続詞と接続助詞の異同については，意義上は共通するが，形式上は相違すると指摘している．

> 助詞は，常に詞と結合して句を構成し，詞によって表現される事柄に対する話手の立場の表現であるが，接続詞は，それに先行する表現に対する話手の立場の表現であることに於いて助詞と共通するが，常に詞と結合して句を構成せず，形式上，それだけで独立している．　　（時枝 1950:166）

接続詞は，形式的には独立した文の成分で詞を伴わないが，意味的には「必ずそれに先行する思想の表現を予想しなければ成立しないことは明らかである」というのである．

時枝の提唱以降，半世紀余の文章論研究において，文字資料を主たる対象とする文章構造の分析が射程範囲を拡大して，今日に至っている．

(b) 永野賢の連接語：接続語と指示語

永野賢(1959, 1972, 1986)は，時枝の文章論を発展させ，「連接論」「連鎖論」「統括論」という3種の分析観点を設けて，「文法論的文章論」を体系化した．

```
(一)  文の連接関係
(二)  文の連鎖関係
   1. 主語の連鎖  2. 陳述の連鎖  3. 主要語句の連鎖  4. 文の連鎖
(三)  文章の統括関係
```

接続語と指示語は，「文の連接関係を示す指標となる言語形式を総称する概念」と定義される5種の「連接語」の中に，「文脈展開機能を担う言語形式」として一括される．

(ⅰ) 接続語(句)(接続詞を含め，接続の役めを果たす語句を一括してこう呼ぶこととする)

(ⅱ) 指示語(いわゆる「こそあど」を含め，指示の役めを果たす語句を一括してこう呼ぶこととする)

(ⅲ) 助詞・助動詞など

(ⅳ) 同語反復・言い換えなど

(ⅴ) 応答詞など　　　　　　　　　　　　（永野 1972:83, 92-94）

永野の接続語は本章の接続詞,指示語は指示詞に相当する.永野(1959:86-87, 1972:90-92)は,接続語の中の接続詞を7種に分類する.
(a) 前の事がらを原因・理由とする結果や結末が,次にくることを表わすもの.また,事が順調に運ぶ場合のきっかけや前おきなどを表わすもの.
　　　　だから　それで　それゆえ　したがって　そこで　すると
(b) 前の事がらとそぐわない事がら,つりあわない事がら,反対の事がら,などが次にくることを表わすもの.または,前と後とを対立させる意味を表わすものもある.
　　　　だが　が　しかし　けれど　けれども　だけど　でも　それでも
　　　　ところが　とはいうものの　それなのに　それにしても　さりとて
(c) 前の事がらに次の事がらを付け加えたり,また,前のと並んで存在する事がらをあげたりするのに使われるもの.
　　　　そして　それから　また　かつ　および　そのうえ　それに
　　　　あわせて　さらに　なお
(d) 前の事がらを,ことばを変えて説明することを表わすもの.
　　　　つまり　すなわち　たとえば
(e) 前の事がらに関する理由などの説明を補うことを表わすもの.
　　　　なぜなら　なんとなれば　ただし　もっとも
(f) 前の事がらと後の事がらと,どちらかを選ぶことを表わすもの.
　　　　または　あるいは　もしくは　それとも　ないしは
(g) 話題を変えることを表わすもの.
　　　　さて　ところで　ときに　では

以上の接続詞7種(a)〜(g)は,永野(1972, 1986:105-108)の「文の連接関係の類型」の7種(一)〜(七)に対応するという断りがあるが,その説明には一部相違がある.特に,下線〜〜〜を付した展開型,補足型,対比型は,説明の違いが顕著である.
　(一)　展開型　前の文の内容を受けて,あとの文でいろいろに展開させる関
　　＝(a)　　　係　図式　□→□

(二) 反対型　前の文の内容に対し，後の文でそれと反対の事がらを述べる
　＝(b)　　　関係　図式 ☐ ⇄ ☐

(三) 累加型　前の文の内容に，あとの文の内容をつけ加えたり，並列した
　＝(c)　　　りする関係　図式 ☐ ＋ ☐

(四) 同格型　前の文の内容とあとの文の内容とが，同じことばを換えてい
　＝(d)　　　ったり，くり返しであったりする関係
　　　　　　　図式 ☐ ＝ ☐

(五) 補足型　前の文の内容に対して，あとの文で説明を補う関係
　＝(e)　　　図式 ☐ ← ☐

(六) 対比型　前の文の内容にあとの文を対比させ，または，選択させる関
　＝(f)　　　係　図式 ☐ ↔ ☐

(七) 転換型　話題を転ずる関係
　＝(g)　　　図式 ☐ ↓ ☐

*(八) 飛石型　文を隔てて続く関係
　　　　　　　図式 ☐1☐ ↓ ☐2☐ ↓ ☐3☐

*(九) 積石型　二つ以上の文の集まりが一つの文と直接に連なる関係

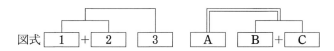

　＊印を付した2種は，3文以上の連接方式を示すものであり，他の類型とは異なり，前出の接続詞の種類とは直接対応するものではない．
　永野(1959:78-82, 1972:94-98, 1986:105-108)の展開型には，「原因・理由」を表す接続詞以外にも，同語反復や指示詞を指標とする例が挙げられている．

(一) 展開型　前の文の語を直接に受けて述べたり，指示語で受けて続けた
　　　　　　　りすることが多い．接続詞としては，「だから」「それで」
　　　　　　　「すると」の類が使われる．
(8)　明け方から雨が降り出した．雨は，夕方までやまなかった．
(9)　丘の上に赤い屋根の建物が見えるでしょう．あれは，わたしの卒業し

た小学校です．
(10) ぼくは，薬を飲むのがへたです．だから，いつも錠剤を飲むことにしています．　　((8)～(10)は永野(1972:94, 1986:105)の例の引用)

展開型の定義が一般的すぎるために，「ダカラ」「ソレデ」「スルト」などのいわゆる順接型の接続詞や，同語反復・指示語が指標とされる，異なる3種の文の連接関係を表す連文の例が挙げられている．

(8) a. 明け方から雨が降り出した．そして，雨は，夕方までやまなかった．
b. 明け方から雨が降り出した．その雨は，夕方までやまなかった．
c. 明け方から雨が降り出したが，雨は，夕方までやまなかった．

例(8)には，3種の異なる文のつながりが含まれている．(8a)は，後件に「ソシテ」「ソウシテ」などの累加型の接続詞が想定される．(8b)は，後件の主題の「雨は」に指示語の「ソノ」を補うと，前件と後件が接続詞を介在せずに直接内容的につながる．同様に，(8c)も，前件に接続助詞の「ガ」を付けて，複文化したものである．

(9) a. 丘の上に見える赤い屋根の建物は，わたしの卒業した小学校です．

例(9)は，(9a)の連体修飾節化した複文からも明白だが，後件の場面指示の「アレハ」という主題が，前件の提示内容と重なって，接続詞は想定不可能である．

(10) a. ぼくは，薬を飲むのがへたですから，いつも錠剤を飲むことにしています．

例(10)は，後件に因果関係を表す接続詞「ダカラ」があり，永野の(a)類になる．展開型の3例は，本来，異なる文の連接類型のものとして考えられる．

また，永野(1959:87-90)は，「何を指示するか」と「指示する語と指示されるものとの位置の関係」から，指示語の「指示のしかた」の型を9種に分類するが，例(11), (12)のような展開型とは異なる例も含まれている．

(11) もしも，ことばというものがなかったとしたら？　──みなさんは，こんなことを考えてみたことはありませんか．
(12) 森の王様のライオンが，どうぶつたちを集めて，こう言いました．

「わたしは年をとったから,王さまをやめたい.(略)」

((11)(12)は永野(1972:87-90)の(例6,9)の引用)

例(11)は,後件の指示詞「コンナ(ことを)」が引用動詞の述語「考えてみた」の引用内容を前件に示し,例(12)は,前件の指示詞「コウ」が引用動詞「言いました」の引用内容を後件に示している.これは,いずれも内容的に直接文がつながる,永野の分類にはない連文の類型である.

永野は,連接語の接続語と指示語の違いには特に言及していない.

(c) 市川孝の文脈展開の形態:接続語句と指示語

文法論としての文章論を「文連接論」までと条件付きで認める市川孝(1957, 1963, 1978)は,次の5観点から文章構造を分析する.

- (一) 文の連接
- (二) 文の配列
  1. 文の内容の質的相違　2.「ガ」の主語と「ハ」の主語　3. 文末表現の類型
- (三) 段落の連接
- (四) 段落の配列
  1. 内容の性質面から見た配列　2. 内容の相互関係から見た配列
- (五) 文章の構成
  1. 文章の構成形式と統括機能　2. 文章の運びの形式

市川(1978:52-57)は,「文をつなぐ形式」として,3類12種の「文脈展開の形態」を挙げ,接続詞と指示語は異なる働きをするものとして区別している.

(a) 前後の文(あるいは節)相互を直接,論理的に関係づける形式.
　① 接続詞を用いる.
　② 接続詞的機能を持つ語句を用いる.
　　(ⅰ) 接続詞的に用いられる副詞・名詞.
　　(ⅱ) 接続詞的に用いられる連語.
　③ 接続助詞を用いる.
　④ 接続助詞的機能を持つ語句を用いる.

3.2 文脈展開形態としての接続詞と指示詞——133

(b) 前文(あるいは前節)の内容を,後文(後節)の中に持ち込んで,前後を内容的に関係づける形式.
   ⑤ 指示語を用いる.
   ⑥ 前文の語句と同一の語句を用いる.
   ⑦ 前文の語句に対して同義あるいは類義の語句を用いる.
(c) その他の形式
   ⑧ 前後関係を説明する表現を用いる.
   ⑨ 前文の表現を(要約して)接続語的に繰り返す.
   ⑩ 特殊な文末表現を用いる.
   ⑪ なんらかの前後関係を表す語(もしくは記号)を用いる.
   (ⅰ)ある種の助詞. (ⅱ)ある種の名詞. (ⅲ)「付記」「付」「二伸」「イ,ロ,ハ」「1,2,3」「a,b,c」などの表示.
   ⑫ 特殊な活用形を用いる.
   (ⅰ)連用中止法 (ⅱ)仮定形

この外にも,以下のような「前後をつなぐ用語や表現」を挙げている.
(13) <u>この問題</u>はなかなかむずかしい.わたしには<u>解け</u>そうにもない.
(14) 「<u>あなたは本当に知らないのですか.</u>」かれはわたしに<u>こう尋ねた</u>.
(15) <u>その計画</u>はなかなかおもしろい.しかし,<u>実行</u>は困難だと思う.

((13)～(15)は市川(1978:56-57)の例の引用)

以上の3例は,「問題」—「解ける」,「 」付きの会話文と「尋ねる」,「計画」—「実行」などの「親近性をもった語」でつながるものとされるが,連文の前後に指示詞を伴うものが多い.例(13)は,前件の指示詞を伴う主語「コノ問題ハ」が,後件にも省略されている.例(14)は,後件の指示詞「コウ」が,引用動詞「尋ねた」の引用内容として,前件の疑問文を反復している.例(15)も,前件の指示詞を伴う主語「ソノ計画ハ」が,後件にも省略されており,逆接型の接続詞「シカシ」がそれを補っている.

市川は,(a)類の4種①～④を「接続語句」と称して,他の文脈展開の形態とは区別する.永野(1972:83)の「連接語」の「応答詞」は挙げていない.

市川(1978:59-63)は,「接続詞」を以下のように定義する.

接続詞は，接続語句の中核をなすものである．二つの表現の中間に位置して，両者を対立させ，その関係を示すことによって，二つの表現を接続する働きをもっている．前文に述べられた思想と，後文に述べられた思想とが，どのような論理的関係を構成するかは，接続詞によって，明確に知ることができる．

市川(1978:59-63)は，「接続詞の用法」として，以下の2種10類を設ける．
(a) 接続詞の基本的な用法
　① 二つの単語の間に用いる．
　② 二つの文節の間に用いる．
　③ 二つの連文節の間に用いる．
　④ 二つの文の間に用いる．
(b) 接続詞のやや特殊な場合の用法
　① 後文の特定の部分を導く．
　② 前文の特定の部分を受ける．
　③ 前の連文を受ける．
　④ 後の連文を導く．
　⑤ 前文を隔てて，その前の文を受ける．
　⑥ 会話(または地の文)を受けて，地の文(または会話)を導く．

本章の文連鎖は，市川の(a)④と(b)①〜⑥に相当するが，1文中の「節」，(a)③の「連文節」が含まれる可能性もある．(b)③④の「連文」とは，「二文以上の集まり」と定義されるものである．

市川(1978:58)は，「接続語句」「接続詞」「接続語」の3種を区別する．
「接続語句」は，「接続のことば」と呼んでもよいもので，関係する範囲が広い．接続詞・接続助詞及びこれらと同じような機能を持つ語句の総称である(単語・連語を含む)．「接続語句」と紛らわしいものに，「接続詞」と「接続語」がある．「接続詞」は，単語についての呼び名(品詞)の一つである．「接続語」は，主語・述語・修飾語などと並ぶ，文の成分(文節単位)の一つとしての呼び名である．

(16) 朝五時に起きた．そして，すぐ支度にとりかかった．

(17) 朝五時に起き**て**，すぐ支度にとりかかった．

((16)(17)は，市川(1978:58)の［注］の中の例の引用)

　例(16)の接続詞「ソシテ」は，接続語という文の成分であると同時に，前後の2文をつなぐ接続語句でもある．(17)の複文内部の節をつなぐ接続助詞「テ」は，それ自体接続語句であるのに対し，文の成分の接続語としては，「朝五時に起きテ」という従属節全体になる点に着目している．

　本章の接続詞の概念規定は市川説に従うが，文章・談話における文連鎖の解明には，市川の接続語句よりもさらに広い**接続表現**という新たな概念を導入することにする(3.4節参照)．接続表現には，用言の連用形，節・文・連文・段落などの言語単位による接続機能を有する表現を含める．

　市川(1978:65-66)は，「前後の意味関係のうえから」，「接続詞の分類」を3類7種として，各類型の定義と下位分類21種の名称，および，各類型に属する主な接続詞の例を挙げている．

① 二つの事柄を論理的に結びつけて述べるのに用いる．
　（ⅰ）**順接**　前の内容を条件とするその帰結を導く．
　　　　順当：だから・それで・したがって・それなら　　きっかけ：すると・と　　結果：かくて・こうして
　（ⅱ）**逆接**　前の内容に反する内容を導く．
　　　　反対：しかし・けれども・だが　　背反：それなのに・そのくせ・しかるに　　意外：ところが・それが
② 二つ(以上)の事柄を別々に述べるのに用いる．
　（ⅲ）**添加**　前の内容に付け加わる内容を導く．
　　　　累加：そして・そうして　　序列：ついで・つぎに　　追加：そのうえ・それに　　並列：また・ならびに
　（ⅳ）**対比**　前の内容に対して対比的な内容を導く．
　　　　比較：というより　　対立：そのかわり　　選択：それとも・あるいは・または
　（ⅴ）**転換**　前の内容から転じて，別個の内容を導く．
　　　　転移：ところで・ときに　　課題：さて　　区分：それでは・で

　　　　　　は　　放任: ともあれ
③　一つの事柄に関して拡充して述べるのに用いる．
　（ⅵ）**同列**　前の内容と同等と見なされる内容を導く．
　　　　　　反復: すなわち・つまり・要するに
　（ⅶ）**補足**　前の内容に補足する内容を導く．
　　　　　　根拠づけ: なぜなら・というのは　　　制約: ただし・もっとも
　　　　　　補充: なお・ちなみに

以上の接続詞の分類は，市川（1978:89-93）の「文の連接関係の基本的類型」全8種中の7種と重なるが，後者には「接続語句は普通用いられない」という連鎖型とその下位区分4種の例が加えられている．他の類型にも下位分類が6種加えられ，連接類型の定義や用例も一部異なる（下線　　　　を付した部分）が，これは，後者が接続詞のみを指標とする分類ではないことによるものである．

（一）**順接型**　前文の内容を条件とするその帰結を後文に述べる型．　（ⅰ）
　　　　順当: だから・ですから・それで・したがって・そこで・そのため・そういうわけで」それなら・とすると・してみれば・では（以上，仮定的な意）
　　　　きっかけ: すると・と・そうしたら
　　　　結果: かくて・こうして・その結果
　　　　目的: それには・そのためには
（二）**逆接型**　前文の内容に反する内容を後文に述べる型．　　　（ⅱ）
　　　　反対，単純な逆接: しかし・けれども・だが・でも・が」といっても・だとしても（以上，仮定的な意）
　　　　背反・くいちがい: それなのに・しかるに・そのくせ・それにもかかわらず
　　　　意外・へだたり: ところが・それが
（三）**添加型**　前文の内容に付け加わる内容を後文に述べる型．　（ⅲ）
　　　　累加，単純な添加: そして・そうして
　　　　序列: ついで・つぎに
　　　　追加: それから・そのうえ・それに・さらに・しかも

　　　　並列：また・と同時に
　　　　継起：そのとき・そこへ・次の瞬間
（四）**対比型**　前文の内容に対して対比的な内容を後文に述べる型．（ⅳ）
　　　　比較：というより・むしろ(以上，比較してあとのほうをとる)・まして・いわんや(以上，比較されるものをふまえて，著しい場合に及ぶ)
　　　　対立：一方・他方・それに対し(以上，対照的な対立)・逆に・かえって(以上，逆の関係での対立)・そのかわり(交換条件)
　　　　選択：それとも・あるいは・または
（五）**転換型**　前文の内容から転じて，別個の内容を後文に述べる型．（ⅴ）
　　　　転移：ところで・ときに・はなしかわって
　　　　推移：やがて・そのうちに
　　　　課題：さて(主要な話題を持ち出す)・そもそも・いったい(以上，原本的な事柄を持ち出す)
　　　　区分：それでは・では
　　　　放任：ともあれ・それはそれとして
（六）**同列型**　前文の内容と同等とみなされる内容を後文に重ねて述べる型．（ⅵ）
　　　　反復：すなわち・つまり・要するに・換言すれば・言い換えれば(以上，詳述・要約・換言)
　　　　限定：たとえば・現に(以上，例示・例証)」とりわけ・わけても(以上，抽出)・せめて・少なくとも(以上，最小限度)
　　　　換置(肯定と否定の置き換え)：私の父は実業家ではありません．医師です．
（七）**補足型**　前文の内容を補足する内容を後文に述べる型．（ⅶ）
　　　　根拠づけ：なぜなら・なんとなれば・というのは
　　　　制約：ただし・ただ・もっとも
　　　　補充：なお・ちなみに
　　　　充足(倒置的形式)：このことはもう一度調べてみる必要がある．結

果はどうなるかわからないが.

*(八) <u>連鎖型</u>　前文の内容に直接結びつく内容を後文に述べる型.
　　　　　（接続語句は普通用いられない）
　　　　<u>連係</u>(解説付加・見解付加・前置き的表現との連係・場面構成など)
(18) a. 初めて朝顔の花が咲いた．白い大きな花だ．（連係-解説付加）
　　 b. 初めて朝顔の花が咲いた．（ソレハ）白い大きな花だ．
(19) ぼくは最近本を三冊読んだ．その中に，『友情について』というのがある．（前置き的表現との連係）
　　　　<u>引用関係</u>(地の文と会話文の関係など)
(20) その人はわたしにこう話しかけた．「いつかお目にかかりましたね．」（引用関係）
　　　　<u>応対</u>(問答形式)
(21) この問題はどのようにして解決されるか．（ソレハ）誠意と努力によってである．（応対）
　　　　<u>提示的表現との連鎖</u>
(22) 八月十五日．わたしはこの日が忘れられない．（提示的表現との連鎖）
　　　　　　　　　　　((18)〜(22)は市川(1978:93)の例の引用)

　連鎖型の連係の連文には，前件か後件に指示詞を含むものが多い．市川(1978:58-59)は，「内容上のつながりを示そうとする」指示語や，会話文・心内文などの引用表現などを伴う例を挙げているが，談話資料の発話連鎖の中には，より多様な発話の連接類型が認められる．

　8種の連接類型は，「文脈形成の特色の上から」，3群にまとめられている．

⎧　順接型・逆接型=**論理的結合関係**　二つの事柄を論理的に結びつけて述べ
⎪　　　　　　　　　　　　　　　　　　　　る関係
⎨　添加型・対比型・転換型=**多角的連続関係**　二つ（以上）の事柄を別々に述
⎪　　　　　　　　　　　　　　　　　　　　　　べる関係
⎪　同列型・補足型・連鎖型=**拡充的合成関係**　一つの事柄に対して拡充して
⎩　　　　　　　　　　　　　　　　　　　　　　述べる関係

　市川(1978:67-70)は，「指示語は，こそあど語句がその中心になるものであ

3.2 文脈展開形態としての接続詞と指示詞——139

る」として,それ以外の代名詞や「ソウイウ・コウイッタ・ソウシタ・コノヨウナ・ソノヨウニ・コンナフウニ」などの連語,「例の」(連体詞),「次・以上・前者・後者」(以上,名詞)などにも指示語に準ずる働きを認めるが,文章・談話における指示表現の機能を分析する際には,重要な観点となる.

　指示語の用法は,①現場の事物をさし示す場合,②文脈の中の事柄をさし示す場合.コ・ソ系のことば,③文脈の外にある事柄をさし示す場合.ア・ド系のことば,の3種に分類されるが,「コノ・ソノ・アノ・ドノ」には「実質指示」「限定指示」の2用法を認め,指示語を「文脈への依存度が高い表現」としてとらえる点に特徴がある.

　市川(1978:58-59)は,時枝説を受けて,接続詞と指示語は「その接続的機能を異にする」と指摘している.

(23)　その話はだれにも話さなかった.だが,田中君がそれを知っていた.
　　　　　　　　　　　　　　　　　　((23)は市川1978:59の例の引用)

　右の例(23)で,接続詞「だが」は,前文と後文とを,「逆接」という形で論理的に関係づけている.それに対して,指示語「それ」は,前文の「その話」を指すことによって,前文の内容を後文の内部に持ち込んで,前後をつないでいる.

　市川(1978:88-98)は,主として接続語句を形態的指標とする「文と文との論理的関係そのものを,「文の連接関係」と呼ぶ」と定義し,3類8種の基本的類型を設けるが,「論理的関係」の概念規定は特にしていない.順接型と逆接型を論理的結合関係とすることからも,市川の「論理」と「文の連接関係」との関連をより明確にする必要があるように思う.

　前出の永野(1986)による展開型の3例は,市川の分類によると,例(8)が添加型,(9)が連鎖型,(10)が順接型と,それぞれ異なる類型に属する.特に,例(9)は,接続詞を介在せずに,後件の指示詞「アレ(ハ)」によって,前件との内容的なつながりを直接に示す連鎖型である.

(d) 宮地裕の広義文脈にかかわる文法的形式: 接続詞と指示詞

　宮地裕(1960a, 1971:73)は,書き言葉と話し言葉をともに研究射程に入れた

「文章談話論」を構想し,「文脈」の概念を広狭二義に分けて定義した(1960b, 1971:211).

わたくしの見るところでは,広義文脈とは,「文章での,構成単位の意味のつながりとまとまり」である.狭義文脈とは,「文での構成単位の意味のつながりとまとまり」である.「まとまり」とは,「よりおおきな単位としてのひとまとまりの意味構成」をあらわす.したがって,その最大のまとまりが,みぎの,それぞれにおける「文章」と「文」になる.

宮地(1960b, 1971:212, 218-222)は,「広義文脈の論は文章論の一部である」とする立場から,「広義文脈にかかわる,文法的形式のうち,文と文との意味関係にかかわる文法的形式」として,以下の4種を挙げる.

- (一) (特定の)助詞・助動詞
- (二) 指示詞
- (三) 接続詞
- (四) 応答詞

特に,「指示詞」「接続詞」「応答詞」という名称が留意される.

(24) 南の風が吹く.低気圧があるのだ.(ナゼナラ…ナノダ)
(25) 南の風が吹く.それは春のちかいことを感じさせる.
(26) 南の風が吹く.なぜなら,低気圧があるのだ.
(27) 南の風が吹く.そう,たしかに南の風だ.
(28) 南の風が吹く.南の風が吹けば,春はちかい.

((24)〜(28)は宮地1960b, 1971:219-220の例の引用)

例(24)〜(27)の「文法的形式」4種に隣接する表現として,例(28)を挙げ,「前文の一部,またはほとんどすべてが,後文に繰りかえされる」ものとして,「4種の文法的形式」の接続関係における「質的差異」を認めている.

以下,その概要のみを記すことにする(宮地1960b, 1971:219-222参照).

(i) 指示詞は,前文を指示して,後文中に持ちこむことによって,前文と後文とを語格関係で接続するばあいがある.

(ii) 接続詞の多くは,前後文を句格関係(ないし文格関係)において,接続させるやくわりをはたす.接続詞は論理的に関係表現をはたす.

（ⅲ）　応答詞は情意的に関係表現をはたす．

先の時枝・市川による接続詞と指示語（代名詞）の「文連接機能」の相違点をより明確に区別した点に特徴がある．

（e）森岡健二の副用語：接続詞・中断詞とこそあど系代名詞

接続詞を伴う「後続文が文として完成していること」を重視する森岡健二（1973:31）は，永野・市川による「段落」の一文要約に基づく「文連接関係の準用」を不自然な操作であるとして，方法論的な異議を唱えている．

　（前略）「文と文との連接というはたらきが，先行文脈を後続文に取り入れる結果として生じるのであってみれば，「連接」という用語は，むしろ時枝博士の「展開」という用語に置き換えるのが適当ではないかと思う．

森岡（1973:24）は，文章展開における接続詞の働き，特に，転成語としての成立事情に由来する用法上の問題点を論じている．

（29）　ナイフを買った．それで果物をむいた．
（30）　ナイフを買った．それで便利になった．

　　　　　　　　　　　　((29)(30)は森岡（1973:9）の例の引用）

例(29)の指示詞「ソレ」は「自用語」で，(30)の接続詞「ソレデ」は「副用語」の例であるが，これらは「意味と機能に多少の差があるだけで，形態的には明らかに同一語にほかならないところに問題がある」と指摘する．森岡（1973:15-16）は，「事実上すべてが他の語もしくは辞からの転成とみられる」接続詞は，転成度によって「厳密には境界線を引くことができない」という点から検討し，接続詞と指示詞の境界について，以下のような指摘をした．

　「こそあど」系の語基「そ」によって形成される語の多くは一般に接続詞と認定されるが，この認定には意味が介入し，「こ」によって形成される語との区別がつかないこともあり，「独立成分」になるかならないかという規準をもちだしてもなお判定が困難である．たとえば，

　　そして　そうして　それから　それに　それとも　それで　それでは
　　そこで　そしたら　それでも　それなのに

などであるが，果して「そう」や「それ」の指示性が消失して，完全に接

続だけのはたらきに転成しているのかどうか疑問におもう．
　転成語の接続詞の多くを占める「ソ」系の指示詞との境界に関しては，確かに解釈の介入する余地もあり，中には，転成が未分化なまま，指示詞と接続詞の機能を両面保有する用法もある．例(31)(32)も，「「それ」と「これ」の区別がつかないし，ともに代名詞としての指示の機能が残っているように思われる」というが，文脈指示的な「ソ」系よりも，場面指示的な「コ」系の方が，指示性が明確に認められることから，接続詞としての転成度はより低い段階にあると考えられる．

(31)　雨が降った．それで(＝これで)木々がすっかり生きかえった．
(32)　試験に落ちた．それでも(＝これでも)ぼくはへこたれなかった．
　　　　　　　　　　　　　　((31)(32)は森岡(1973:16)の例の引用)

　森岡は，形態論的特質と構文論的機能の両面から，現代語の接続詞を3種に分類した上で，さらに，第一種を4種類の形態の異なるものに細分しているが，永野・市川の分類と比べ，第一種が第二・三種とはあまりにも異質な枠組みとなっており，後者が「並立」「補足」のみでは，意味分類も不十分なものだといえよう．

　　第一種　先行文の内容をとりこみ，「従属節」の代わりに用いられる接続詞
　　　(a)　では・が・けれども　だが　だから・だけど　だのに　でも　だって(辞からの転成)
　　　(b)　しかし・さ系統
　　　(c)　ゆえに　ところが　したがって　すると　とはいえ　なぜなら(形式語や副詞から転成したもののうちのある種)
　　　(d)　「こそあど」系の「そ」によって形成される接続詞
　　第二種　並立の接続詞：および　ならびに　ないし　あるいは　または　かつ　そして
　　第三種　補足の接続詞：すなわち　つまり　ただし　もっとも

　森岡は，接続詞と感動詞の共通点について，以下のように指摘している．
　　構文の上からは，第一種と第三種が常に独立成分として機能するが，第

二種は,「雨が降り,かつ,風が吹いた」のように「節」を並立させるときに独立成分としてはたらくと見られる.

また,文章中の「文から文への展開」の様相を次の3種に分類する(森岡 1973:39-42 参照).

（ⅰ） 先行文の文脈を言語的に後続文に取りこまない場合
（ⅱ） 先行文の文脈を言語的に後続文に取りこむ場合
（ⅲ） 先行文の文脈を,中断詞によって断ち切って,後続文に展開する場合

（ⅲ）の「中断詞」とは,「トコロデ」「ジャア」などの転換型の接続詞だが,「明らかに先行文の影響を受けているが,その文脈を言語的に取り入れているわけでなく,」「その文脈に対する話者(主体)の態度を表明して,先行の文脈をここで中断」させる働きをする一群の語と規定して,接続詞からは除外する.感動詞「サテ」「イヤ」,第三種の接続詞「ツマリ」をその中に含めているが,森岡の第三種と「中断詞」については,なお検討の余地がある.

(f) 長田久男の連文的職能の発動に関与する品詞: 持ち込み詞と接続副詞等

長田久男(1984:6)は,「文を越える意義の繋がり」を表す「連文事実」を研究対象とする「連文論」を,「文章の研究」と関連づけつつも,別個の独立研究部門として位置づける.「連文」と「文の連接」を異なる研究対象として区別し,各研究分野を「狭義連文の研究」と「広義連文の研究」に分離して,前者のみを連文論と呼ぶと規定した.

さらに,後者の「広義連文の研究」の中に,以下の3部門を設ける.

（一） 「連文の成立」を論ずる分野(狭義「連文の研究」,「連文成立論」,「連文論」と呼称)
（二） 成立している連文について「連接している文と文との続き方」を論ずる分野(「文の連接」の研究分野)
（三） 連文成立の結果形成される「連文が示す意義」を論ずる分野(「段落」の研究に属するもの)

「連文の成立」とは,連続する二つ以上の文の間に何らかの意味のつながりがあるということであり,文章中の「文間文脈」から生じる現象を意味する.

3 接続詞・指示詞と文連鎖

　従来の文章論では，連文と文の連接という2概念を区別せずに，文の連接関係として一括してきたが，連続する2文間の接続関係をその前後の文間文脈から切り離して抽象化した分類と，実際の文章の全体的構造における連文の意味のつながりとまとまりを対象とする研究とは，異質なものとする．

　本章の文連鎖は，長田の文の連接の概念に近いものであるため，原則として連文という言語単位を別個に設ける長田説に従うものとする．

　長田(1984:16)は，渡辺実(1971)の『国語構文論』の「構文的職能」に基づき，「言語の内面的意義が連文における意義のつながりをつけているときの各種の役割を総称して「連文的職能」と名づけ」，「連文的職能の発動に関与する品詞」10種の「連文的職能」の特色を論じている．

　　①持ち込み詞　②接続副詞／並列副詞　③名詞　④動詞／形容詞／状名詞
　　⑤素材表示部＋判定詞　⑥連用副詞　⑦注釈の誘導副詞　⑧第一類・第二類の陳述副詞　⑨第三類の陳述副詞　⑩素材表示部の無形化表現（下線，筆者付す）

　長田の「持ち込み詞」が本章の指示詞，「接続副詞」「並列副詞」「注釈の誘導副詞」「素材表示部の無形化表現の一部」が接続詞に相当する．「持ち込み詞」と「素材表示部の無形化表現」の2種は，渡辺の品詞分類の名称ではなく，長田の命名によるものである．

　長田(1984:24-30)は，時枝(1950:76-77)の代名詞の連体詞的代名詞の用法の解釈を，一部，以下のように修正している．

修正1　「この・その・あの」はすべて実質概念と関係概念とを合わせ表わす．
修正2　「この・その・あの」はすべて「持ち込み機能」と「限定機能」とを持つ．

　指示詞は「何を指すか」という従来の観点よりも，「どれだけの内容を持ち込んで限定しているか」という観点から観察記述する方法が適切だという理由から，「持ち込み詞」という名称のほうがふさわしいと主張する．

　　(33)　①この絵は立派な絵ですね．②この作者は誰ですか．
　　　　　　　　　　　　　　　　　　((33)は時枝(1950:76)の例の引用)

　例(33)の①「コノ（絵は）」は「現場指示」，②「コノ（作者は）」は「文脈指示」

の用法であるが，両者の違いは，①が「認識内容を非分析的に」，また，②が「先行表現若しくは後続表現中の意義を分析的に」，自分の位置に持ち込むという点にあるとしている．

接続詞を副詞の一種として細分類するのは，渡辺説(1971)に準ずるためであるが，狭義の連文論はともかくとして，文章・談話論では，接続詞，または接続語句として一括して扱うほうが効率的であるといえよう．

主な接続詞を「接続副詞」と「並列副詞」に二分し，それぞれの「素材表示部の意義の違いと連文的職能との関係」を重視するが，接続副詞の中でも，「ガ・ケレドモ・ダカラ・ト・デ」などは「連文的職能の発動の原理が異なるところから」，「素材表示部の無形化表現」として扱われる．また，「注釈の誘導副詞」の中にも，「ムシロ・タトエバ・ツマリ」など，すでに接続詞としての転成が明確なものも含めている．

いずれも「接続の職能」，すなわち，長田の「持ち込み機能」と「支配機能」を有するという点から一括して，分類原理の質的差異として処理することが，文連鎖における文脈展開の解明には不可欠なのではないかと思われる．

(g) 森田良行の文脈の「意味場」を示す指標: 接続語と文脈指示語

接続研究の本領は，文間文脈のつながり，すなわち，文を越える言語単位のしくみを解く場合にこそ発揮されるものと言われて久しい．文章の文脈の「展開性」を重視する森田良行(1993a)は，「従来文章論などで問題にされるいわゆる接続の意味関係，文の連接関係の分類は必ずしも役に立つとは限らない」と批判する立場から，「意味場」という独自の観点を導入して，その「指標」となる9種の形式を掲げている．以下，項目名のみ引用する(森田 1987, 1993a:66-69)．

①対義の語　②類義の語や同一の主題　③上・下位語　④同一語の反復
⑤言い換え　⑥文脈指示語　⑦応答詞　⑧副詞　⑨接続詞

意味場とは，前出の宮地(1960b, 1971:211)の広義文脈に相当するものと解釈されるが，森田は，「先行語句ないしは叙述を受け継ぐ文の接続」をする文脈指示語や，「接続詞とはなはだ近い形で文の接続機能の一翼を担う」誘導副詞

に注目する.副詞の例には,「イワバ・イワンヤ・オマケニ・サラニ・事実・実際・実ハ・タダ・ツマリ・マシテ・」など,すでに接続詞への転成が認められる語と,「言ウナレバ・言ッテミレバ・結局・所詮・少ナクトモ・当然・トモカク・ムロン・モチロン」など,今もなお,副詞との境界線上にあるとされる語が含まれている.

「先行文と後続文の意味関係を具体的に言語の形式に表した」接続詞は,「後続文の叙述内容を制約規定する」点では副詞と共通するが,「先行文との意味関係において制約を与えるという点が異なる」という.全9種の各指標間に何らかの相互関係が認められ,日本語の接続詞に「指示語(コ系とソ系)」や「断定の助動詞を含む」語が多いのは,「先行文の生み出す意味場を間接に表す」ためだとしている.

森田(1987, 1993a:74-76)は,「意味場」という分析観点から,接続詞を以下に示す2類4種に分類するが,流動的な文脈展開をとらえようとする試みとして,副詞や指示語,断定の助動詞等も形態的指標の中に含める点に特徴がある.

(i) 新たな意味場を作る接続詞(転換や対比を表す)

さて・ところで・話変わって・それはそうと・それはさておき・ひるがえって・一方

「先行叙述が作る文脈の意味場を拒否して,新たに別個の意味場を設けていく」ため,指示語や断定の助動詞を含む語が原則として現れない.

(ii) 文脈の意味場に従う接続詞

(a) 意味場の中での展開(累加や並列・選択などを表す)

および・ならびに・そして・それから・それに・そのうえ・さらに・おまけに・しかも・まして・なかんずく・あるいは・また・または・もしくは・それとも・それどころか

「先行叙述内の事柄ないしは叙述内容を受ける展開であるから,コソ系の指示語を伴う語が多い.」「意味場内の展開であるから,断定の助動詞を含む接続詞は現れない.」

(b) 意味場に付加する展開(補充などを表す)

ちなみに・<u>たとえば</u>・なお・ただし・もっとも・<u>ともあれ</u>
「(i)にかなり近い」「関連話題の付加であって，先行叙述の内容を取り立てるわけではないから，コソ系の指示語を伴うことはない.」「叙述そのものを受けるわけでもないから，断定の助動詞も含まない.」
  (c) 意味場に対する展開(いわゆる順接・逆接などの条件展開)
    だから・されば・で・そこで・それで・それゆえ・ゆえに・したがって・よって・すると・とすると・そうすると・だとすると・だとしたら・そしたら・それなら・とすれば・そうすれば・しかし・けれども・だが・だけど・だけれども・ところが・しかるに・<u>なぜならば</u>・<u>だって</u>・<u>なんとなれば</u>
(ⅲ) 文脈の意味場に従う接続の語句
  (a) これに対して・それに対し・<u>さもなければ</u>
  (b) <u>いずれにせよ</u>・それによって・そういう意味で・このようなわけで・こう考えてくると・ところがどうして・だからと言って

(ⅲ)は「接続連語」と言われるものだが，「指示部分や断定の助動詞の部分を先行叙述そのものに置き換えれば，そのまま文論でいういわゆる接続語になっていく」もので，「意味場の観点からは，接続詞と区別する理由はない」とされるものである．これらの例の中には，コ系の指示詞を含むものも少なくないが，接続詞の例には，ソ系のもののみを挙げている．下線＿＿を付した語は，他説の接続詞の分類とは意味・用法を異にするものであり，森田の接続詞の分類に関しては，なお検討を要するといえよう．

3.3 連文における接続詞の機能

(a) 接続詞の定義と用法
現代日本語の接続詞

『日本文法事典』(1981:178)の「接続詞」の項の解説は，現在も，大方の異論のないところであろう．

【定義】 語と語，文節(句)と文節(句)，文と文との間にあって，それに

先行する表現内容をうけ後続の表現内容に結びつける職能を有し，活用がなく，それ自身は実質的概念をもたないのに単独で文の成分となりうる語．品詞の一つ．（信太知子）

【解説】には，接続詞の品詞論・構文論上の取扱いに関して，「基本的な問題が明らかにされていない」との指摘があるが，文中，および，文間における接続詞の職能の分類，接続助詞との異同，品詞論的な成立論拠の問題，接続詞の省略の問題等，接続詞に関する未解決の課題は枚挙にいとまがないといってもよい．

「実質的概念をもたない」接続詞が単独で文の成分となることから，「独立成分」「並立成分」「接続成分」のいずれかとする異論があり，自立語の接続詞が概念的意味を持たないという理由から，時枝（1950）説のように，接続詞を「辞」と見なすと，接続助詞との相違が問題になるという．一方では，接続詞の転成との関連において，「陳述副詞」「感動詞」「指示詞」などとの境界が問題にされている．

現代語の接続詞の大半が「転成語」「借用語」「連語」からなるという品詞成立の出自にかかわる問題や，日本語の接続詞は文体差や位相差を伴うことから，個々の接続詞の認定や意味・用法・機能等の分類に解釈の相違が生じており，談話資料を含む用例採集が不十分な現時点においては，未解決の課題も少なくない．

本章では，接続詞の品詞論・構文論における通時論的かつ研究史的な成立事情に関しては，井手至（1958,1973），京極興一・松井栄一（1973），山口堯二（1996）らの諸論考に譲ることにして，論を進める．

接続とは，原則として，二つの言語単位を結びつけて，より大きな意味のつながりとまとまりを表し，さらに上位の言語単位を作り上げる働きのことであるが，文章・談話論においては，接続詞と接続助詞をはじめ，その相当表現の接続連語や用言の連用中止形，連文・段落などにも機能する「メタ言語表現」まで含む，より広汎な「接続表現」（佐久間1990b:12-33参照）を扱う必要がある．

広義の接続の概念には，用言の活用形と後続要素との結合や，構文論の文の

成分の一種としての「接続語」「接続句」「接続成分」，文章論における指示語や反復表現を含む「接続語句」「連接語（句）」までを含むが，本章では，文章・談話における節と文より上位に位置する言語単位の形成に関与する接続詞の文脈展開機能を中心に考える．

文を越える言語単位にまで研究の射程が及ばなかった品詞論や文法論では，文章・談話の文脈展開に関与する接続詞本来の働きを十分に説明しきれぬまま，論理や修辞上の問題と混同して扱うことも少なくなかった．

現代語の接続詞は，今もなお生成途上にある語種であることから，個々の語の認定基準や意味・用法・機能の分類等，解決すべき問題が山積している．

接続詞の形態的特徴

日本語の接続詞は，大半が副詞，名詞，動詞，指示詞，接続助詞などの転成語や複合語からなるとされ，成立の事情に由来する接続詞の形態的特徴から，以下の5種に分けられている（佐久間 2000b:152-153，益岡隆志・田窪行則編 1990:50-51，高橋太郎他編 1998:163-166 参照）．

(ⅰ) 副詞系　また　ただ　ただし　さらに　もっとも　すなわち　かつ　むしろ　特に　なお　そもそも　まして　況や　せめて　とりわけ

(ⅱ) 名詞系　事実　実際　一方　反面　逆に　反対に　その結果　そのくせ　結局　おまけに　ゆえに　ちなみに　おかげで　代わりに

(ⅲ) 動詞系　したがって　つまり　つまるところ　要するに　かえって　ていうか　換言すれば　言い換えれば　あわせて　つきましては　よって　例えば　ひいては　いわば　すると　だから　といって　とはいえ

(ⅳ) 指示詞系　そこで　それで　そうなると　それに　そうして　それが　それも　それにしても　それを　それでは　こうして　かくて　かくして　それとも　それから　さりとて　さて

(ⅴ) 接続助詞系　け（れ）ど（も）　が　ところが　でも　だって　ところで　だから　と　（そう）だとすると　（それ）な・だのに　ならば　だが

「タダ」「ムシロ」「勿論」などの陳述副詞との区別や,「ソコデ」「ソレニ」「ソレガ」「ソレヲ」「ソレモ」などのソ系の指示詞からの転成の度合いが, 接続詞の認定基準に揺れを生じさせる問題となっている.

「ニモカカワラズ」「トイウワケデ」「ダカラトイッテ」など, 複数の語の連続が接続詞や接続助詞の相当表現として一語化した接続連語も, 談話資料を含む用例の定量分析が不十分な現時点では, 認定のしかたに揺れが伴う.

(ⅵ) 接続連語 （と）同時に （と・そう）いうわけで というの(は・も) とはいっても なぜなら(ば) （と・そう)はいうものの さもないと そればかりか （それ)にもかかわらず それはそうと(して)

また, 日本語の接続詞には, 文体差や位相差があり, 文章語と口頭語のそれぞれに特有の語が用いられる. 待遇表現の相違による語形の変種である丁寧・普通・ぞんざい体もあり, 接続詞の認定や分類を複雑にする一因となっている.

(ⅶ) だが・ですが・でございますが だけど(も)・ですけ(れ)ど(も)・でございますけれども というのは・と申すのは・とおっしゃるのは・と言いますのは・と申しますのは・とおっしゃいますのは とはいっても・とはいえ・とは申せ・と申しましても・とおっしゃいましても

田中章夫(1984)は,「文体的・場面的特徴」から現代語の接続表現の用法を分類したが, 文章資料はもとより, 方言資料等を含むより広汎かつ大量の談話資料の用例に基づいて, 接続詞の分類原理を再編成する必要がある.

接続詞と接続助詞の異同

接続詞によって結びつけられた前後に位置する言語表現, 接続詞の機能領域に含まれる言語要素には, 語, 文節, 句, 節などの文中のもの以外にも, 文, 連文, 段, 連段などの文を越える言語単位がある. 談話資料の場合は, 発話, 発話対, 発話連続, 話段などの音声表現の言語単位もあり, 話し言葉特有の接続詞もある. 意味のつながりとまとまりの規模や異次元の単位をつなぐ語もあり, 接続詞の機能領域の解釈にずれの生じる可能性も否定できない.

文中の節相互をつなぐ接続表現には, 接続助詞と用言の連用中止法がある.

3.3 連文における接続詞の機能——151

塚原鉄雄(1968:41-42)は，接続詞の接続機能を全2種8類に分類する．

第一種　展開的接続(前件の展開として後件を規定する.)
　1　論理的展開
　　①　順態接続(ダカラ・サレバ)
　　②　逆態接続(シカシ・サレド)
　2　段階的接続
　　③　前提接続(ト・カクテ)
　　④　累加接続(ソシテ・オヨビ)
第二種　構成的接続(前件と後件とで一個の統合を実現する.)
　3　連続的接続
　　⑤　同列接続(ツマリ・タトエバ)
　　⑥　解説接続(ナゼナラ・モットモ)
　4　断絶的接続
　　⑦　対比接続(マタハ・アルイハ)
　　⑧　転換接続(サテ・トコロデ)

　塚原の分類は，前出の永野や市川の「文の連接関係の類型」とほぼ一致するが，市川の順接型を「順態」と「前提」に分け，補足型を「解説」，添加型を「累加」，逆接型を「逆態」という名称とした点が異なる．塚原は，文の連接関係も同じ類型だとするが，市川の連鎖型は特に設けていない．

　また，「接続(機能)の方法」から，「条件接続」(前件を条件とし，その帰結として後件が成立する)と「列叙接続」(非条件接続)とに二分するが，「両者を具有するのは，順態接続・逆態接続・前提接続の三項だけで」，他は「列叙接続だけが存在する」という．「順態」「逆態」「前提」の条件接続と列叙接続に属する接続詞の例から，塚原の分類原理を把握することは難しい．

　塚原(1969:71-73)は，接続詞と同じ分類原理を接続助詞にも適用すると，「解説」「同列」「転換」の三項が欠如するところに，両者の連接の根底的な差異があると指摘している．

　塚原(1970:10)は，さらに，「接続詞は，構文的な独立性を保持して，文法的単位と文法的単位とを接合するところに，その機能の特性がある」として，

「後件に対する前件の自立性が希薄な」接続助詞と区別する．「接続詞の機能領域の観点から」，「接続詞の連接機能」を，「形態的な連接機能」4種と「意味的な連接機能」6種の計10種に細分類している．

塚原（1970:15-16）は，接続助詞，指示語も「連接機能を具有する」として，「指示語による連接は，間接的な連接で」，指示対象が指示語に「先行して位置しないこと」や「指示語に後置されること」，「言語として表現されないこと」もあるところが，「前件が後件に前置され直接的な連接を荷担する接続詞と，決定的に相違する」としている．

南不二男（1974:131-135）は，「いわゆる接続詞（おもに文頭に出てくるもの）の類」を文の構造上の4段階における最も外側のD段階に属するものと位置づけて，接続助詞とは一線を画していた．

　（略）この段階では相手に対する関係がもっぱら問題となる．ここの段階での意味の一般的性格は，相手に対する，言語主体のなんらかの働きかけと言えばよいであろう．

文頭使用の接続詞は，「一度，先行文を言い切り，独立している以上，1文中と同じ構文的制約が働かない」と考えるのは，妥当であるが，連文が成立する以上，まったく何の制約もなく，文間文脈が形成されるとは考えにくい．

しかし，南（1993:91-92）は，「文の構造を階層的性格のものとしてとらえ」，「つぎの4つの段階からなると仮定」した上で，

　（A）描叙段階　（B）判断段階　（C）提出段階　（D）表出段階

一部の接続詞は，B, C段階の従属句に含まれるものもあると修正している．

　［B類の句］　～ノデの場合．接続詞の一部　ソシテ，ソレカラ，ソレデ…
　［C類の句］　～ガの場合．接続詞のうちのいくつかのもの　ダカラ，ダケド…

B類の従属句は添加型，C類は順接型，逆接型の接続詞を含むことから，文中使用の接続詞類に相当するのではないかと考えられる．

佐伯哲夫（1967）は，南（1964, 1974）の従属句の階層構造の4段階を，接続詞の分類に適用したが，複文中の接続助詞を伴う節と節の間に働く種々の構文要素の共起や制約条件が，接続詞を伴う連文にもどの程度共通するかについては，

今後の接続詞の本格的な定量分析の結果を待たねばならない.

佐伯(1967:76-81)は，構文論的側面から，塚原(1965)の「接続語Ⅰ」の「一次成分」を南(1964)がD段階に入れたのに対して，同じ基準のテストの結果に基づき，以下のように修正した．以下，要点のみ記すが，詳細は，佐伯(1967:77-78)にある分析結果の一覧表をご参照いただきたい.

佐伯のA類の添加型の接続詞「カツ・マタ・ソシテ(累加)」は，南(1993)がB類の句に修正したものと一致する．また，南がC類の句に修正した「ダカラ・ダケド」は佐伯の項目にはないが，順接型，逆接型の接続詞を，B1類「シタガッテ(展開)・シカシ(反対)」，B3類「スルト(確定)・ダノニ(確定反対)」，C類「トコロガ(反対)・故ニ(結論)」に分類する．

佐伯の接続詞の分類とテスト項目28語は，『分類語彙表』(国立国語研究所1964:165)によるものであるが，項目と用例数を増やす必要があり，南の修正案もまた，具体的な接続詞の項目と分類基準を明らかにして，再検討する余地が残されているといえよう.

佐伯のD類の中で「転換型」の接続詞「サテ・トコロデ(場面転換)・ソモソモ(設定)」のみが他の類におさまりえないことから，A類が前件と後件の密着度が最も強く，D類が最も弱い接続詞だという仮説を導くことができる.

前出の市川(1978)の「補足型」は，「ナオ(累加補充)」がB1,C,D類，「ナゼナラ(理由補充)」がC類，「タダシ・モットモ(反対補充)」がC,D類に分かれることから，異なる類型の接続詞になることが示唆されている.

佐治圭三(1970,1987)は，先行諸説の接続詞の分類を検討し，上位基準を「用法」(位置)，下位を「意味」(接続のしかた)として，全3類13種に分類した．

佐治案は，同一語形の接続詞を複数の類型に分類し，「文の内がわ・外がわ」と「話題の内がわ・外がわ」という新たな観点を導入した点に特徴がある．しかし，話題の外がわの接続詞は転換型のみで，「話題」の概念規定が曖昧なため，分類原理が説得力を欠くようである.

(ⅰ) 文の内がわの接続詞
(a) 並立① ナラビニ，オヨビ(共存)
(b) 並立② マタ，ソシテ(共存)／アルイハ，マタハ，モシクハ，ソレトモ，ナイシハ，ハタ，ハタマタ(選択)
(c) 注釈 ツマリ｜スナワチ(言い換え)／トイウノハ，ナゼナラ(説明)／要スルニ(要約)／タダシ，モットモ(但し書)／タトエバ，ナカンズク(例示)

(ⅲ) 話題の内がわの接続詞
(d) 列叙 ソシテ，オマケニ，シカモ，マタ，ソノウエ，ソレカラ，ソレニ，ナオ，カツ，シコウシテ，シカノミナラズ，ツイデ，デ(添加)

(ⅱ) 文の外がわの接続詞
(e) 条件 スルト｜ソレナラ，ソシタラ，サラバ，シカラバ(仮定)／
(f) 条件 ｜ソレデ，デ，ダカラ，シタガッテ，カクテ，カクシテ，サレバ，シカレバ，カカレバ，ユエニ，ヨリテ(確定)
[順接]
(g) 条件 ソレデモ，デモ｜ソレニシテモ，サリトモ(仮定)／
(h) 条件 ｜シカシ，シカシナガラ，ダガ，ダケド，ケレドモ，トコロガ，ソレナノニ，カカレド，サレド，サルニ，シカルニ(確定)
[逆接]

(ⅳ) 話題の外がわの接続詞
(i) 転換 サテ，トコロデ，トキニ，ソモソモ，ソレ

また，佐治(1970:38-39)は，接続詞によって結びつけられた先行文と後続文の文末の表現性の違いを「可展性」と呼び，具体例を検討している．

(34) a. 山田さんは今日入院されました．だから明日お見舞いに行ってください．

*b. 山田さんは今日入院されました．そして明日お見舞いに行ってください．

c. 山田さんは今日入院されました．そして一週間ほどで退院される

そうです．
　*d．山田さんは今日入院されました．または一週間ほどで退院される
　そうです．
　　（例（34a）～（34d）は佐治（1970:39）の例からの引用．＊印は日本語
　として不自然な表現を示す）

　（34a）の条件の接続詞「ダカラ」は，前件の列叙表現の文を後件の要求表現の文に結びつけるが，（34b）の列叙の接続詞「ソシテ」はできない．（34c）の「ソシテ」は，後続文に伝聞の表現を導く可展性があるが，（34d）の並立の選択を表す接続詞「マタハ」にはないという．これは，南（1993）による接続詞の段階づけの修正案が妥当だということを示している．

　佐治は，「1並立，2列叙，3条件，4転換の順序で可展性は強くなる」という結論を導いているが，同じ「条件」の接続詞に属する「スルト」と「ダカラ」の可展性が異なる等，個々の接続詞を詳細に検討する必要があるだろう．

（b）連接論，統括論による接続詞の分類

　佐藤喜代治（1966）や金岡孝（1983）らのように，文連接論を文法論の対象外とする立場もあるが，西田直敏（1986, 1992:42-45）は，市川の転換型の接続詞が「文と文を「連接」するものではなく，「段落」という「文」よりも高次の意味ブロック間の関係を表す指標である」として，「文章展開における文脈の形成，進展という視点から文の連接における緊密性の度合い（緊密度）を基準として文の連接類型」を全9類10種に分類する．おそらく，佐治（1970, 1987）の「話題の内がわ・外がわ」という観点や森岡（1973）を受けたものであろうが，「緊密度」の低い（ix）の類型を「話題の一貫性」の有無によって，細分している．

（ix）　先行文と後続文とが実は異なる段落に属している場合
　（A）　話題に一貫性がある場合．（略）この場合，二つの文は一種の連接関係を構成すると見なすことができる．（――二つの方法があります．一つの方法は――による方法です．の類）
　（B）　話題に一貫性がない場合．（略）これは，文の連接において扱う問題ではなく，段落の連接の問題として扱うべきものである．（――．そ

もそも——．／——．さて——．／——．話かわって——．／——．とこ
ろで——．の類）

　話題や段落などの概念規定や話題の一貫性の認定基準が曖昧なため，分類原理が説得力を欠く．連文間に接続詞「スナワチ」を想定することが可能なA類は，市川の同列型，接続詞「サテ」「トコロデ」などが指標となるB類は転換型になる．前者を「文の連接」，後者を「段落の連接」とする類型自体に分類原理の不整合がある．段落の連接については，改行の恣意性や段落区分の相対性，文章の重層構造の処理法が問われることになるだろう．

　土部弘(1973:153-159)は，「「文連接論」は，連文論の主要領域であり，文相互の関連的地位としての「位」の認定・分類は，文連接論の主要課題である」として，全8類14種の「位」に分類した．

　接続詞を指標とする全9種の類型が市川の分類より多いのは，添加型を「並立位」の⑧累加位と⑨並列位，対比型を「反立位」の⑩選択位と⑪対比位，同列型を「再叙位」の②反復位と③換言位に細分するためである．⑤補足位，⑥順接位，⑦逆接位，⑭転換位の4種は，市川説の名称とも一致する．

　また，①連鎖位，④前提位，⑫引用位，⑬応答位の4種は，市川の連鎖型の下位区分に相当する．市川説と同様，⑤補足位の「タダシ」と「ナゼナラ」を細分すれば，二元論の分類原理がより顕著なものとなる．

　以上，先行諸説の接続詞の分類には，意味と用法の混在する名称が用いられた説も少なくない．また，分類原理の解説も簡潔で，名称や用例などから類推するしかないような説も多い．さらに，先行諸説における接続詞の用例や分類目が類似するにもかかわらず，大分類の枠組みが異なる点は特に留意される．

　文連接論でも，連文間の接続詞の省略の扱いや連鎖型の認定基準，段落の1文要約による文の連接関係の類型の適用などの方法論の問題が残されている．3文以上の連接関係を表す「飛び石型」「積み石型」などの連接方式，文や段落の連接関係と統括関係の対応(永野1986，佐久間1986,1990b)，段の前提となる3文間の連接関係の類型なども早急に検討されねばなるまい．

　永野(1986)は，「文の連接関係」を「段落の連接関係」に準用するために，「段落の中心的内容を，一文あるいは少数の文の形に要約すべきこと」を主張

3.3 連文における接続詞の機能 — 157

するが,これに関して,市川(1978)は,「文の連接・配列の的確な把握にもとづいて」中心文や繰り返し語句をおさえることで,「段落の中心的内容をかなり客観的に要約する(略)ことができるであろう」と支持している.前出の森岡(1973)は,これらに対して疑義を呈していたことになる.

さらに,永野(1986:315-328)は,接続詞を形態的指標とする「連接論にかかわる統括」に関する重要な指摘をしている.

(一)　展開型　　末尾統括
(二)　反対型　　末尾統括
(三)　累加型　　零記号統括,末尾統括
(四)　同格型　　冒頭統括
(五)　補足型　　冒頭統括
(六)　対比型　　零記号統括
(七)　転換型　　冒頭統括,中間統括,末尾統括(本質的には統括とは関係がない)

永野(1986:315)は,「文章の統括とは,統一と完結との両者を含む概念であって,文の連接と連鎖との観点をふまえてこれを一本化しようとする立場である」という観点から,統括機能を有する言語形式の文章中の出現位置により,五十嵐力(1905)の分類に基づき,以下の5種の統括類型を設けている.

(ⅰ)冒頭統括　(ⅱ)末尾統括　(ⅲ)冒頭末尾統括
(ⅳ)中間統括　(ⅴ)零記号統括

以上の統括類型を,文の連接論や連鎖論と対応させたが,文章・談話の接続や指示の機能を解明する上で,これはきわめて重要な観点である.

佐久間(1986:61-62)も,市川(1978)の文の連接類型の3大分類について,3種の「統括の方向」性を指摘した.

(ⅰ)　論理的結合関係=順接型・逆接型　後件が前件を統括する.
(ⅱ)　多角的連続関係=添加型・対比型・転換型　当該の連文の前後や背後で統括する.
(ⅲ)　拡充的合成関係=同列型・補足型・連鎖型　前件か後件が統括する.

また,佐久間(1989:188)は,「2文の連接関係を形成する先行文P,後続文

Q」の間に,3種の「統括の類型」を認め,連接類型別の統括の可能性を指摘した.
　　(a)　頭括式(先行文が後続文を統括する)　　P>Q
　　(b)　尾括式(後続文が先行文を統括する)　　P<Q
　　(c)　零括式(先行文も後続文も統括しない)　P=Q
記号(P, Q)間の等号と不等号は,前件と後件との相対的な統括力の強弱を示すが,同列型と連鎖型については,永野説とは異なっている.
①順接型 P<Q　②逆接型 P<Q　③添加型 P=Q, P<Q　④対比型 P=Q　⑤転換型 P=Q, P<Q, P>Q　⑥同列型 P=Q, P<Q, P>Q　⑦補足型 P>Q　⑧連鎖型 P=Q, P<Q, P>Q

さらに,佐久間(1992a, 2000a)は,文章・談話の成分としての「文段」と「話段」の総称を「段」と改めて,接続表現の文脈展開機能や対人的機能に言及した.

(c) 結束性,整合性による接続詞の分類

言語学における談話分析,会話分析,テクスト言語学,語用論などの研究分野においても,ディスコースやテクストの**結束性**(cohesion),**整合性**(首尾一貫性,coherence),関連性(relevance)などの観点から,音声資料と文字資料の分析が進められてきたが,接続(conjunction)と指示(reference)は,結束性の分析観点として位置づけられている.

接続詞に相当する英語の表現は,conjunction, conjunctive adverb, (discourse)connectives, discourse markers などと称されるが,近年は,談話分析やテクスト言語学などにおける接続詞の分類もあり,なかでも,結束性と整合性の分析観点は,日本語の接続詞や文の連接関係の分類との接点が問題になる.

Halliday and Hasan(1976)による結束性の5種の分析観点には,接続と指示も含まれている.結束性の分析観点の各項目の→印の後に,日本語の文章・談話論における用語(寺村秀夫他編 1990)と市川(1978)の「文の連接関係の類型」を記した.

3.3 連文における接続詞の機能

（Ⅰ） 指示（reference） →指示表現
（Ⅱ） 代用（substitution） →反復表現
（Ⅲ） 省略（ellipsis） →省略表現
（Ⅳ） 接続（conjunction） →接続表現
（Ⅴ） 語彙的結束性（lexical cohesion） →反復表現
（Ⅳ）接続は，次の4種に分類される．
（ⅰ） 付加的（additive） →添加型
（ⅱ） 反意的（adversative） →逆接型
（ⅲ） 因果的（causal） →順接型
（ⅳ） 時間的（temporal） →順接型／添加型／転換型

Halliday and Hasan（1976）の接続の分類は，「時間的」関係を表す項目を設けた点に特色がある．市川（1978）は，時間を表す副詞から転成した接続詞類を順接型，添加型，転換型に分類しているが，その妥当性については，今後の検討課題となるだろう．

Halliday and Hasan（1976:303）には，「指示，代用，省略は，閉じた体系を含んでいるという点で，明らかに文法的である」のに対し，「接続は，文法的結束性と語彙的結束性のボーダーライン上にある」とする重要な指摘があり，「接続の要素は，それ自体結束的なのではなく，間接的に，その要素が特定の意味をもっているために結束的なのである」と，他の項目との違いに言及している．

Sweetser, E.（1990）は，認知意味論における英語の接続詞を「等位接続」と「従位接続」に二分して，接続詞の機能の3領域「内容領域」「認識領域」「言語行為領域」の関連性を，「順接の接続詞」と「逆接の接続詞」を中心に論じている．

訳者の澤田治美（2000:109）の脚注によれば，接続助詞「カラ」の3種の用法は，日本語の場合にも共通して認められるという．

  (a) 暗くなったから，急いで帰った．（内容領域＝急いで帰った理由）
  (b) ドアがあいているから，誰かがここに入ったに違いない．（認識領域＝そう判断する根拠）

(c)　心配だから，着いたら電話して．（言語行為領域＝そう依頼する理由）

「接続詞の多義性」とは，このような接続の機能の領域の違いによるものとして説明されているが，内容接続，認識接続，言語行為接続という3領域は，日本語の接続表現にも認められ，and, but, orにもある3種の接続機能は，日本語では異なる接続詞と接続助詞の用法として，明瞭に区別しうるものもある．英語の等位接続と従位接続の分類方法に関しても，日本語の接続表現に適用することの妥当性を新たに問い直すべきではないだろうか．

　亀山恵(1999:97)は，言語学の「談話分析でよく使われる」という整合性と結束性の概念を以下のように区別している．

　　整合性(coherence)は談話全体の「自然さ」あるいは「すわりのよさ」というような広い意味で使われる．（略）常識，推論，連想など，非言語的要素も含めて，整合性は談話の意味的つながりの善し悪しを指す．

　　それに対して，結束性(cohesion)は，様々な言語的手段を使っての談話の言語的つながりを指す(Halliday and Hasan 1976)．使われる言語手段には例えば指示表現，代用表現，接続表現などがある．

　亀山(1999:108-114)は，「関係的意味を総称して整合関係と呼び」，David Hume(1748)の提唱になる「三大原理」に基づくHobbs(1990)やKehler(1995)によるという「整合関係」(coherence relation)の枠組み4種を日本語の談話研究にも導入している．

　（I）　類似関係(resemblance)　　　　　　→多角的連続関係／拡充的合成関係
　　　（i）　平行(parallel)関係(そして)→添加型
　　　（ii）　例証(examplification)関係(例えば)　　　　　　→同列型
　　　（iii）　一般化(generalization)関係(一般に)　　　　　→同列型
　　　（iv）　詳述(elabolation)関係→同列型
　　　（v）　まとめ(summary)関係(つまり)　　　　　　　　→同列型
　　　　類似の否定
　　　（i）　対照(contrast)関係(でも)　　　　　　　　　　→対比型
　　　（ii）　例外(exception)関係(ただ)　　　　　　　　　→補足型

3.3 連文における接続詞の機能——161

(Ⅱ) 因果関係(cause or effect) 　　→論理的結合関係／多角的連続関係
　(ⅰ) 結果(result)あるいは説明(explanation)(そして／その結果／だから)
　　　　肯定的因果関係 　　　　　　　　　　　　→添加型／順接型
　(ⅱ) 逆予想(violated expectation)(しかし／ところが) 　　→逆接型
　　　　否定的因果関係
　(ⅲ) 逆防止(denial of prevent)(しかし) 　　　　　　　→逆接型
　　　　否定的因果関係
　(ⅳ) 無事件(nonhappening)(だから) 　　　　　　　　　→順接型
(Ⅲ) 時空的つながり(configuity in time or place) 　　→多角的連続関係
　　　説話(narration)
　　　機会(occasion)
　　　背景(background)
　(ⅰ) 重複(overlap)(間／時) 　　　　　　　　　　　　→添加型
　(ⅱ) 先行(precedence)(後／前) 　　　　　　　　　　→添加型
(Ⅳ) 論証関係(argumentation relation) 　　→論理的結合関係
　　　　　　　　　　　　　　　　　　　　　　　／拡充的合成関係
　(ⅰ) 証拠(evidence)あるいは動機(motivation)(だから／それなら／ということは)
　　　　　　　　　　　　　　　　　　　　　　　→順接型／同列型
　(ⅱ) 反論(counterargument)(しかし／ところが) 　　　　→逆接型
　(ⅲ) 譲歩(concession)(しかし／だが／ところが／それでも) 　→逆接型
　(ⅳ) 無証拠(lack of evidence)(だから／それなら／ということは)
　　　　　　　　　　　　　　　　　　　　　　　→順接型／同列型

亀山案と市川(1978)の文の連接関係の類型との対応関係をみると，前者は種々の接続詞の分類原理が複雑に交錯しており，必ずしも網羅的な分類ではないことが明らかになる．特に，(Ⅱ)因果関係と(Ⅳ)論証関係には，接続詞の例の重複が多く，なお検討を要するものといえよう．(Ⅲ)時空的つながりは，Halliday and Hasan(1976)の(ⅳ)時間的(temporal)と同様に，接続詞の範疇よりも，「語彙的結束性」の時間系列から再編成する可能性もあるだろう．こ

れは，時間表現関連の接続語句を順接型，添加型，転換型に分類する市川説についても共通の検討課題となっている．

しかしながら，亀山の接続詞の分類は，接続関係を結束性と整合性の両面に関わるものとしてとらえる点が新しく，接続詞を指示表現や代用表現と明確に区別したところに価値がある．これは，文章論における連接論と統括論を総合した永野(1986)や，「段の統括」という観点から接続表現の文脈展開機能を分類する佐久間(1986,1989)の分析に通じるものである．

3.4 接続表現の文脈展開機能による分類

(a) 接続表現の定義と機能

接続表現は，「機能上，先行する表現(前件)を受けて，後続する表現(後件)を展開する働きを持つ語である」と定義されるが(森田1985)，従来は，接続表現の機能面の分析が不十分で，接続表現の意味・用法・機能の定義が曖昧なことから，文脈展開と前後の要素とが混在したような分類もあった．

接続表現とは，文章・談話論における接続機能を有する語句の総称であり，品詞論の接続詞，接続助詞や構文論の接続語，接続句に対する概念である．文章のみならず，談話における「つなぎことば」も対象とするため，その範囲は，文章論の接続語句よりもさらに広い．接続詞相当の働きをする副詞や名詞，連語，句・節・文・段レベルの表現までを含んでいる．

接続表現は，二つ(以上)の言語単位(単語・文節・句・節・文・連文・段など)の間に位置して，前後の意味内容を関係付け，より大きい意味のまとまりとして結び付ける働きをする言語形式である．特に，文や節よりも上位の言語単位をつなぐ「接続詞」「接続助詞・並立助詞」とその相当表現を対象とする．

佐久間(1990b)は，文章の成分である「文段」の認定基準の一つとしての接続表現の機能を市川説(1978)に基づいて分類した．また，佐久間(1992a)では，談話資料を含む接続表現の文脈展開機能を全3類12種に分類し，佐久間・鈴木(1993)で，文の連接関係と対応させて，日常談話における接続詞の文脈展開機能を検討した結果，その分類原理の妥当性が検証された．接続表現の文脈展

3.4 接続表現の文脈展開機能による分類──163

(35)　B2「⑦まず朝は野菜を…」
　　　A3「⑧あ，そうだ．⑨朝は何時にお起きになるんですか？」
　　　B3「⑩五時に起きます．⑪それで…」
　　　A4「⑫五時？　⑬朝の五時？」
　　　B4「⑭だって今，朝の話してるんでしょ？」
　　　A5「⑮それはまあそうだけど…．⑯でも朝の五時に起きて何するんですか？」
　　　　　　　　　　　　　　　　　　　　　（村上春樹「インタヴュー」）
(36)　Ⅰ①鏡を眺めるたびに，自分で自分を，
　　　　（奇々怪々な野郎だなぁ）
　　　と思うのだが，そう思う根拠はといえば，たとえば，わたしは，（略）寝言を言って自分で答えてみたり，（略）火を点けたばかりの煙草が灰皿に載せてあるのにまた新しいのを出して咥えたり….
　　　　　　　　　　　　　　　　　　　　　（井上ひさし「奇々怪々」）

(35)⑮「ソレハ(まあ)ソウダケド」，(36)①「ソウ思ウ根拠ハトイエバ」は，下線を付した部分に接続助詞や指示詞を含むが，その表現全体として一つの文脈展開機能を有するため，接続表現であると考えられる．(36)の場合は，前置きを表す連鎖型の接続助詞「ガ」や同列型の接続詞「タトエバ」と重複する形で，補足型の接続表現として，文章冒頭の複数の節と後続する複数の節とをつなぐ働きをしている．

同種の接続表現は談話資料にも多く用いられるが，大半が接続詞に他の表現を伴った形の表現全体としてより広い機能領域をつなぐ働きをするものである．

(37)　Ⅱ④文部省は，来春の国立大学・短大の入学定員の増加枠を，全部で330人にとどめることにした．⑤前年にくらべ，この春は1200人増，昨春は3200人増だったから，極端な小幅といえよう．
　　　Ⅲ⑥それでも多すぎる，学生の質を上げるためには，むしろ定員を減らすべきだ．⑦大学の現状を批判する人たちからは，そんな声さえ聞こえてきそうだ．
　　　Ⅳ⑧だが，ちょっと待ってほしい．⑨大学で真剣に勉強させることと，

入学定員をしぼることとは，かならずしも一律には論議できないのではないか． 　　　　　　　　　　　（『朝日新聞』社説 1988.9.6）

(38)　Ⅱ ⑥そこで息子達は女を裸にして荒縄で墓石にしばりつけました．⑦そのまま墓石を突き落としました．⑧女は思わず落下する墓石に手足を拡げて抱きつきました．⑨墓石は生きもののように唸りながら転がり落ちました．

　　　Ⅲ ⑩ところがどうでしょう．⑪断崖の途中で墓石が一瞬きの間ひたと止まったかと思うと，もう転がらずに女を上に載せて雪橇のようにすいすいと辷っていくではありませんか．

　　　　　　　　　　　　　　　　　（川端康成「竜宮の乙姫」）

(37) ⑧「ダガ，ちょっと待ってほしい」，(38) ⑩「トコロガドウでしょう」はいずれも，文頭の接続詞と後続する伝達表現が重複して，その文全体が逆接型の接続表現として働いており，複数の連文や段落をつないでいる．

　これらの接続表現は，接続する範囲の表現，つまり，機能領域が広いというだけではなく，文章・談話における話の運びや構成などに関与して，全体的構造をまとめる機能を有するという点に特徴がある．

　取り上げた話題を切り変えて，さえぎり，先へと進めて，まとめてしめくくるといった接続表現の文脈展開機能は，特に，談話資料における重要な分析観点の一つになる．

　前出の談話資料(7)でも，種々の接続表現が文脈展開機能を発揮して，発話のつながりと話題のまとまりを形成していた．例えば，発話18Nの転換型の接続詞「デモ」が，先行話段（6M～17S「雑談」の話）と，後続する複数の話段（18N～36N「留学生R」の話）をつなぎ，一つの連段としてまとめている．

(7)　18N　でも，あのRさんっていう人は，
　　　25N　それでね，あのパーティーに出らんなくって，
　　　29N　で，それにね，私，少し，提案がありますって書いてあって，
　　　30N　で，先生も，経験が少ないし，

　同様に，25N「ソレデ（ね）」，29N, 30N「デ」という接続詞も，転換型や添加型という文の連接関係よりも，談話の参加者間の発話権の交替や話題展開の

3.4 接続表現の文脈展開機能による分類——165

あり方を管理するというコミュニケーション上の機能を発揮している．
(39) 上野 ①政府の政策ははっきり北欧型とはちがいますが，社会の性格が共同体的なものを残しているということに関してはどうでしょう．
②例えば日米経営論争なんかでよく言われるのは，日本では一定の集団のメンバーシップを持った人々の間では，完全な互助と一種の平等主義があって….
大熊 ③だからそれはね，こういう言い方が当たっているんですよ．
④日本の福祉は会社の中にある，特に一流企業に．
上野 ⑤企業福祉ですね．
大熊 ⑥そう，企業が福祉を請負っている．⑦だから日本では，経営のしっかりした大きな会社に属している人は大型のいいシステムの中にぬくぬくとしていられるという，そういう福祉なんですね．⑧日本では，福祉を会社がやっていると思えばいいんです．
上野 ⑨なるほど．⑩日本は企業社会主義の国なんだ．
(上野千鶴子『40歳からの老いの探検学』)

例(39)は，対談を文字化した文章資料であるが，文③「ダカラソレハネ，コウイウ言イ方ガ当タッテイルンデスヨ」という文全体が，「スナワチ」や「換言スレバ」などの同列型の接続詞に相当する接続表現として機能している．特に，順接型とはいえない③「ダカラ」と，典型的な因果関係を表す順接型の⑦「ダカラ」との違いを比べてみると，その機能はより明確になるだろう．

大石初太郎(1954:39-40)は，夙に，日常談話の接続詞の用法を4種に分類して，(39)③のような「ダカラ」はC類の「遊びことば」に属すると指摘した．

A 前の語・句・文と後の語・句・文とをつなぐ役割を果しているもの．
(略)先行する思想表現を持ち，それを受けて次の表現を導き出す役割をつとめているものであり，(略)「元の意味」で用いられているもの．
B 前の語・句・文と後の語・句・文をつなぐという関係が明確にとらえにくいけれども，一つの意味を受けて，次の表現を導き出す役割を果して

いるもの．(例)別れぎわの「ジャア，コレデ失礼シマス．」など．
C つなぐはたらきをまったくもたない，(略)接続表現のはたらきをなさないもの．いわゆる「遊びことば」「場つなぎことば」の類で，ほとんど無意味に置かれているもの．(例)「しかし・だから・だって・でも」等のいわゆる逆接・順接の接続詞．軽い感動の心持を表す場合が多い．
D 言葉の中絶あるいは不整表現のために，A・B・Cのいずれに属するかの判断の立たないもの．

以下の(40b)「ダカラ」，(41c)「ダッテ」，(41d)「ダケド」もC類の例だという．
(40) a. 北海道へ行かないの．
 b. だから北海道へ行こうと思ってるのよ．
(41) a. 駅からずいぶんあるような気がしたね．
 b. 駅までがなあ．
 c. 驚いたよ，まわりがだって二軒でしょう，家が．
 d. ずいぶんだけどさびしい家を買ったもんだね，きみ．
   ((40)(41)は大石(1954:41-42)の例を引用したもの)

(40b)「ダカラ」は，先行発話(40a)と直接はつながらないが，発話者(40b)の心積もりでは，「北海道へ行く」意志が自覚されており，話を先へと進める働きがある．(41c)「ダッテ」，(41d)「ダケド」は，倒置表現で，先行発話とのつながりがとらえにくいが，(41c)「ダッテ」は補足型で，前件の「驚いたよ」の理由を説明している．(41d)「ダケド」は，(40b)「ダカラ」と同様に，転換型の接続詞の一種として，談話の構成に積極的に関与する文脈展開機能を持っている．

大石(1954)は，「シカシやダガが論旨に関係なく，発言の順番を取るために用いられる」と言うが，これこそ，接続表現の談話展開機能にほかならない．

(b) 接続表現の文脈展開機能

接続表現の文脈展開機能とは，文章・談話の文脈を先へと展開させ，完結し，統一ある全体的構造を形成して，情報を伝達する働きのことである．すなわち，相手に伝えようとする話を始めて，続け，終えるという文章・談話の話題展開

機能である．一般に，文章・談話の「A開始部」「B継続部」「C終了部」の各段に特有の文脈展開機能を果たす接続表現が用いられる．

　文章・談話の開始部と終了部には，「全体」と「部分」の「A話題開始機能」と「C話題終了機能」が各2種あり，継続部には，「B話題継続機能」の下位分類が10種あるため，全3類14種の接続表現の文脈展開機能に分類される．接続表現は，本来，継続部に用いられるものである．文脈展開機能は，接続表現だけではなく，指示・提題・叙述・反復・省略表現等による総合的な機能であるが，特に，主要な機能を接続表現が担うのは確かであろう．

　表3.2は，接続表現の文脈展開機能の分類と文の連接関係の類型を対照させたものである．各類型の接続表現の例は，主な接続詞のみを挙げてある．

　「話題・話」の概念規定は，伝達する情報の中心的な内容を言語で表現したものという，ごく常識的な定義による．最小の話題が一対の「提題表現」と「叙述表現」からなることから，一話題が単独の文や節によって表されることもあるが，原則として，一話題が一段を成立させると考えられる．

　文脈展開機能は，文章・談話における文脈を作り上げる働きであるから，単一文脈の文章や独話はもとより，複合文脈の対話や会話，各種の引用表現を含むあらゆる文章・談話に認められる．特に，複数の参加者による発話のやりとりを含む談話資料の場合は，接続表現の機能分類が有効であろう．

(c) 話題の開始機能と終了機能

　文章・談話における「A話題開始機能」と「C話題終了機能」を有する接続詞には，全体的構造の開始部の「a1 話を始める機能」と終了部「c1 話を終える機能」のほかに，部分としての段や連段の開始部と終了部，つまり，段頭の「a2 話を再び始める機能」と段末の「c2 話を一応終える機能」がある．

(42)　A1　①えー，それでは本日は村上さんが毎日どのようなものをお召し上がりになっておられるかということをうかがいたいと，こう思っております．②それではまず朝から．

　　　　　　　　　　　　　　　　　（村上春樹「インタヴュー」）

(43)　おじ　①それじゃ，（咳払い）ええ，改めて．（咳払い）これが，あっ，

表 3.2 接続表現の文脈展開機能による分類

文脈展開機能	定　義	連接類型 市川孝(1978)	接続表現の例
A 話題開始機能			
a1 話を始める機能	話を最初から始める.	転換型	ソレデハ・デハ・ジャア
a2 話を再び始める機能	前と違う話を途中から始める.	転換型	サテ・トコロデ・デ
B 話題継続機能			
b1 話を重ねる機能	前の話を繰り返し, 同じ話を続ける.	添加型／対比型／補足型	ソシテ・サラニ／マタハ／ナオ
b2 話を深める機能	前の話を言い換えて説明する.	同列型／補足型	タトエバ・スナワチ／ナゼナラ
b3 話を進める機能	前の話の結果や反対の話を述べる.	順接型／逆接型／対比型	ソコデ／ケレドモ・ガ／ムシロ
b4 話をうながす機能	話が先へ進むように相手をうながす.	添加型／順接型	ソレカラ／ソレデ・デ・ダカラ
b5 話を戻す機能	一度それた話を再び元の話に戻す.	転換型	トコロデ／サテ・ソモソモ
b6 話をはさむ機能	前の話に関連する別の話をさし込む.	順接型／逆接型／補足型	ダカラ／ダケド・デモ／タダ
b7 話をそらす機能	前の話を避けて, 違う話をする.	転換型／補足型	デ／タダ・モットモ・チナミニ
b8 話をさえぎる機能	相手の話を続けさせないようにする.	逆接型／補足型	デモ・ダケド・シカシ／ダッテ
b9 話を変える機能	前の話を切り上げて, 違う話をする.	転換型／逆接型／補足型	トコロデ・ジャ／シカシ／実ハ
b10 話をまとめる機能	前の話をまとめて, しめくくる.	同列型／順接型／転換型	要スルニ／従ッテ・ユエニ／トニカク
C 話題終了機能			
c1 話を終える機能	話をすべて完了する.	順接型／転換型	コウシテ・トイウワケデ／ソレデハ・ジャア
c2 話を一応終える機能	前の話を途中で切り上げる.	順接型／転換型	ダカラ・ソコデ・デ／デハ・ジャ

佐久間まゆみ(1992a:16)「接続表現の文脈展開機能」参照

3.4 接続表現の文脈展開機能による分類――169

　　　　　　いや，こちらが，沢木，雄二，…君で，うー，仕事が写真屋で．
　　　　　　　　　　　　　　　　　　　　（『伝えあうことば』p.56)
(44)　課長　㉓じゃ，今日はこれで．お疲れ様．
　　　係長　㉔あ，お疲れ様でした．　　　（『伝えあうことば』p.62)
(45)　部長　①会社の期待を担った皆さんです．②どうか精一杯がんばって
　　　　　　ください．③以上，歓迎の挨拶とします．④さて，きょうは楽
　　　　　　しく飲みましょう．
　　　中村　⑤ありがとうございました．⑥次に，新しい社員の皆さんに簡
　　　　　　単に自己紹介をしていただきましょう．⑦それでは，鈴木君か
　　　　　　らお願いします．　　　　　　　（『伝えあうことば』p.5)

　(42)①「(えー,)ソレデハ」，(43)①「ソレジャ，(ええ，改めて)」は，「A話題開始機能」の「a1話を始める機能」で，(42)②「ソレデハマズ(…から)」，(45)⑦「ソレデハ(…からお願いします.)」は，「a2話を再び始める機能」の例である．また，「b9話を変える機能」でもある(45)④「サテ」や(45)⑥「次ニ」も，歓迎会の実質的な開始を示すという意味では，一種の「a2話を再び始める機能」と見なすこともできよう．A a2とB b9の機能の分類に，転換型が含まれるのは，このためである．

　(44)㉓「ジャ」は「C話題終了機能」の「c1話を終える機能」の例で，(45)③「以上」は，指示詞から転成したものであるが，「c2話を一応終える機能」の例である．「A話題開始機能」と「C話題終了機能」に同一形態の接続詞が属するのは，前の話が終わると同時に，次の話が始まるためである．

　(46)は冒頭の段落Ⅰ，(47)は最終の段落Ⅵの書き出しの文頭に，いずれも「トイウワケデ」を用いた新聞の連載コラムの文章例である．

(46)　Ⅰ①というわけで，春は眠い．②いつまでもふとんから抜け出せない．
　　　③で，寝床の中からリモコンでテレビをつけたら，不思議なコマーシ
　　　ャルをやっていた．　（天野祐吉『私のCMウォッチング』p.112)
(47)　Ⅵ⑳というわけで，まだたくさん面白いはがきがあるのに，もう紙面
　　　がつきてしまった．㉑でも，なんだかんだと言いながら，みんなよく
　　　CMを見てるんだよね．

(天野祐吉『私のCMウォッチング』p.163)

(46)①「トイウワケデ」は，「C話題終了機能」の一種の変形ともいえるが，文章の開始部の段で，「b9話を変える機能」と「a1話を始める機能」を同時に発揮する．文の連接関係は，転換型になるだろう．

(47)⑳「トイウワケデ」は，順接型の接続表現であるが，先行する段の内容をまとめて，文章の主題を述べて全体をしめくくる「C話題終了機能」である．また，(47)㉑「デモ」は，転換型の接続詞であるが，終了部の段において，文章全体を完了する「c1話を終える機能」を果たしている．

（d）話題の継続機能

接続表現に典型的な機能である「B話題継続機能」は，文章・談話の継続部や段・連段の内部に多用される．

(48) 課長 ①で，福崎さんはやはりお客さまの層のことが気になるということなんですか． 　　　　　　　　　　　　(『伝えあうことば』p.61)

例(48)①「デ」は，会議の継続部で議題に関する問題設定をする話段の発話で，「B話題継続機能」の「b3話を進める機能」の接続詞であるが，先行する発話の存在が前提となっている．つまり，前回の会議における議論を踏まえているか，あるいは，この発話よりも前に会議が始まっていたかを示している．日常談話に多く用いられる接続詞「デ」には，「b1話を重ねる機能」「b2話を深める機能」「b3話を進める機能」「b4話をうながす機能」「b9話を変える機能」があるが，①「デ」は「b9話を変える機能」の可能性もある．

(49) Ⅱ④小ぎれいな事務所で，社長みたいなオジサンが「十分キレイじゃないの」と言っているのに，青年掃除隊みたいな連中が「いや，プロの目で見てください」とかいってグリグリ目玉のついたメガネを渡す．⑤で，社長さんがそのメガネで見ると，キレイに見えた事務所もけっこう汚れていることがわかって，それ見たことかと清掃隊は作業をはじめ，「キレイになったネ」なんて，見た目はちっとも変わらないのに社長さんもよろこぶという，ダスキンのCMである．
(『私のCMウォッチング』p.111)

3.4 接続表現の文脈展開機能による分類——171

(50) Ⅲ⑨こんな調子でとめどなく恐怖はひろがって，ついにはプロの目で見ると，ぼくがねむいのは春だからではなく，ビョーキにかかっているからではないかと，思わず，ふとんから飛び起きてしまった．
Ⅳ⑩で，歯をみがく．⑪と，そこまで「プロの目」はついてきて，…恐怖の核分裂が次々に起こって，ぼくの頭は買わなければいけないものでいっぱいになってしまった．

(『私のCMウォッチング』pp.112-113)

例 (49)⑤「デ」は段中の「b3話を進める機能」で，順接型の接続詞「ソコデ」に近い働きをする．(50)⑩「デ」は段頭で「b8話を変える機能」となり，転換型の接続詞「ソコデ」や「トコロデ」などに近い働きをする．「b3話を進める機能」には，順接型の「ダカラ」「ソレデ」と，逆接型の「ダケド」「デモ」などがともに含まれるが，これらは，「b4話をうながす機能」「b6話をはさむ機能」「b8話をさえぎる機能」などのものもある．

前出の例 (37)⑥「ソレデモ」，(38)⑩「トコロガ」は，いずれも逆接型の接続詞であるが，前件から当然予想される結果に反する内容が後件に述べられており，「b3話を進める機能」になる．一方，(35)⑯「デモ」は，先行文⑮の接続表現「ソレハ（まあ）ソウダケド」に続けて，先行文⑭の相手の問い返しをさえぎり，自分の発言を正当化して，新しい話題に切り換えるという「b8話をさえぎる機能」の接続表現である．(35)⑭「ダッテ」も同様に，b8の機能を持っており，単に理由を述べるだけではなくて，話の本筋から外れた質問に対する不快感を表明するという対人的機能を伴っている．(37)⑧「ダガ，ちょっと待ってほしい」は，文全体で先行する連文⑥⑦の意見に対する反論を述べるための前提を表し，それ以前の話の流れを断ち切るという「b8話をさえぎる機能」を持っている．b8の機能の接続表現は，意見が対立したり，依頼や勧誘などを断ったりするといった困難な対人関係のコミュニケーションの場面に多用される．

(51) 喜美子　⑩えーっ，お見合い？
　　　　おじ　⑪うん，実はわたしのおいなんだけどね．
　　　　喜美子　⑫あ，そう．⑬だって，まだわたし….

　　　　　おじ　　⑭いやあ，いい男だよ．⑮フリーでカメラマンやってるんだ
　　　　　　　　　けどね．
　　　　　喜美子　⑯そうですか．⑰でも，わたし自分で探しますから．
　　　　　　　　　　　　　　　　　　　　　　（『伝えあうことば』p. 53）
(52)　奥田　　⑬あのう，いいですか．⑭これ，売れると思うんですけど．
　　　　係長　　⑮君，これ使えるのかね．
　　　　奥田　　⑯あ，すいません．⑰だけど，このややこしいところがまたい
　　　　　　　　いんです．　　　　　　　　　（『伝えあうことば』p. 62）
(53)　喜美子　㉔やはり，かなり若い層をねらった企画ということで，若い
　　　　　　　　方の意見は参考にしてよろしいんじゃないんでしょうか．
　　　　係長　　㉕しかし，私だって永年の経験から言ってるんだからね．
　　　　　　　　　　　　　　　　　　　　　　（『伝えあうことば』p. 62）

例(51)⑬「ダッテ」，⑰「デモ」，(52)⑰「ダケド」，(53)㉕「シカシ」はいずれも，発話者が自己主張をする際に用いられている．これらは，「b6 話をはさむ機能」を持っている．(51)「デモ，…から」，(52)「ダケド…んです」，(53)「シカシ，…からね」というように，文末表現との呼応関係が認められる．理由や根拠を説明することによって，相手を説得しようとする対人的機能を伴う接続表現である．

例(51)⑪「実ハ」は，本来，補足型の接続詞だが，先行する応答詞「ウン」の内容に関する事実を補って説明を加えるという「b2 話を深める機能」になる．これに対して，(54)⑦「実ハ」は，前置きを述べてから本題を持ち出す「b9 話を変える機能」があり，それに付随する対人的機能を間投詞「アノウ」と終助詞「ガ」が補う形になっている．

(54)　喜美子　①課長，お急ぎのところすいません．②ちょっと，よろしい
　　　　　　　　ですか．
　　　　課長　　③うん．④ああ．⑤そっち行こうか．
　　　　課長　　⑥さ，どうぞ．
　　　　喜美子　⑦あのう，実はお願いなんですが．
　　　　課長　　⑧うん．

喜美子　⑨わたし，あのう，結婚することになりまして．

(『伝えあうことば』p.66)

「b7 話をそらす機能」は，話し手が自分自身の話をそらすこともあれば，聞き手が故意に，または，無意識に，相手の発話に対して，本題とは異なる話題をはさむ「b6 話をはさむ機能」とともに用いることもある．

例(55)③「ソウシタラバ」は話し手自身による「b7 話をそらす機能」で，この後，⑤「ソシタラ」，「ソレデ」，⑦「ソレデ」という接続詞本来の「b3 話を進める機能」を用いているのに，話題が本筋の質問から外れていく例である．また，(56)④「デモ」は，聞き手が「b6 話をはさむ機能」の例で，先行発話③「デモ」の典型的な逆接型の「b3 話を進める機能」の例とは異なっている．

(55) 三谷　①いつ頃からシャンソンを唄われているんですか．

　　　レミ　②うちにね，うちのお父さん，フランス文学者だから，それでうちにレコードがいっぱいあってさ，いつもいつもシャンソンのレコードばっかり聴いてたもんだから，「そんなに好きだったら唄うかい」って，それで習ったの．③そうしたらば，私がたまたまどっかで唄ってる時にコロムビアの人が「ちょっとレコード出さないか」って言って，シャンソンだと思って喜んで行ったら，「やっぱりシャンソンっていうのはちょっとマイナーだから反戦歌にしましょう」って言われちゃったの．④反戦歌っていうのは私に合わないなと思ったんだけれども．⑤そしたら結局会議にかけたら，「反戦歌っていうのもちょっと下火だから」ってことになって，それで流行歌にしてくれって．⑥流行歌なんてイヤだったけれども，やっちゃったの．⑦それで四曲目か何かで『カモネギ音頭』っていうのをやって．

　　　三谷　⑧『カモネギ音頭』…　　　(三谷幸喜『気まずい二人』)

(56) 三谷　①今もゴリラ食べてるんでしょうか．

　　　桃井　②もう食べちゃいけないでしょう．

　　　三谷　③でも昔は食べてたんですよね．

　　　桃井　④でも，アグネス・チャンだって，鳩，見たりすると，「アラ，

美味しそう」とか言ってましたから．⑤ね，ヒューマンなアグネス・チャンがさ，鳩見て，「美味しそー」って．

三谷　⑥食文化は様々ですからね．　　（三谷幸喜『気まずい二人』）

b6, b7の機能の後には，「b5 話を戻す機能」の接続表現が用いられることが多い．例(57)⑦「話，飛ビマスケド」のように，別の話に切りかえることを断ったり，(58)②転換型の接続詞「デ」に接続表現「話ハ戻リマスケド」を添えた発話全体で，「b5 話を戻す機能」として作用している．このような直接断ってから話を元に戻す接続表現は，杉戸清樹ら(1991)による「言語行動を説明する」メタ言語表現との境界が問題になるもので，最も広義の接続表現である．

(57)　三谷　①ですから，とりあえず，事前に相手のことを少しは知っておかなければ失礼になるかなと思って．②例えば十朱幸代さんの場合は，映画を観たりとかしていたんですけれども．

　　　八木　③じゃあ，私の場合は？

　　　三谷　④その朝，『目覚ましテレビ』を．⑤一応，今日も観ました．

　　　八木　⑥いつも観てくださってますね，ええ．

　　　三谷　⑦話，飛びますけど，今日みたいな事件(略)があった時とかって，一応全編通じて，わりとシリアスな雰囲気になっちゃうからたいへんですよね．　　　　　（三谷幸喜『気まずい二人』）

(58)　八木　①三谷さん，廊下で待ってる時「キミジマ，キミジマ」って，興奮気味で，緊迫感がありましたよ．

　　　三谷　②で，話は戻りますけど．

　　　八木　③あ，戻りたかったんですか．

　　　三谷　④テクニックとして覚えたんです．⑤それた話は必ず戻さなきゃならない．　　　　　　　　　（三谷幸喜『気まずい二人』）

例(59)(60)は，「b10 話をまとめる機能」の例である．(59)⑬「(マア，)ソウイウワケデ」は「C 話題終了機能」とも重なるが，依頼表現によって直接相手に働きかけている．(60)㉖「トニカク」も，「マアマア」と相手の気持ちを取りなす感動詞と併用されて，元来は副詞だったものが接続詞へと転成して用いられ，「b10 話をまとめる機能」として，話段を締めくくる働きをしている．

3.4 接続表現の文脈展開機能による分類——175

(59) 三浦 ⑬ええ．(店員に)まあ，そういうわけで，バザーの目玉商品ってことで，ひとつ，勉強してもらえると．
   (『伝えあうことば』p.92)

(60) 門田 ㉖まあまあ，とにかくここはね，商売抜きということで，考えてみてはくれませんかね．　　(『伝えあうことば』p.92)

(61)①「トイウコトデ」は，談話の「C話題終了機能」の「c2話を一応終える機能」であるが，対談の終了部でゲストに感謝の挨拶をして，それまでの「b10話をまとめる機能」を兼ねている．後続する転換型の接続詞④「ソレデハ」も，「c1話を終える機能」と「b9話を変える機能」とを兼ねている．

(61) 三谷 ①ということで，今回は最終回ということで第一回目のゲスト，八木亜希子さんに来ていただきました．②どうも二回もありがとうございました．
   八木 ③ありがとうございました．
   三谷 ④それでは写真を一枚．

これらは，接続表現の機能分類の原理の不備を示すものではなく，文章・談話の本質である文脈展開の多重性，すなわち，段の話題の相対的な統括機能のもたらす階層構造によるものである．

(e) 接続表現の談話展開機能

本章では，接続表現の文脈展開機能を全3類14種に分類したが，各機能の分類基準の詳細や下位区分の具体的な識別方法などについては，後日の課題としたい．より大量で多種類の文章・談話資料の接続表現の実例に基づく定量分析が進めば，分類基準がより明確なものとなり，接続表現の機能類型を再編成して，下位分類の項目の一部を変更する可能性もある．

文章・談話の「A話題開始機能」と「C話題終了機能」は，下位区分の識別基準の検討が必要である．「B話題継続機能」も，「b3話を進める機能」を順接型と逆接型に細分することをはじめ，他の機能についても，文の連接関係の類型と対応させて，認定基準を整備していく必要がある．本格的な現代日本語の文章・談話資料の接続表現のコーパスの構築が急務となっている．

接続詞を品詞論や構文論の範囲内で扱う限り，文章・談話の生成過程にかかわる本来のダイナミックな文脈展開の諸相や対人的関係をも左右する機能を十分に把握しきれず，文章・談話の分析可能性を狭める結果にも陥りかねない．

日常談話の接続表現の「遊びことば・場つなぎことば・あいそことば」などの用法は，談話展開機能の一種と見なしうるものである．この種の接続表現は，談話の成立過程における重要な働きを担うものとして，文章・談話の全体的構造と関連させて，把握する必要があるだろう．

前出の例(39)の文⑦の接続詞「ダカラ」の機能領域は，先行文⑥の叙述内容を因果関係でつなぐ「順接型」の文の連接関係になる．一方，文③「ダカラ」は，機能領域が特定しにくく，前件が相手の発話を直接受けるため，因果関係を表すものとはいえない．これは，(39)の文①の相手の質問に対する回答であるが，相手の発話をさえぎって発話権を獲得し，自説を展開するための手段として，接続詞「ダカラ」を用いている．これは，談話の文脈展開機能の一種として，相手の発話を受け，積極的に自分の「b3 話を進める機能」になる．

(39) 大熊 ③だからそれはね，こういう言い方が当たっているんですよ．
　　　　　④日本の福祉は会社の中にある，特に一流企業に．
　　　上野 ⑤企業福祉ですね．
　　　大熊 ⑥ソウ，企業が福祉を請負っている．⑦だから日本では，経営のしっかりした大きな会社に属している人は大型のいいシステムの中にぬくぬくとしていられるという，そういう福祉なんですね．

同様の文脈展開機能は，文章資料の例(35)の⑭「ダッテ」，⑯の「デモ」，(37)の⑧「ダガ，（ちょっと待ってほしい）」，(38)の⑩「トコロガ（どうでしょう）」などの接続表現にも認められる．また，これらの接続表現とその近傍に位置する指示詞は，それぞれの質的に異なる文脈展開機能を相互補完し合いつつ，文章・談話の成立に関与している．

文の連接関係も，従来の品詞論的な意味・用法を主とした狭義連文論の範囲内にとどまらず，指示詞や応答詞・あいづち・間投詞などの文脈展開機能や，文の配列・連鎖・統括関係等に関連付けた，広義連文論の観点から生きたコミ

ュニケーションの文脈展開の実態をよりダイナミックに把握する方法を開発するべきである．本章の接続詞の文脈展開機能の分類も，その一試案と考えたい．

3.5 連文における指示詞の機能

（a）指示詞の定義と用法

国語学や国語教育の分野では，従来，「指示語」という用語が比較的多く用いられてきたが，「代名詞」や「コソアド（語・ことば）」などの名称もある．「指示代名詞」「指示連体詞」「指示副詞」「指示形容動詞」「指示連語」などを一括した，「指示語句」や「指示表現」という用語もある．

『日本文法事典』（1981:185-190）の「指示詞」の項目には，以下のような記述があるが，他の事典類には，「指示詞」という項目を立てるものはない．

【定義】話の素材が，話し手のなわばりに属するか，聞き手のなわばりに属するか，それ以外の領域に属するか，を表すとともに，その素材が，人，物，場所，方向，または状態の，いずれの範疇のものであるかを表す語．
例えば，「ここ」は素材を話し手のなわばりに属する場所として表したものであり，「あなた」は，素材を聞き手のなわばりを支配する人として表現したものである．
【解説】指示詞には，従来，次の三つの考え方がある．(1)代名詞と称して名詞の一種とするもの，(2)コソアド，代名詞，または指示詞と称して，名詞とは異なる新たなる品詞とするもの，(3)副詞とするもの，の三つである．（鈴木泰）

さらに，「代名詞の名称を廃し，「指示詞」と呼ぶことを提唱するのは，佐久間・時枝のこうした見方をうけるものである．」という指摘もあるが，「こうした見方」とは，佐久間鼎（1936）による「事物や状態を指し示す単語の一群」を「コソアド」の名称で一括するという提唱，および，時枝誠記（1950）による「代名詞」を「関係概念の表現であるという特異な表現性ゆえに，名詞と区別」すべき特殊な一品詞であるという説を指している．「指示詞」という用語は，もともと，佐久間鼎（1951:13）の用いた名称であった．

いわゆる代名詞は，これまで述べてきたように，在来のわけ方をやめて，事物や状態を指し示す単語の一群として類別するのが適当でしょう．そうすると，結局品詞の分類をしなおすところまでいくわけですが，さしあたりこの種の語類を「こそあど」という名称で一まとめにしましょう．あるいは「指示詞」・「指す語」ともいいますが，人をさす語類である「人代名詞」と区別してとりあげるとき，この名称が好都合です．

ただし，いわゆる「人称代名詞」と区別して「コソアド」を採用すると断っている．

金水敏・田窪行則編(1992)の『指示詞』に収録された代表的な先行研究11編の中で，「指示詞」を表題に冠した論文は，いずれも1990年代に書かれた2編のみである．編者らによる解説「日本語指示詞研究史から／へ」にも，「指示詞」という名称の由来に関する記述はないが，巻末の「日本語指示詞研究文献一覧」では，「指示詞」を表題に用いた最も早い文献は，井手至(1960)であることから，「代名詞」から「コソアド」，「指示語」，そして，「指示詞」へという用語使用の変遷が認められる．同書所収の黒田成幸論文(1979:91)には，「指示詞代名詞」という名称が用いられている．

国立国語研究所(1981)の『日本語の指示詞』という書名などから，1980年代以降に，「指示詞」という名称が用いられるようになったことが窺われる．

一方，文章論では「指示語」が多く用いられているが，前出の宮地(1960b)の「指示詞」や長田(1984)の「持ち込み詞」以外に，「指示語句」，「指示表現」などのより広い指示機能を含む名称もある．接続詞とともに，「連接語」として一括する説もある．

「指示詞」の用法には，言語学における「直示」(deictic)や「照応」(anaphora)があるが，それぞれ「現場指示」と「文脈指示」に対応するという．

(b) 指示詞の分類

指示詞の用法や機能には諸説あり，現在もなお活発な論議が展開されているが，川端善明(1993:60-61)は，「指示語(指示詞)には二つの側面が属している．」として，「構文論的側面」と「意味論的側面」を挙げて，前者の研究はほ

とんどなく，後者も「比較的最近まで活潑だったわけではない．」と指摘している．

現代語の指示語研究の主要な展開を，[A]～[D]の4段階に分け，「既に概念の統一を計るべき時期が来ている，と述べる気は私にはない．」と断った上で，特に，[C][D]2説間のソ（「弛緩したソ」・「中称のソ」）とア指示使用の問題の所在を論じている．以下，その概要のみ記す．

[A] 「コ・ソ・ア使用上の区別の原理」を，「指示する対象への話し手からの距離の大小とする」説

[B] [A]に反論した佐久間鼎の「コソアド」の名称による「話し手の領域に属するものはコ，話し相手の領域に属するものはソ，この二つの領域に属さないものはアで指示されるとする」説

[C] 「話し手と聞き手が向き合う構造（対立型）の言語場ではコとソの領域，両者が並び合う構造（融合型）ではコ（ソを一体化して―）とアがあらわれるとする」説

[D] 「話し手に強い関わりのあるものが，話し手に近い（親近）コと遠い（親遠）アとなり，関わりの埒外にあるもの（疎）としてソが考えられるとする」説

「現場指示のソ」と「文脈指示のソ」については，「[C][D]ともに，その関連づけに説得的であったとは思えない．」として，現場指示で，話し手と聞き手（第二の話し手）が同一の対象を「ソ」と指示する「相互の作用性が，文脈指示ソの中正さの基礎になり」，それが「より対照的に実現したもの」が「反照性のソ（代行指示）」であると述べている．

川端(1993:66)は，さらに，指示語の「構文論的観点」と「意味論的観点」から考える部分が「形態的にはほとんど不可分離的に属している」点を踏まえて，以下のように指摘する．

従来の品詞を越えるものとして指示語の一群を括っても，括られたそれが文という一つの全体に対して占める資格を規定しない限り，一つの特徴に括れるものを，所詮一つに括り出したにとどまり，そこに先述二つの観点の交渉を見ているというわけにはゆかない．

180──3 接続詞・指示詞と文連鎖

「指示語の構文論的資格」は数詞に類似するとして,両者は,「その作用的意味において本質的に副詞であるとしてよいであろう」という結論を導いている.

林四郎(1983:5)は,佐久間鼎の「コソアド」から,「指示形式を含む接続詞類」と「疑問詞のド」を省いた「コソア系の語」を「指示語」と称して,「指示のし方の類型と語形」から,図3.1に示す2種8類に分類する.

まず,指示語を「内容指示」と「メタ指示」に二分するが,後者は,「文脈のどの部分かを,述べる内容ではなくて,述べる行為として目立たせ,その行為を指示すること」で,「表現者の表現行為を指示すること」であるという.

「内容指示」の「現場指示」は日常会話に,「文脈指示」は文章に用いられるのがふつうだと指摘している.「現場指示」の「代行指示」は「指す対象物を自分がそっくり代行してしまう指し方」の指示代名詞と副詞,「指定指示」は「指定だけしている指し方」の連体詞をいう.

「文脈指示」は,指示対象が自分の発話,あるいは,相手の発話の中にあるかにより,「自己文脈」と「相手文脈」に二分され,前者はさらに,指すものが先行文脈中にある「先脈指示」と,後続文脈中にある「後脈指示」に細分される.「先脈指示」と「後脈指示」には「代行指示」と「指定指示」があり,「メタ指示」にも,「代行」「指定」,「先脈」「後脈」の区別があるという.「相手文脈指示」には,もっぱら「ソウ」が用いられ,指し方は「代行指示」のみであるという.

本章では,林の「メタ指示」は用いず,堀口和吉(1978)の「観念指示」「絶対指示」の用法を加えて,文章・談話における指示詞の文脈展開機能を考える.

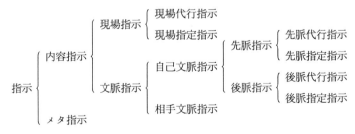

図3.1　指示語の分類(林四郎(1983:5))

(c) 文章・談話における指示表現の文脈展開機能

　本章では，主として，指示詞が，前出の市川・土部の「連鎖型」という文の連接類型の指標とされる点に着目する．前件と後件が接続詞を介在せずに，内容的に直接結び付くとされる文の連接関係であるが，後件に「ソ系」の文脈指示詞を含む例が多い．

　例(62a, b)は，市川(1978:92-93)の連鎖型の「連係」の「見解付加」の例として挙げられた連文であるが，後続文の「ソノ(とおりだ)」という指示詞と，先行文の「「蒔かぬ種ははえぬ」ということわざ」の部分を指し示す指示詞「ソレ」を含む略題表現「ソレハ」が前後の文の意味のつながりを表している．

(62)　a.「蒔かぬ種ははえぬ」ということわざがある．たしかにソノとおりだと思う．（連係-見解付加）

　　　b.「蒔かぬ種ははえぬ」ということわざがある．（ソレハ）たしかにソノとおりだと思う．

　同様の提題表現の省略による「連鎖型」の連文は，(18a, b)にも認められる．後続文の略題表現に，「ソレ(ハ)」という先脈代行指示詞を補うことによって，「連係」の「解説付加」という「b2 話を深める機能」による連文を成立させる．

(18)　a. 初めて朝顔の花が咲いた．白い大きな花だ．（連係-解説付加）

　　　b. 初めて朝顔の花が咲いた．（ソレハ）白い大きな花だ．

　前出の永野(1986)の展開型の例は，以上の指示表現とは似て非なる現場代行指示の連文である．一見，先脈代行指示に見える後件の主語「アレハ」は，話し手と聞き手が融合型で同一方向を見たときの眼前の実景を指している．

(9)　丘の上に赤い屋根の建物が見えるでしょう．あれは，わたしの卒業した小学校です．

　もっとも，その場面を間接的に追体験する読者は，先行文の叙述内容から「アレ」を理解せざるをえないため，文脈指示の一種として解釈される可能性もある．例(9)は，現場指示と文脈指示の重複した機能のものであり，後続文の「アレ」は先行文を統括し，段を形成する働きを持っている．先行文が提題表現，後続文が叙述表現としての機能を果たしている．

また，(63)は，コ系の文脈指示のみに認められる後脈代行指示表現である．先行文の引用動詞「思う」を修飾限定する「コウ」は，後続文の引用内容を予告する指示表現である．

(63)　a.　わたしはコウ思う．たとえ失敗しても，最善を尽くせばいいのではないか． 　　　　　　　　　　　　　（市川(1978:68)の例）

(63b)は，(63a)の2文を引用助詞「ト」を用いて，1文に書き換えたものであるが，引用関係の連鎖型の連文を引用節の複文としたものである．

(63)　b.　わたしは，たとえ失敗しても，最善を尽くせばいいのではないかと思う．

(63c)は，(63a)の文の順序を一部置き換えた連文であるが，後続文は，「コウ」より「ソウ」の方が適切である．

(63)　c.　たとえ失敗しても，最善を尽くせばいいのではないか．わたしは{ソウ／？コウ}思う．

土部弘(1973:155-160)は，「文連接論」で，「文相互の関連的地位」としての「位」を7類14種に分類したが，その中で，「①連鎖位」と「④前提位」の2種が，「指示語」を形態的指標とするものである．

　①連鎖位(後続文に指示語をおく．)[C]…継続的・一元的・吸収的

「連鎖位」は，先行文の叙述内容を指示対象とする指示語を後続文中におき，指示語の提示・再置機能によって，先行文の叙述内容を後続文中に「吸収的」にとりこむようなばあいに，見られる．

　④前提位(先行文に指示語をおく)[V]…継続的・一元的・対等的・対他的・従属的・解説位

土部の連鎖位と前提位は，市川(1978)の文の連接関係では，いずれも連鎖型の連係に相当するが，前者は解説付加，見解付加で，後者は前置き的表現との連係になる．接続詞の分類にこの2種の連文を含めないとしても，それに隣接するものとして，視野に入れた分析をする必要がある．

土部(1973:145-146)の，指示語と接続語の用法の異同に関する以下の指摘は，本章の接続詞と指示詞の文章・談話の文脈展開における統括機能の分析観点から導き出される結論と一致する．

3.5 連文における指示詞の機能——183

「指示語」の使用には，(略)ひとまず先行文の叙述内容をそれとして認知しなおし，あらためて後続文中に位置づけようとする表現意図が，うかがわれる．先行文における叙述内容の再認知は，消極的ながらも一種の「提示」であり，後続文への位置づけは，その「再(代)置」である．また，「接続語」の使用には，完結した先行文とはいったん切れながらも，その叙述内容を「提示」し，みずからに「再(代)置」し，それと同時に，(略)後続文の叙述を「誘導」(略)しよう，とする表現意図がうかがわれる．「ソウシテ」「ソウスルト」などの，指示語を要素として含む接続語には，「提示」「再置」「誘導」の三機能が，その語構成面に顕著に見てとりうる．

例(64)は，夏目漱石の短編集「夢十夜」の「第一夜」の冒頭の引用であるが，「コンナ」というコ系の後脈指定の指示詞によって，「夢」の内容を後続する全段落に導いて，文章全体を統括する機能を果たしている．

(64)　Ⅰ①こんな夢を見た．
　　　Ⅱ②腕組みをして枕元に坐っていると，仰向けに寝た女が，静かな声でもう死にますと云う．③女は長い髪を枕に敷いて，輪郭の柔らかな瓜実顔をその中に横たえている．④真っ白な頬の底に温かい血の色が程よく差して，唇の色は無論赤い．⑤到底死にそうには見えない．⑥然し女は静かな声で，もう死にますと判然云った．⑦自分も確かにこれは死ぬなと思った．⑧そこで，そうかね，もう死ぬのかね，と上から覗き込むようにして聞いてみた．⑨死にますとも，と云いながら，女はぱっちりと眼を開けた．⑩大きな潤いのある眼で，長い睫に囲まれた中は，只一面に真黒であった．⑪その真っ黒な眸の奥に，自分の姿が鮮に浮かんでいる．
　　　Ⅲ⑫自分は透き通る程深く見えるこの黒眼の色沢を眺めて，これでも死ぬのかと思った．⑬それで，ねんごろに枕の傍へ口を付けて，死ぬんじゃなかろうね，大丈夫だろうね，と又聞き返した．⑭すると女は黒い眼を眠そうに瞠たまま，やっぱり静かな声で，でも，死ぬんですもの，仕方がないわと云った．
　　　Ⅳ⑮じゃ，私の顔が見えるかいと一心に聞くと，見えるかいって，そ

ら，そこに，写っているじゃありませんかと，にこりと笑って見せた．

…　　　　　　　　　　　　　　（夏目漱石「夢十夜」pp. 21-22）

例(65)も，同じ作品の「第九夜」の結尾段落の最終文に「コンナ(悲シイ話を)」という先脈指定の指示詞が用いられている．文(51)「コンナ」の指示内容は，先行文①～㊿のすべての段落の長大な連文である．また，文㊿の「コウ云ウ風ニ」も，先脈指定の指示詞で，指示内容は，先行文①～㊾の全段落の連文である．

このことから，コ系の文脈指示詞のもつ機能領域は，段を越えるかなり広範囲のものになるという特徴が認められよう．

（65）　Ⅹ㊿こう云う風に，幾晩となく母が気を揉んで，夜の目も寝ずに心配していた父は，とくの昔に浪士の為に殺されていたのである．

Ⅺ(51)こんな悲い話を，夢の中で母から聞た．

（夏目漱石「夢十夜」p. 50）

（66）　そんな悲しい話を，夢の中で母から聞いた．

(65)のⅪ(51)「コンナ」を，(66)のように「ソンナ」と言い換えることは可能であるが，コ系の文脈指示詞「コンナ」の方が話の全体を強調して指し示すといった感じが強く，筆者の意識に新たにのぼせた話題を提示するというニュアンスを伴っている．一方，ソ系の文脈指示詞「ソンナ」は先行する表現中の特定の語句を限定して指し示す働きがある．

吉本啓(1992:116-117)は，正保勇説(1981:94-105)を受けて，コ系の文脈指示詞の「顕著性」(saliency)に関して，興味深い指摘をしている．以下，その要点のみ記す．

（i）　段落のテーマ(「主題」の意味ではなく，常識的な意味で)を指すことができる．

（ii）　コメントのうちの一部を強調するのに用いられる．

（iii）　新しいテーマを導入することにより新しい段落を始めることができる．

「テーマ」とは，正保(1981:98, 102, 103)が「ある文のテーマ(主語)」,「あるまとまりを成した文における主要テーマ」,「文の主題」と指摘したものに，吉本が「常識的な意味で」と解釈を添えたものである．また,「コメント」とは，

「談話論上の概念であり，「主題（トピック）」に対立する」ものとあるから，「テーマ」と「コメント」は，本章における提題表現と叙述表現に相当し，それを備える中心文の統括機能によって，段が形成されると解釈される．

　文章・談話における段頭のコ系の指示詞を含む提題表現には，新しい話題を提示する機能があり，特に，連段の場合は，コ系の指示詞が広域の機能領域を強調して指し示し，大きな統括力を有するものが観察される．ただし，段中・段末に比較的多いソ系の文脈指示詞にも，ある程度は段の統括機能があり，統括力は相対的に弱いが，統括機能の質的な相違がある．

　例(64)①「コンナ夢を見た」と(65)㊶「コンナ悲い話を聞いた」は，そうした例であるが，談話の場合も，指示表現の文脈展開の統括機能は，同様に認められる．接続詞とは異なる指示詞の内容主体の段の統括機能によって，文章・談話の文脈展開の多重構造が成立する．

(d) 指示詞と接続詞・応答詞・あいづち等との境界

　現代日本語の接続詞には転成語，特に，ソ系の指示詞を含む連語からなるものが多いが，ソ系の指示詞が先脈代行指示の統括機能を有するためである．それは，とりもなおさず，コ系の指示詞の指示内容がより明確で，指示性がより強いことから，接続詞に転成しにくいということを示している．

　例(67), (68)は，「買い物」行動の談話の例であるが，接続詞と指示詞が発話のつながりと話題のまとまりを相互に補完し合って形成する働きをしている．

(67)　1M　①いつごろの？　季節は．
　　　2F　②これからの．③袖が長いの．④あまり薄い生地で作ると裏を付けなくちゃいけないから．
　　　3M　④へへ，あー，そういう技術はまだ持ちあわせていない．
　　　4F　⑤いーやー，どんなものにも裏は全部付けるのよ．⑥でも，面倒だからね．⑦あと1か月でできないことには．⑧もう行かないから，洋裁へは．　　　（杉戸清樹・沢木幹栄 1979:306）

　(67)では，発話1Mの「いつごろの？」という疑問表現に対して，「コレからの．」という絶対指示詞を含む発話2Fで答え，作ろうとする洋服の季節に

関する話題を提示する．次に，発話 3M の先脈指示詞を含む提題表現「ソウイウ技術は」によって，先行する発話 2F の「薄い生地に裏を付ける」ことを指し示し，より大きい話題のまとまりを形成する．それに対し，発話 4F の文⑤で否定の応答詞「イーヤー」と反論し，「ドンナものにも裏は全部付けるのよ．」という不定詞「ドンナ」を含む反復表現で切り返し，文⑥で逆接型の接続詞「デモ」により，「(裏を付けるのハ)面倒だから(したくないの)ね」という略題表現を含む理由を述べ，文⑦⑧でその根拠を補足している．

(68)　42F　こっちは？　地味？
　　　43M　aはー，そうね．bこの茶色よりいいや．
　　　44F　そう．
　　　45M　じゃ，これ？
　　　46F　aうん．bでも，地味かな．
　　　47M　こちらよりは，はっきりしてるね．
　　　48F　うん．　　　　　　　　　　　　　（杉戸・沢木 1979:308）

　例(68)の発話 42F の現場指示詞を含む主語「コッチは？」という疑問表現に対して，43M で，「(ソッチは)」という略題表現と現場指示詞「コノ」を含む「コノ茶色よりいいや．」という叙述表現によって答えている．発話 44F の「ソウ」というあいづちを，45M で順接型の接続詞「ジャ」によって受けて話を先に進め，現場指示詞「コレ？」という疑問表現で新しい話題を提示する．46F で，肯定の応答詞「ウン」と同意表示するが，逆接型の接続詞「デモ」を用いて話題を転換し，場面指示詞を含む「(ソレハ)」という略題表現と「地味かな」という疑問表現によって反論する．47M で，現場指示詞を含む「(ソチラハ)」という略題表現と「コチラヨリハ，はっきりしてるね．」という提題・叙述表現によって同意要求をしたのに対して，48F で「ウン．」と同意表示をすることによって，(68)の話段がまとめられている．

　(68)の全 7 発話からなる「生地の印象」に関する話題を表す話段は，その内部に，小話段①42F～46Fa と小話段②46Fb～48F を含んでいる．発話 43M と 46F は連文からなるが，後者は逆接型の接続詞「デモ」によって導かれた後続文で新たな話題へと転換し，1 発話内部に小話段の区分が生じている．

3.5 連文における指示詞の機能——187

談話の場合も，発話連鎖における大小様々な意味のつながりと話題のまとまりの多重構造を形成するのに，接続詞と指示詞が相互補完的に関与している．

ところで，例(68)の43M「ソウネ．」は42Fの疑問表現に対して同意表示をする応答詞で，44F「ソウ．」はその応答を受けるあいづちである．いずれもソ系の指示詞からの転成語である．応答詞が疑問表現を指示する実質的内容を有しているのに対し，あいづちは指示内容が失われ，先行発話を確認する注目表示のみであるが，小話段①の前半のより低次の小段をまとめる機能を持っている．

接続詞以外の転成語も，比較的ソ系のものが多い．応答詞やあいづちには，ソ系のものしかない．いずれも，先行発話の叙述内容を一応受けて，同意表示したり，自分の判断や見解を付加する表現であるから，当然であるともいえよう．

今後の課題としては，指示詞からの種々様々な転成語を含む表現と，接続詞との文脈展開における統括機能の異同を，多種多様な文章・談話資料の定量分析を通して実証し，その相互補完性を解明していく必要があるだろう．

応答詞　ウン，ソウダ　ハイ，ソウデス　エエ，ソウナノ　ソウヨ　ソウ，サヨウデゴザイマス　イヤ，ソウジャナイヨ

あいづち　ソウ　ソウネ　ソウナンダ　ソウデスネ　ソウ，ソウ　ソウダヨネ　ソウダ，ソウダ　ソウデスカ

感動詞　ア，ソウダ　ソウ，ソウ　アア，ソリャ（ア）　エッ，ソウダッタッケ　ヘエー，ソウナノ　アレ？　エ，ソウ？

間投詞　アノ（ウ）　ソノ（ウ）　コノ（ウ）　アア　ソウ　コウ

前出の例(7a)18N「アノ（Rさん）」は，会話の参加者の共有知識を指す観念指示詞で，(7b)25Nと(7c)31N「アノ，」はいずれも間投詞的表現である．前者は言語外の情報を持っているが，後者は何も持っていない．(7a)21S「ソンナ（感じ．）」は，相手先脈指定の指示詞で，18Nと20Nの実質的発話を指し示すが，19M「ウン．」のあいづちに類似する共感を示す発話である．

(7)　a. 18N　でも，あのRさんっていう人は，
　　　　19M　　　　　　　　　　　　　　　うん．

		20N	妙に友達になりたがる人なの．
		21S	そんな感じ．
(7)	b.	25N	それでね，あの，パーティー出らんなくって，
		26M	うん．
		27N	書き置きをしてったの，//彼．
(7)	c.	29N	で，それにね，私，少し，提案ありますって書いてあって，
		30N	で，先生も，経験が少ないし，
		31N	あの，私たちも，日本語をしゃべる機会が少ないから，
		32N	友達になれば，それが，一挙両得//だってことを延々と書いてあっ//て，

　(7b)25N「ソレデネ」は「b3話を進める機能」の接続詞で，(7c)29N「ソレニネ」，32N「ソレガ」は，自己先脈代行の指示詞である．29N は 1 発話前の自己発話 27N の中の名詞「書き置き」，32N は直前の自己発話の「友達になれば」を指し示している．接続詞と指示詞が前後に連続して用いられ，相互補完し合いつつ，談話の文脈展開機能を担っているのである．

　さらに，「文連鎖」の射程範囲を最大限に拡大し，文章・談話の全体的構造における文脈展開の統括機能について，指示詞と接続詞の未分化表現や関連表現を通して把握することにより，日本語の文法論，ひいては，日本語のコミュニケーション研究に新たなる地平を切り拓く可能性もあるだろう．

3.6 文章・談話における接続詞と指示詞の機能

　文連鎖における接続詞と指示詞の機能は，どのように異なるのだろうか．

　以上の検討からもすでに明らかなように，文を越える言語単位の成立に両者は関与するが，それぞれ，相補的に質的差異のある役割を分担し合っている．

　指示詞は先行文や後続文の内容を当該文に反復して持ち込む機能があり，応答詞は先行する疑問文に対し，肯定・否定・中立の返答をする機能がある．一方，接続詞は前件と後件を論理的に関係付けて，結び付け，切り変える機能があるという点で区別される．

接続詞は，主として構造面から，それによって結び付けられる2要素がどのようなつながりの関係にあるのかを言語化して，文脈展開機能を発揮すると同時に，文章・談話の全体的構造やその成分としての段（文段・話段）のまとまりのしくみを作り上げる外的な統括機能を持っている．

一方，指示詞は，主として内容面から，文章・談話の話題を実質的な意味のつながりとして表現する働きをしており，同時に，文章の全体的構造や段のまとまりを情報として作り上げる内的な統括機能を持っている．

つまり，両者は，それぞれ，異質の表現・理解の機構を持ち，相互に補完し合う形で，文章・談話における種々の言語単位を統括して，日本語のコミュニケーションを成立させる．接続詞が送り手の主体的な情報伝達のあり方を決定するのに対して，指示詞は情報伝達の実質的な内容を表現するという，言語的コミュニケーションにおける表裏一体の伝達機能を有している．指示詞は，反復表現と省略表現，提題表現と叙述表現，応答表現とも密接に関連し合って，情報内容の意味のネットワークを作り上げる．また，接続詞は，副詞などの注釈表現やあいづち・間投詞的表現等と連携して，情報伝達の意図やあり方を実現する．

日本語の接続詞と指示詞の機能は，文連鎖を越えた，文章・談話のコミュニケーションの生成過程でこそ解明されるべきものであり，生きたことばのしくみと対峙しうる可能性に満ちた，今なお未開拓の課題であるといえよう．

【先行研究の引用は，分類の記号・符号などの表記を全体の体裁に合わせて一部改めた．】

4
談話における名詞の使用

4.1 談話とは

(a) 談話の構造と構成要素

本章では，日本語における談話の構造と構成要素を名詞の使用法を中心に考察する．言語表現には必ず，それを発する話者や書き手と表現される対象が存在する．しかし，聞き手や読み手の存在がどの程度言語表現の使用制約に影響するかは，対話のように聞き手の発話場面における存在を前提として言語が使われる場合，講演のように不特定多数の聞き手を対象にする場合，文章のように具体的な聞き手を前提としない場合とでは異なる．それにより談話の構成は異なってくる可能性がある．談話の構造や構成要素が異なれば，構成要素を表す名詞は異なり，また，名詞の使用制約も異なるであろう．そこで，まずさまざまなタイプの談話の例をあげ，その談話構造とその構成要素を考える．

どのような談話でも談話の発し手と受け手，その間に交わされる談話の情報内容がある．対話的談話では発し手は話し手，受け手は聞き手となる．そして，話し手と聞き手の間での情報内容の交換には基本的に時間のずれはなく，発した時間と受けた時間は同じになる．話し手と聞き手は同じ場所にいることが原則で，発話の場は共有される．電話での対話では時間はずれないが場の共有はそれほど自明ではなく，留守番電話での録音や，ビデオレターなどは，場も共有せず，時間のずれもある．特定の対話相手を想定しない独り言では聞き手は原則としていない．自分を仮想の対話相手として話す「独り言」は対話の一種とみるべきである．講演は対話と同じく実時間で内容が伝えられ，場も共有している．これら話し言葉による談話の構成ではなく，書き言葉による構成であれば，発し手は書き手となり，受け手は読み手である．情報内容が書かれた場所とそれが受け取られる場所は基本的には異なるから，場の共有性はなく，実時間による内容の伝達もない．情報内容を書いた時間とそれが受け取られる時間はずれるのが基本である．

最近は，インターネットのチャットのように，書いた文章が実時間に読まれることを前提とする談話が現れている．チャットは文字電話のようなもので，

上の性格づけから電話と手紙の中間に位置する．

以上を，場と時間の共有から表にすると以下のようになる．

	対面対話	?チャット	電話	手紙
談話空間の共有	＋	＋	－	－
談話時間の共有	＋	－	＋	－

このような談話の分類と名詞の使用規則のあいだに関係があるかどうかは，これまでそれほどはっきりと意識して研究されてこなかったと思われる．以下では，主として運用論的観点からこれらの談話環境と名詞の使用規則の相関について考察する．意味論的考察については，黒田(1979)を参照されたい．

(b) 対話的談話の例と構成要素

まず対話的談話の場合を考えてみよう．対話的談話の大きな特徴は，特定の聞き手が前提とされ，話し手と聞き手との間で立場が入れ替わることである．つまり，話し手はある時点で話し手であることをやめ聞き手となるということが対話の特徴である．話し手は話を始めるにあたり，誰を聞き手とするのかを宣言しなければならないし，話の最中にも話を続けるのか，相手に話の権利を渡すのかを話し相手と交渉しながらすすめなければならない．聞き手も話し手から話を引き取り，話し手となるためには一定の手続きが必要となる．

(1) 甲：田中君，ちょっとこれ見てくれないか．さっき君が作ってくれた書類だけどね．

乙：はあ．

甲：2ページ目の最初の数値が間違っているんじゃない．

乙：課長が指示されたとおりに書いたんですが．

甲：僕が指示したのは，山田部長が提出した資料にもとづいて数値を計算しろということだろ．これは，そうなってないじゃないか．

対話的談話では，まず話し手は話を伝えたい相手を聞き手として特定し，なんらかの手段でそのことを相手に伝えなければならない．非言語的手段としては，視線や手を上げるなどの身振りを発して，相手にそれを認識させるという

ものがある．言語的手段としては，呼びかけがある．呼びかけは，「ねえ」「もし」「あの」「おい」など単に相手の注意を引く感動詞と分類されるものと，相手の名前を呼ぶものとがある．後者は，名詞類によって行われるわけであるが，非言語的手段を伴ってはじめて呼びかけが成立するものと，名詞のみで呼びかけができるものとが区別される．

例えば，広く知られているように，親族名称のうち，話者より同等以下のものは，単独では呼びかけには使えない（鈴木1973, 1985, 田窪1997参照）．日本語における呼びかけ語の構成は「田中」「次郎」などの単独で名前となるものに加えて，「お父さん」「お母さん」「おじさん」などの親族名称や，「先生」「課長」などの社会的タイトルがあり，「次郎おじちゃん」や「田中課長」などのようなこれらの組み合わせとなるものもある．「田中」「次郎」のような固有名詞は単独で呼びかけ語となれるが，「兄」「父」「おじ」などは「さん」「ちゃん」などをつけて敬称としなければ，呼びかけ語とはならない．通常日本語の「兄（あに）」「父（ちち）」は，親族の名称を表すと同時に自分の兄，父を表す．

しかし，同等以下の関係にある親族名称でも，「弟」「妹」「息子」「娘」「甥」「姪」「いとこ」などを日本語において単独で呼びかけに使うことは困難である．「弟」「妹」「息子」「娘」などは，「おい」「こら」などを伴うか，「よ」などの呼びかけの終助詞を使えば，詩などの特殊な文脈では呼びかけが不可能とは言えないが，「甥」「姪」などはこのような手段を使っても呼びかけ語とするのはほとんど不可能である．

(2) *おい，姪よ．ここへ来い．

単独の呼びかけ語に使えるか否かにより，文内で聞き手を指すものが使用可能であるか否かが決まる．「太郎ちゃん，これ太郎ちゃんにあげる．」や「田中課長，これ田中課長に差し上げます．」のような例では，二つ目の「太郎ちゃん」「田中課長」は，聞き手を指して使われている．このような呼称にあたる名詞を文内で聞き手を表す語（対称詞）として使うのは，西欧語にはあまりない日本語の特徴の一つである．

親族名称やタイトルを表す語が，文内対称詞に使えるかどうかは，それらが呼びかけに使えるかどうかにより決まる．したがって，「姪」や「甥」を文内

対称詞として使うのは不自然であり，固有名詞などを使う必要がある．
　(3) *これを姪にやろう．(姪＝聞き手を表す解釈)
　(4) 　これをみっちゃんにやろう．
　もう一つの対話の特徴は，話し手，聞き手という立場の交替である．この交代により，話し手を表す語(自称詞)と聞き手を表す語は指示対象を取り替える．
　(5) 甲：私はばかです．
　　　乙：いや，私がばかです．
　(6) 甲：君がばかだ．
　　　乙：いや，お前がばかだ．
「私」は話し手を表すので，話し手が交替すれば，それに伴って指示対象が変わる．そして，「話し手」であった人が聞き手になれば，その指示対象が「あなた」によって表される．これに対し，先に見た「先生」とか「田中課長」などは，話し手，聞き手を表すのが本務でなく，話し手，聞き手の交替によって指示対象が変わるわけではない．
　手紙や電子メールの場合でも同じで，呼びかけ，書き手・読み手の交替が見られる．対話の場合はこれらが実時間で起こるのに対し，手紙の場合には時間のラグがあり，それに伴って違いができる．
　(7) 　田中様
　　　　先日，お送りいただいた書類の件ですが，私どもの方で調査いたしました結果，3点ほど，訂正が必要ではないかと思われる箇所が発見されました．施工を担当いたしました山田工務店の計算ミスではなかろうかと存じます．再度，山田工務店に連絡し，確認いたしますが，田中様の方で以下の修正案を確認され，了承されましたら，恐れ入りますが，担当の山田の方までメール，あるいはファクスでお知らせくださいますようお願い申し上げます．なお，書類提出締め切りは来週水曜日ですので，メールあるいはファクスをご送付の際には，田中様の向こう3日間の連絡先をお知らせください．
　　　　　　　　　　　　　作田弁護士事務所　山田はじめ拝
　上の電子メールでは，「田中様」は，呼びかけとなり，以下「田中様」は，

読み手に対する対称詞として使用されている．例えば，英語であれば，最初の呼びかけは，Mr. Tanaka などとなり，本文における「田中様」は二人称の代名詞 you が使われるだろう．また，「山田」は自称詞として使われている．この場合も，英語であれば，固有名を自称詞として使うことは通常はない．手紙や電子メールでは対面した対話とは異なり，発話権を維持するための手段を講じる必要はない．「ねえ」「おい」など注意を引くための手段も必要なければ，「あの」「ええと」などの言い淀みの要素も出てこない．しかし，このことは書記言語と音声対話との違いと考える必要はない．電子メールでチャットをしているときには，このような注意喚起の呼びかけ語や言い淀みの必要性を感じた読者は多いであろう．したがって，これは対話が実時間で行われるのか，時間差を持つのかから来る違いであると考えた方がよい．

　さらに，対面した対話的談話では空間の共有が見られる．話し手と聞き手は特定の対話空間を共有し，その空間を特定の仕方で分割することで指示を行う．発話現場に存在する対象の直接の指示が可能なのは共有される対話的空間があるときのみである．

　対話的談話では，ある種の共有体験，あるいは共有知識の存在も前提となる．通常の対話では，前もって対話相手との共有的知識が算定され，それに言及しながら談話が構成される．

（c）非対話的談話の例と構成要素

　次に特定の聞き手や読み手を前提としない，独り言の場合を考えてみよう．独り言には聞き手が存在しない．したがって，聞き手の存在を前提とする表現は生じず，聞き手に対して発話権を保持するための表現は生じない．言い淀みの多くは，発話権の保持のために音声化されるため，独り言では生じない．例えば，「あのー」などの，対象が同定されているがそれに対する適切な言語形式が思い浮かばないときに発せられる言い淀みは，独り言では必要ない．これに対し，「あれ，なんだっけ」や「ええと，ううん」などの対象そのものを思い出せない場合や，内容の整理，計算などがうまくいかない場合に発せられる言い淀みは独り言でも出てくるだろう．

また，同一の対象が，聞き手が存在する場合と独り言の場合とで異なる言語表現によって同定される．広く知られているように，聞き手の近傍にある対象は，独り言と対話とでは異なった指示詞が用いられる場合がある．

（8）　あの黒い布はなんだろう．
（9）　その黒い布はなんですか．

この交替は指示対象が話し手から遠方に現れる場合にのみ現れる．すなわち，話し手からよりも聞き手からの方が近いと話し手が判断した場合にその対象を指すわけである．

聞き手がいる場合に必要となる配慮は独り言では存在せず，共有空間の算定に基づく対話的談話における言語現象は独り言では現れないことになる．これは，共有知識の場合も同じである．対話の最中であっても，話し手は聞き手への配慮を中断することができる．その場合は，言語形式は独り言の場合と同じ制約に従う．

（d）談話の場と談話内容

通常，談話の構成を問題とするときは，話の場として，「話し手」「聞き手」と「談話の登場人物・事物」の三つを区別する．さて，ここで談話構造と言語表現の関連を考える場合，単に登場事物・人物に関する言及を三人称として，一，二人称と区別するだけでは十分ではない．談話は知識の交換として考えられ，単なる定型の挨拶の交換だけに終わる場合は別にして，通常，対話者が話を始めて談話を構成し，コミュニケーション行為が成功した場合には，知識情報が増えていることが原則である．この知識の交換としてのコミュニケーションの性質が言語表現の形式に影響を与える．ここで談話によるコミュニケーション行為の一般的な構成をみることにする．

コミュニケーションは，通信の比喩で語られることが多い．すなわち，発信者と受信者による発信情報の交換として考えるわけである．実際のコミュニケーションは，このような単純なものではなく，言語表現のみにより決まる情報以外にさまざまな推論が関わる．しかし，本章は名詞の用法を中心に談話の構成をみることを主たる目的とするので，単純な通信モデルを仮定し，必要な場

合に推論過程に言及するだけで，それほど不都合はないであろう．

　言語は，基本的に，転移性を持つから，談話の場に存在しないものごとについて語ることが可能であるが，同時に，場に存在する要素に言及することも可能である．これらの談話の場（話し手と聞き手が物理的に存在する場所）にかかわる表現は**直示語**と呼ばれる．直示語は定義上，場面に存在し，直示行為が成立すれば，直示語は必ず指示が成功する．

　また，話し手と聞き手が対面して空間を占めている場合と電話のように空間を隔てている場合とでは，両者の共有空間の要素の指示に関しては制約が異なる可能性がある．手紙のように発信の時間と受信の時間がずれる場合では，共有空間の概念が存在するか否かも不明である．さらに，共有空間の概念を共有知識に拡張した場合は，知識の空間と対話空間とでは大きく制約が異なる．

4.2　談話における名詞の使用

　前節の考察に基づいて，談話における名詞の使用について考える．ここで重要なのは，言語表現の意味とその談話での使用の区別である．前節で，さまざまな談話の形態を分類した．言語表現の語彙的，統語的性質によって構成される文の意味，さらに，複数の文によって構成される談話の意味と，それらの性質を利用して，言語表現を使用することをわけて考える必要がある．ここでは説明の便宜上，使用制約の分類を行い，そこで用いられる言語表現を挙げる．

　まず，言語的な導入なしで，言語場に存在するものを指示する用法（直示に属する用法）を観察し，それから明示的な導入を伴う表現に関する制約を述べる．しかるのちに，導入された対象を指示する照応的な表現に関する制約に関して述べる．

（a）非照応的用法
（1）名詞による現場要素の直示

　発話現場にあるものを話し手が認識していれば，それを言語的な導入なしで指示することができる．発話現場にあり，すでにその存在が知覚，認識されて

いることが前提となる対象は，あらためて存在を宣言して導入する言語行為は必要ない．この際，相手がそれを認識していると話し手が信じていれば，特に言語表現によって対象を同定する必要もなく，(10)(11)のようにゼロの形式をとることもできる．また，(12)(13)(14)のように，指示詞を用いて直接同定することもできる．

(10)　［φ］取って．
(11)　［φ］あげる．
(12)　あれ取って．
(13)　これあげる．
(14)　それ取って．

　指示詞による発話現場のものごとの同定は，聞き手がいる場合とそうでない場合には，異なることが広く知られている．聞き手の近傍にあるものはソ系列の指示詞により同定するが，同じものが，聞き手を想定しない場合には，ア系列の指示詞により同定される．

(15)　(自分自身に)あのバッグは誰のかな．
(16)　(同じバッグを指して聞き手に)田中君，そのバッグは誰の．

　「ソ系列」は，聞き手のいる場合の遠称であると考えることができる．現場にある対象を近くにあると見てコ系列の指示詞を使うか，遠くにあると見てア系列の指示詞を使うかは，話し手の認知にかかわるさまざまな要因による．この場合，基本的に遠くにある対象を心理的な操作により近くに捉えなおすことはいつでも可能である．これに対し，近くにあるものを遠くに捉えなおすことはかなり難しい．また，自分の手にもっているものを指すとか，自分が直接稼動できる身体部位などを指して同定する場合は，コ系列を使うのが原則である．

　このようにコが義務的である状況をHoji et al. (2000)にしたがい「近称制約 (condition on proximal construal)」と名づけよう．この場合でも，同じ物を遠方に見立ててア系列を使用するのは困難である．つまり，引き寄せの見立ては容易だが，押し戻しの見立ては難しいということができる．これらは，話し手が独り言を言う場合や，聞き手と同じ目線に立ち，指示される対象との距離が話し手と聞き手で同じとみなしてよい場合にいえる．対話的談話でのこの目

線の持ち方は「融合的視点」(金水・田窪(1990)，田窪(1997)およびそこに挙げられた文献参照)などと呼ばれる．しかし，この場合，話し手と聞き手が同じ資格で融合するわけではなく，話し手が聞き手の視点を自分の視点に取り入れているだけなので，木村(1992)では，この目線の持ち方を「抱合的視点」と名づけている．

これに対し，対話的談話において，話し手と聞き手とで対象までの距離が異なると話し手が認識している場合，すなわち，「対立的視点」の場合を考えてみよう．話し手に近く，聞き手から遠い場合は，コ系列が用いられ，基本的に聞き手からの距離は関与していないと考えることができる．また，客観的には聞き手の方に近く，話し手から遠いとみなされる場合でも，先に述べた引き寄せが可能なら，コ系列が可能である．この場合，独り言であれば，コ系列を使用できる場合であるので，抱合的視点を用いているということができる．しかしいつでも抱合的視点が可能なわけではなく，対立的視点が義務的になる場合が存在する．それは先ほど見た，話し手にとっての近称制約が成り立つ場合に他ならない．すなわち，聞き手がその対象を手に持っているとか，聞き手が直接稼動できる身体部位を指示する場合など，話し手が聞き手の立場で判断すれば近称制約をうけるものは，引き寄せが不可能になり，コ系列の指示詞を使うのは困難である．

(17) (聞き手が手にもって動かしているものを指して)
　　＃これ君の．
　　それ君の．

これまでは，おもに発話現場に存在するものの同定について述べてきたが，発話現場には空間も存在する．対話における可視的な共有空間(話し手が話し手と聞き手が見ていると想定している空間)を表す表現は，基本的にものを表すものと同じ原理が働き，話し手に近い空間はコ系列，話し手から遠く聞き手に近い空間はソ系列，両方から遠い空間はア系列で表される．

しかし，空間の場合は，話し手や聞き手自身が含まれている場合とその空間から外に出ている場合とでは多少の違いがある．例えば話し手が部屋の中に入っていて，その部屋を示す場合は「この部屋」であり，それ以外の表現は不可

能である.この意味で空間に入っている場合は近称制約を受けることになる.聞き手が存在する場合も,聞き手の存在している空間に話し手が存在していないと認識される場合は,その聞き手が存在している空間は近称制約をうけ,ソ系列の指示詞しか使えない.電話で話している場合がその典型である.

(18) (電話で)
  甲：田中君,そこどこ.
  乙：ここは東京ドームの入り口.

時間は,場所やものと異なり,独り言と対話的談話とで表現が異なることはない.聞き手や読み手が時間を共有していれば,必ず共有されている時間は同じであり,「今」という発話時現在を表す時間がそれを表し,いわゆるダイクティックな時間は,この「今」を基準点として定義される.「今日」「昨日」「明日」「今年」などの単語は,それぞれ,「「今」を含む日」「「今」を含む日の前の日」「「今」を含む日の次の日」「「今」を含む年」などと定義することができ,発話時間がいつかによって,その値が異なってくる.対話的談話では,話し手と聞き手とでこのような発話時現在の値が異なるわけではない.これが異なるのは手紙などで,書いている時間と受け取る時間とが異なる場合である.また,中継録画などで擬似的な対話を行う場合も,発信時間と受信時間が異なることになる.この場合,発話の場は時間面では共有されないことになる.発話時現在は当然,話し手だけが決定できるため,受け取り手は時間の差を計算に入れながら「今」という言葉がいつを表しているのか理解しないといけなくなる.

この点に関連して,日本語では面白い表現がある.「今」に対して「今ごろ」という表現は,「今」を基準としてその意味解釈が決まるが,発話時現在の時間と場所から離れた状況を表すことができる.例えば,「明日の今ごろ」「去年の今ごろ」のごとくである.これらは,それぞれ「明日」において「今日の発話時現在に対応する時間」,「去年」において「今年の発話時現在に対応する時間」を表す.「今」が午後3時であれば,明日の午後3時ごろを示し,3月10日であれば,去年の3月10日ごろを示すわけである.

この表現を以下のように現在に関して使うこともできる.

(19) 今ごろ彼はニューヨークについているだろう．

　この場合,「今ごろ」は，明日や去年のような未来や過去の時間でなく，現在時を表しているのだが,「今」とは，ニュアンスが異なる．「今ごろ」を使って現在時を表した場合は，話し手が直接関与できる空間とは離れた空間に関する記述と解釈される．つまり，想像や推論により到達できる状況を述べているというニュアンスがでるわけである．話し手の認識している発話現場は,「今」を用いて指示される現場の状況と,「今ごろ」を用いて指示される想像，推論の空間を分割しているとみなすことが可能なわけである(詳しくは田窪・笹栗2001，田窪2001参照)．

　現場の要素は普通名詞で同定することも可能である．この際,(20)のように，特定の修飾要素によって同定を容易にする限定をする場合もあるし,(21)のように単に名詞を述べるだけでも現場の要素の指示が可能である．

(20) 机の上にある本取って．

(21) 本取って．

　さて，このとき，指示行為が直示により行われているか,「机の上にある本」「本」などの，普通名詞の持つ属性により行われているかはにわかには決めがたいが，基本的には，属性により特定の要素が場面で選択され，その選択により指示が行われていると考えてよいだろう．つまり，発話現場でその属性により選ばれるものが唯一に決まる場合に，あたかも，現場の要素を直示しているように指示することが可能となっているのである．

　したがって，唯一に決まらないような文脈では，普通名詞のこのような使用は多少不自然となる．普通，対話的談話において二つの普通名詞を，指示詞をつけずに裸のままつらねて発話現場にある同一の対象を指示するのは難しい．以下の(22)の応対では，甲が使った裸の名詞「本」を乙も使うことにより同じ指示対象を指示することはできない．ゼロ(ϕ)にするか,「あの」のような指示詞をつける必要がある．

(22) 甲：あそこに本が置いてあるね．

　　　乙：うん．

　　　甲：a. ??本取って．

　　　　b. φ取って．
　　　　c. あの本取って．
ただし，場合によっては，対照的な「～の方」という意味では，裸の普通名詞により，先行する普通名詞を指すことが可能かもしれない．
　(23)　甲：あそこに本とボールが置いてあるね．
　　　　乙：うん．
　　　　甲：本取って．
この場合，ゼロは本だけを指す場合は対象を同定できないため不適切であり，したがって，不自然となる．また，「あの本」もそれほど自然ではないだろう．これに対し，(24)では，ゼロや「あの子」が自然であり，「子供」では多少不自然になる．
　(24)　甲：あそこで子供が遊んでいるね．
　　　　乙：うん．
　　　　甲：a. あの子を連れてきて．
　　　　　　b. ??子供を連れてきて．
一方，対話以外では基本的には普通名詞によって導入された対象を同じ名詞で指示することが可能である．
　(25)　背の高い男が入ってきた．男が叫んだ．
　(26)　男が入ってきた．女が立ち上がった．男が叫んだ．
　(27)　機関車が入ってきた．汽笛がなった．機関車がとまった．
　(28)　機関車が客車を引っ張っていた．連結器がはずれた．客車が離れた．
　(29)　公園で子供が遊んでいた．男が3人やってきて子供を連れて行った．
　(30)　公園に自転車が置いてあった．男が3人やってきて自転車を持っていった．

これらの例において，指示語を伴わない普通名詞は，すでに述べられた(複数の)名詞句(のうちの一つ)を同定するのに使われている．ここでは同定は普通名詞の表す属性により行われており，ゼロ名詞，指示詞のように，対象自体を指示するという機能により行っているのではないと見ることができる．したがって，先述の名詞が後述の名詞より広い属性を表す場合には，指示は不可能に

なる．(31)では，「男」と「背の高い男」は別人としか解釈できない．

(31) 男が入ってきた．背の高い男が叫んだ．

これに対して，対話において現場にあるものを指示する場合でも，二つのものの一方を選ぶ場合は，普通名詞が表している属性が関与している．

すなわち，対話においても文章においても裸の普通名詞「本」は「本であるもの」という意味を表しているとみなすことができるのである．「本であるもの」という属性が現場にあるものを指示できるのは，属性により発話現場にある対象を同定することが，日本語では語用論的な操作として可能であるからであると考えたい．英語などのように不定冠詞と定冠詞を区別する言語では，この機能は明確に分離している．しかし，日本語では冠詞がないため，普通名詞は属性を表す場合と，属性によりすでに同定されている対象を指示する場合とは区別できない．

(2) 記憶体験要素の指示

前項では発話現場に存在する対象を指示する場合を見たが，眼前に存在しない対象を指す場合を見てみよう．発話の場面に存在しないものは文字通りの意味で「直示」することはできない．そのため，言語によっては眼前に存在する対象を指示する場合とそれ以外の場合を，言語表現上区別するものがある．例えば，韓国語では，眼前にあるものには話し手からの距離のみにもとづく近称，遠称の区別と，話し手からの距離に聞き手からの距離を勘案した，近称，遠称，中称の三つの区別が存在するが，眼前にないものに関しては，この区別は基本的になくなり中称のみが現れる．すなわち，発話現場は眼前とそれ以外に二分されるのが基本となる．(眼前の対象を指す場合，中称は，話し手からの距離と聞き手からの距離が異なる場合にのみ，しかも，話し手から遠く，聞き手から近い場合にのみ現れる．眼前にないものでは当然，話し手と聞き手の間の距離が決まらない．)

これに対し，日本語では，少なくとも現代語においては，言語表現上は，眼前にあるものとそれ以外の区別は指示詞表現において截然としたものではない．このため発話場面の話し手(および聞き手)からの距離に基づいた記述では，現場指示の指示詞の用法とそれ以外の用法の記述は統一的には記述できないこと

になる．ここでよく用いられる区別は，話し手と聞き手の対象に対する知識である．例えば，久野(1973)は次のような区別を導入する．

ア系列　その代名詞の実世界における指示対象を，話し手，聞き手，ともによく知っている場合にのみ用いられる．

ソ系列　話し手自身は指示対象をよく知っているが，聞き手が指示対象をよく知っていないだろうと想定した場合，あるいは，話し手自身が指示対象をよく知らない場合に用いられる．

しかし，黒田(1979)，田窪・金水(1996)で明らかになっているように，この記述は指示詞に関する現場指示と非現場指示をまったく異なる原則により区別した点で問題がある．この問題の詳細については Hoji et al.(2003)を見られたい．

既存の要素を同定する名詞類としてもっとも典型的なのは固有名詞である．固有名詞は通常，属性としてその名前を持つ既存の要素を指示する．対話的談話では，対話相手がその対象を同定できない場合は，使用が制約される．名前によって対象が同定できるのはその対象を前もって知っている場合に限られる．(32)は「田中」によって相手が単一の対象を同定できない場合の例である．

(32)　甲：田中さんに会いました．

乙：田中さんて，どの田中さんですか．

相手が対象を知っている場合でも，その名前で同定できると信じている場合でない場合，すなわち，共通の経験が想定できない場合には使用が制約され，談話上不適当な使用とみなされる．例えば，次のような場合である．

(33)　甲：きのう田中君と食事したよ．君のこと素敵な人だねって言ってた．

乙：え，田中君て誰ですか．

甲：今度来たドイツ語の先生じゃないか．君も知っているだろう．

乙：ああ，あの人，田中っていうんですか．

この場合，対象に関しては，共通体験があると正しく想定しているが，名前に関する知識に関して共有の想定が間違っているため最初同定は成功していない．また，例えば，Aという人がCという人と最近知り合い，田中さんという共通の友人があることが判明したとする．この場合，AさんとBさんはどちらも田中さんを知っていることになるが，AさんはBさんに対して，田中

さんの名前を裸で用いた場合，談話上完全に自然とは言いがたい．

(34) #きのう田中さんに会いました．Bさんをよく知っていると言ってましたよ．

これは，「田中さん」に関する共通体験が存在せず，かつ，導入も終わっていないからである．自然な談話にするためには，次のように「という人」をつけて普通名詞にし，明示的な導入をしなければならない．

(35) きのう田中という人に会いました．Bさんをよく知っているといっていましたよ．

(34)が不自然なのは，固有名詞が談話初頭で用いられ，本来ならば共有知識の調整をすべき文脈だからであろう．例えば，談話の最初でなく，田中さんに関連した談話の流れであれば，多少不自然でも使用できるだろう．

(36) 甲：ドイツ語のよくできる人を知らないかい．
    乙：田中さんはどうですか．お知り合いでしょう．おとといパーティで会ったんですよ．

この場合は，反対に「田中さんという人はどうですか．」はそれほど落ち着かないと思う人もいるだろう．この文脈では，単に相手の知識の関係するデータを想起させるほどの役目しか固有名詞が果たしていないために，特に導入手続きをして，共有性の調整をする必要がないと考えられる．

ここで固有名詞に準じて扱われるべきなのは，先に述べた呼びかけに使える名詞である．「課長」「お父さん」「先生」などがそれにあたる．これらは，特定の文脈では固有名詞と同じように使用され，特定の個人を指す．

(37) きのう課長に会ったよ．

もちろん，固有名詞の使用に関する共有性の前提は，固有名詞の談話における使用規則の一部ではあっても，語彙的な性質ではない．これは導入に関わるリチュアルであり，確認作業がすめば，話し手は固有名詞を使って特定の人物を指すことができるし，基本的に，話し手は聞き手が知らない人間を固有名詞で指すことも可能である．

(38) 僕の知り合いに酒好という男がいるんだけど，名前と違って一滴も酒が飲めない．おととい，妹が酒好と食事したんだが，うっかり，酒を

ズボンにこぼしてしまって，酒好のやつ，それで酔っ払ってしまった．
　つまり，固有名詞やそれに類する語の使用は，その対象に関して直接の知識があれば使えるのであり，対話相手に対しては「という男」などを使って導入するのは紹介の手続きをしているだけなのである．これに対し，紹介を受けた対話相手の方は，当然，この対象について直接の知識があるわけではないので，固有名詞を使うことはできないのが原則である．すなわち，直接の知識があるか否かに関して，両者のあいだに非対称性があり，それを言語的な形で表現するのが日本語における原則である．
　これに対し，ア系列の指示詞を用いれば，より強く聞き手との知識の共有性が含意される．先述の久野(1973)では，ア系列の指示語で指された記憶体験の要素は，聞き手が存在する場合は，通常，聞き手と共通体験がある要素を指すとされる．一方ソ系列の指示語で指された要素は，そのような共通体験が想定できない要素を指すとされる．しかし，実際には，ソ系列の語とア系列の語は同平面で問題にはできない．上山(1998, 2000)が指摘しているように，ソ系列の指示詞とア系列の指示詞のもっとも大きな違いは，ソ系列が対話における発話現場の直示の場合を除いては，独立して用いられないことである．

(39)　(状況：一人の刑事が犯人を追って，あるアパートの部屋の前に来る．タイミングを見て，一気に踏み込むが，そこには犯人は見当たらず単に男達がマージャンをしている．刑事は，この男達が犯人をかくまっているに違いないと思って叫ぶ．)
　　　刑事：(あいつ／#そいつ)はどこだ．　　　　　　　　　(上山2000)
(40)　刑事1：今さっき警官があの封筒を届けると言って持っていきましたよ．
　　　(刑事2は，それが誰なのか見当がつかないが，あわてて)
　　　刑事2：(そいつ／#あいつ)はどこだ！　　　　　　　(上山2000)

上山(1998, 2000)によれば，現場にいない対象を「そいつ」を使って言語的先行文脈なしで発するのは不可能である．これに対し，「あいつ」は，聞き手が何か非言語的文脈で「思い浮かべている」ことが想定できれば，談話初頭で使うこともできる．Hoji et al. (2003)では，コ系列の指示詞も同様であること

が示されている．つまり，田窪(1989)のいう意味で，談話の初期状態に設定することができるのである．

(b) 新規要素の導入
　前項では，すでに発話の現場や記憶体験に存在している対象を指示する場合を見た．本項では，発話場面に初めて要素を導入する表現について見てみよう．発話場面に新規の要素を導入するには，属性を用いて，その要素の存在を宣言するのが普通である．この場合，普通名詞を用いる．存在動詞や出現に関わる動詞を使えば明示的な存在宣言ができる．
　(41)　むかしむかしあるところにおじいさんとおばあさんがありました．
　(42)　あそこに白い花がある．
　(43)　変な男が入ってきた．
　固有名詞は，既存要素の同定に用いられるのが普通である．固有名詞を新規要素の導入に用いるときは，「田中という人」のように，「「という」＋普通名詞」などを使う．
　(44)　僕の知り合いに酒好という人がいる．
特に存在動詞や出現動詞はなくとも，普通名詞によって発話文脈への登場(あるいは登録)が可能である．
　(45)　きのう田中という人に会いました．
田中という名前で，私がきのう会った人の存在が発話文脈に登録される．
　この発話への新規要素の導入の際，当然，導入を行った話し手の方はこの対象に対して前もって知識を持っている．したがって，いったん導入が終われば，その対象を固有名詞で指示することができる．
　このような登録は，明示的な導入がなくとも推論により行える場合がある．以下では，「被害者」「弁当」「その水溶液」は，先行文脈から推論により導入されている．
　(46)　事故があった．被害者は無事だった．
　(47)　ピクニックに行った．弁当は持っていかなかった．
　(48)　水1リットルに食塩を3グラム混ぜる．その水溶液を冷蔵庫に3日保

管する．

（c）定　義

　本節(a)(b)では，すでに知識にある要素の同定と新しい要素の導入法について述べたが，このほかに，知識そのものの導入がある．共有性の想定がうまくいかない場合，固有名詞で特定の意図した対象を同定できなくなる．例えば，以下のように相手が知っていると間違って想定したか，名前が特定の対象を選び出すのに不十分な記述の場合がそれである．

　(49)　甲：きのう田中君に会いました．
　　　　乙：田中って，どの田中ですか．

　この場合，記述自体の精密化を要求する表現が「定義」である．「(っ)て」は引用を表す形式であるが，「田中」という表現を指示対象を一つだけ持つ固有名詞でなく，言語表現そのものとして扱うという役割を果たす．いわば，言語表現に引用符をつける役割を果たすようなものである．このような固有名詞以外にも，日本語では，意味を知らない単語は引用形式をつけることが原則である．

　(50)　甲：用度掛に行ってください．
　　　　乙：用度掛って何ですか．
　　　　甲：用度掛というのは物品の購入，管理をする掛です．

(49)は，このような意味の定義と同じものとして考えることができる．

　また，これも導入に関わるリチュアルであるから，いったん固有名詞や普通名詞で，指示を行ったり導入を行い，注釈的に定義をすることも可能である．

　(51)　甲：きのうはどちらにいらっしゃったんですか．
　　　　乙：田中君に会ってました．あ，田中というのは，娘の婚約者です．

　普通名詞の場合は，必要な情報が与えられれば定義的な表現を使う必要はない．

　(52)　では，これを用度掛に持っていってください．用度掛はここを出て，
　　　　すぐ右にあります．物品の購入，管理をするところです．

　これに対して，固有名詞であれば，引用形式によって明示的な定義をする方

が自然になるだろう．

(53) 田中君に会ってました．あ，{?田中，田中というの}は娘の婚約者です．

これまで，引用形式によって自分が知らない語に対する定義を求めたり，相手が知らない語を定義して導入する場合を見たが，引用形式は，対象自体は同定可能な場合にも用いられる(田窪 1989，益岡・田窪 1992，丹羽 1994)．この場合引用形式は，「は」などの提題の形式とそれほど機能において違いがなくなる．ただ，「は」が偶有的性質・属性を述べることもできるのに対し，「(っ)て」などの引用形式を使うとより本質的な性質・属性を述べることになる．

(54) a. 田中さんはさっきそこで本を読んでいました．
　　 b. ?田中さんてさっきそこで本を読んでいました．

(55) a. 田中さんは変な人ですね．
　　 b. 田中さんて変な人ですね．

田窪(1989)はこれを「再定義」と呼び，丹羽(1994)は，「捉え直し」と呼んでいる(三上 1972，森重 1965 も参照)．

4.3 照応的用法

(a) 特定読みの場合

次に，すでに談話に導入されている要素を名詞によって指示する場合，すなわち，名詞句の照応的用法について見てみよう．

例えば，普通名詞などにより明示的に導入が行われた場合，次にその同じ対象を指示する場合にはいくつかの方略が可能である．その導入を行った話し手Aはその対象に関する直接的な知識を持っている．したがって，相手にその対象の存在を知らせたのちは，直接的な知識に言及する形で再述することも可能である．

(56) 神田で火事があったよ．あの火事のことだから，人がたくさん死んだだろう．　　　　　　　　　　　　　　　　　　　(黒田 1979 より)

この場合は，導入された言語情報以外の情報に言及する場合に用いられる．

例えば，上の例では，神田の火事がどのような規模であったかということは，まだ話の中には導入されていない．したがって，ここで「人がたくさん死んだ」という情報を引き出すための推論の根拠は，明示されていない話し手の目撃体験に属することがらである．この場合，「あの火事」という直接経験に属する対象を指示する言語表現が適切となり，「その火事」は不適切になる．この場合の「あの火事」は先行文脈に出てきた「（神田であった）火事」という言語表現を再述しているのではなく，話し手が体験した対象としての火事を指していると考えてよい．言語的照応ではなく，火事そのものを指示しているという意味で金水(1999)はこれを直示の一種として扱っている．

これに対して，自分の体験した「火事」について，性質を述べあげていく文脈では，「その火事」の方が適切になる．

(57) 神田で火事があったよ．その火事はまたたくまに燃え広がって……．

(黒田 1979 より)

ここでは，「その」は前述された記述の部分を代示すると見てよい．すなわち，「「神田であった」火事」である．「ソ」が言語的に表現された属性を示すとすれば，「その火事」は，「神田であり，またたくまに燃え広がった，火事であるもの」を表す属性的表現となる．

(b) 条件文やモーダルの要素として現れる場合など

このようにソ系列の指示詞は，先述された言語表現によって構成された属性をコピーし，それによって合成された複合属性を表す．このようにして合成された複合属性は，存在が主張される必要はない．したがって，(58)のように，条件文によって導入された要素と照応することも可能である．

(58) もし誰かいたら，その人に渡してください．

しかし，「そのN」は，非指示的な属性のみを表すこと，すなわち，述語としての解釈を与えることができない．次の例を見てみよう．

(59) 優勝者は香港に行けるのだが，彼は{その人，その優勝者}がアメリカに行けると思い込んでいる．

(60) 優勝者は香港に行けるのだが，彼は{φ，優勝者が}アメリカに行ける

と思い込んでいる．

上の例では，「その人，その優勝者」は，存在する特定の人物を指す解釈しかできない．これに対し，ゼロにするか，「優勝者」を繰り返せば，特定の解釈ではなく，「優勝者である人」という特定の人物を指さない解釈が可能になる．

4.4 言語コミュニケーションと談話モデル

最後に，本章で想定している談話モデルを時間軸にそって説明することにしよう．まず，話し手（書き手）が，ある伝達内容を思いつき，それを聞き手（読み手）に伝えるとする．その際，まったく白紙の状態で伝達が行われるのはまれであり，多くの場合，前提とされる知識があり，それに言及しながら伝達が行われる．そこで，最初の一言を発する前に言語の場に存在するものを考えてみよう．まず，発話の現場には，話し手自身と話し手のいる場所，時間が存在し，話し手はそれを認識している．また，話し手のいる場所に存在し，話し手が存在を認識しているものが存在する．さらに，話し手は過去に経験した事柄に関する記憶があり，その記憶には同様に経験した出来事，時間，場所が存在し，それが認識されている．もちろん，話し手は，話し得る森羅万象のすべてを意識にのぼらせているわけでも，周りのすべての対象を知覚しているわけでもない．今までの経験のうち，記憶の特定の部分を活性化させ，身の回りのある特定の対象を知覚しているにすぎない．

聞き手がいるときには，多くの場合，共通の知覚空間が形成される．話し手は知覚対象に関しては，聞き手が知覚しているものとそうでないものは区別できると信じている．また，記憶内容に関しても，聞き手と共有している体験とそうでない体験は区別できると信じている．これらにより，共通の体験として想定できる対象，および，それに対する知識や属性と，それ以外の部分が区別できる．そこで，この共通部分と比較して自分の方が知識・情報があると考えられる場合，相手の方が知識・情報があると考えられる場合，どちらか分からない場合，という三つの場合が考えられる．コミュニケーションが成立している場合，すなわち，コミュニケーションが情報の交換を目的とする場合は，自

分の方がよく知っている場合は知識・情報を提供することになり，相手の方がよく知っている場合は，知識・情報の提供を要求することになり，どちらか分からなければ，調整のために確認するということになる．もちろん，言語活動は知識・情報の提供のためだけに行われるのではないから，相手をだますなどの場合にはこのようにはいかない．

さて，このような談話を始めるにあたって具体的に想定する知識内容を，田窪(1989)では「談話の初期状態」と名づけた．談話の初期状態は言語的導入なしで，言及できる対象の集合とその対象の持つ属性や対象間の関係からなる．定義上，この状態の要素は話し手が直接知っている対象であり，聞き手に関して想定している共通体験の要素が正しければ，聞き手も知っている対象である．

実際のコミュニケーションを考えるときは，聞き手の知識を算定する過程が必要になる．その場合は，相手が何を知っていて何を知らないかだけでなく，自分が持つ相手の知識を相手がどの程度知っているかまで算定しなければならず，これが繰り返されれば，いわゆる共有知識のパラドクスに陥って，共有知識を算定することはできなくなる．つまり，この場合，碁や将棋で相手の手を読むような過程が関与して，実際に深読みをするなら実時間で計算が終わらないことになる．しかし，当然のことながら，そのような深読みが言語形式の使用規則に入っているはずはない．そこで，ここでは共有知識のパラドクスを避けるため，対話相手の知識を共通体験に限定することにする．このようにすれば，自分の体験に相手が参加していたか否かだけを算定すればよいことになり，共有知識のパラドクスが擬似的に回避される．これは，発話現場を対話相手と共有していたことを基礎にして，過去における現場の共有を想定するだけですむということである．

このような共通の知識をもとにして，相手より，また，共通体験や共通記憶の対象となっている人や物に対しても，当然それに対して新しく知識が加わる場合もある．まず，談話以前に対象がすでに存在している場合と対象が導入される場合とを分けよう．ここで，コミュニケーションでの知識の交換を，対象を談話内に存在する要素とその要素に関する属性や関係の指定および付け替えとして考えよう．非常に単純に言うと，ものの集合を仮定し，そのものが持つ

4.4 言語コミュニケーションと談話モデル

属性やものの間の関係が知識だとすると，相手の言語表現のやり取りでその知識を新しく構成するか，すでにある知識を変えるかがコミュニケーションであると考えるわけである．もちろん，実際はそれほど単純なものではないが，ここでは，名詞を中心として談話における指示の特性を考えることが目的であるため，このような単純なモデルでそれほど支障はない．

聞き手が存在する場合，名詞句が行なうのは共通認識として想定されている対象の集まりの要素を指定するか，その集まり内に存在しない新規の要素を導入するかである．ここで，話を始めるまえから知識内に存在している対象を同定する場合と，話の中で初めて導入される要素を区別しよう．まず，話を始めるまえは，対話候補者がいるだけで，話し手も聞き手もまだ存在しない．最初に話しはじめたものが話し手となるが，その際，定義上，「話のなかで導入される要素」は話し手の知識上には存在しない．例えば，「きのう部屋にいたら，突然二十歳ぐらいの見知らぬ女が入ってきた．」という発話で，「二十歳ぐらいの見知らぬ女」なる対象は，当然，話し手Aのなかでは，話を始めるまえから知識内に存在しており，Aはそれに対して直接の体験を持つ．この対象は，これを聞いた聞き手Bが話しはじめるときに初めて，「話のなかで導入された要素」となるわけである．立場を変えて話し手となった「もと聞き手B」は，この対象を話のなかに出てきた対象としてこれまでの知識対象とは区別して，「x: 女，二十歳，時点tでAが知らなかった」を加え，以後の会話を続ける．つまり，Bは，Aの言語表現により，これだけの知識の増加があったわけである．

ここでの新規導入知識や既存知識という概念は，談話の構造を問題にするときに使われる「新情報・旧情報」という対立とはまったく別のものである．新情報・旧情報は前提・焦点と相通じるものであり，知識の導入や付け替え自体とは直接の関係を持たない．

また，冠詞を持つ（主として）西欧の言語で問題となる不定・定の区別とも異なる．冠詞が問題となるのは，言語によって新規に導入された要素か，導入された以降に言及された要素かという違いであり，文脈照応的か否かという区別に対応する．ここで問題にしている区別は，日常的な意味で「知っているか」

「知らないか」という区別である．AはAは知っているが，BはAの話を聞くまでは知らなかった対象である．

　新規導入知識と既存知識という区別のほかに，知識体系自体の組換えにかかわる操作がある．既存知識のなかの対象を同定して，それに新規の属性をつけたり，新規の対象を導入する場合に使われる概念自体は既存の知識である．これに対して，新規の概念を導入するのが，「定義」である．定義は，新規の概念を既存の概念の組み合わせで表現するという意味で言語表現による言語表現の説明である．これを「言語のメタ的使用」という．定義は，対話的談話においては対話相手との知識の調整に使用される．

　以上，説明したモデルはかなり常識的なもので特に目新しいものではないが，特徴としては，談話の初期状態という概念の導入により，言語表現そのものによって形成される概念的知識と言語表現とは独立的に形成される直接的経験知識の区別を述べやすくしたことがあげられる（これらの詳細については，黒田(1979)，田窪・金水(1996)を見られたい）．

参考文献

第1章

大島資生(1989):「命題補充の連体修飾構造」について．日本語研究，第11号，61-77，東京都立大学国語学研究室

金水敏(1987):時制の表現．山口明穂(編),『国文法講座』6, 280-298, 明治書院

工藤真由美(1995):『アスペクト・テンス体系とテクスト――現代日本語の時間の表現』ひつじ書房

久野暲(1978):『談話の文法』大修館書店

野田尚史(1989a):真性モダリティをもたない文．仁田義雄・益岡隆志(編)『日本語のモダリティ』,131-157,くろしお出版

野田尚史(1989b):文構成．宮地裕(編)『講座日本語と日本語教育』第1巻,67-95,明治書院

野田尚史(1996):『「は」と「が」』(新日本語文法選書1),くろしお出版

野田尚史(1998):「ていねいさ」からみた文章・談話の構造．国語学,第194集,102-89

益岡隆志(1997):『複文』(新日本語文法選書2),くろしお出版

南不二男(1993):『現代日本語文法の輪郭』大修館書店

■例文採集資料

『朝日新聞』［〜1982.3］朝刊13版(大阪北部版),朝日新聞大阪本社
［1985.4〜1991.3］朝刊13版(茨城県南版),朝日新聞東京本社
［1991.4〜］朝刊14版(阪神版),夕刊4版,朝日新聞大阪本社

『あまから手帖』あまから手帖社(大阪市)

『キネマ旬報』キネマ旬報社

『コードレス留守番電話付パーソナルファックス取扱説明書 KX-PW11CLK』松下電器産業,1998

『西日本新聞』夕刊10版,西日本新聞社(福岡市)

足立倫行『人,旅に暮らす』日本交通公社,1981

小倉千加子『松田聖子論』飛鳥新社,1989

黒澤明『蝦蟇の油――自伝のようなもの』(同時代ライブラリー)岩波書店,1990

斎藤茂男『破局――現代の離婚』(ちくま文庫)筑摩書房,1987

佐高信『師弟――教育は出会いだ』(講談社文庫)講談社,1988

田中康夫『東京ステディ・デート案内』マガジンハウス，1988
田中康夫『東京ペログリ日記』幻冬舎，1995
津島佑子『火の河のほとりで』講談社，1983
増田みず子『シングル・セル』(福武文庫)福武書店，1988
宮本輝『夢見通りの人々』(新潮文庫)新潮社，1989
向田邦子『男どき女どき』(新潮文庫)新潮社，1985
村上春樹『ノルウェイの森(下)』講談社，1987
村上龍『走れ！ タカハシ』(講談社文庫)講談社，1989
柳田精次郎(他)(編)『恋のから騒ぎⅢ』日本テレビ放送網，1996
山田詠美『風葬の教室』(河出文庫)河出書房新社，1991
柳美里『フルハウス』文藝春秋，1996

第2章

赤塚紀子(1998)：「条件文とDesirabilityの仮説」『モダリティと発話行為』研究社出版
有田節子(1993)：「日本語条件文研究の変遷」『日本語の条件表現』くろしお出版
井口厚夫(1995)：「短絡節とコロケーション」獨協大学教養諸学研究29巻2号
大島資生(1991)：「連体修飾節構造に現れる「という」の機能について」人文学報225号，東京都立大学人文学部
工藤真由美(1995)：『アスペクト・テンス体系とテクスト――現代日本語の時間の表現』ひつじ書房
国広哲弥(1982)：『意味論の方法』大修館書店
小林賢次(1996)：『日本語条件表現史の研究』ひつじ書房
鈴木義和(1994)：「条件表現各論――バ／ト／タラ／ナラ」日本語学13巻9号
高橋志野(1997)：「連体修飾構造における「任意のトイウ」の出現条件の一例――ドラマティック効果について」『名古屋学院大学日本語学・日本語教育論集』4号
高橋美奈子(1994)：「名詞修飾表現における「トイウ」の介在性について――「内の関係」の名詞修飾表現を中心に」待兼山論叢28号
田窪行則(1993)：「談話管理理論から見た日本語の反事実条件文」『日本語の条件表現』くろしお出版
坪本篤朗(1986)：「andとト――文連結のプロトタイプと範疇化」『外国語と日本語』応用言語学講座第2巻，明治書院
坪本篤朗(1998)：「文連結の形と意味と語用論」『モダリティと発話行為』研究社出版

寺村秀夫(1975-1978):「連体修飾のシンタクスと意味——その1〜その4」『日本語・日本文化』4号〜7号，大阪外国語大学研究留学生別科
寺村秀夫(1981):『日本語の文法(下)』国立国語研究所
寺村秀夫(1983):「時間的限定の意味と文法的機能」『副用語の研究』明治書院
戸村佳代(1991-1992):「名詞修飾における「トイウ」の機能(1)〜(2)」明治大学教養論集232号，242号
仁科明(1995):「接続の「と」——用法の分類と関係づけのこころみ」『築島裕博士古稀記念　国語学論集』汲古書院
蓮沼昭子(1985):「「ナラ」と「スレバ」」日本語教育56号
蓮沼昭子(1993):「「たら」と「と」の事実的用法をめぐって」『日本語の条件表現』くろしお出版
藤田保幸(1991):「引用と連体修飾」表現研究54号
前田直子(1993):「逆接条件文「〜テモ」をめぐって」『日本語の条件表現』くろしお出版
前田直子(1995):「バ，ト，タラ，ナラ——仮定条件を表す形式」『日本語類義表現の文法(下)複文・連文編』くろしお出版
益岡隆志(1997):『複文』くろしお出版
松本善子(1993):「日本語名詞句構造の語用論的考察」日本語学12巻11号
南不二男(1993):『現代日本語文法の輪郭』大修館書店
森山卓郎(1995):「推量・比喩比況・例示——「よう／みたい」の多義性をめぐって」『宮地裕・敦子先生古稀記念論集　日本語の研究』明治書院
Akatsuka, N. (1985): "Conditionals and the epistemic scale." *Language*, 61.
Matsumoto, Y. (1997): *Noun-Modifying Constructions in Japanese*. John Benjamins Publishing.

第3章

五十嵐力(1905):『文章講話』博文館
市川孝(1957):「文章の構造」『講座現代国語学Ⅱ ことばの体系』筑摩書房
市川孝(1963):「文章論」『文部省国語シリーズNo.57 文章表現の問題』教育図書
市川孝(1978):『国語教育のための文章論概説』教育出版
井手至(1958):「副用語の機能」人文研究9巻2号，大阪市立大学文学会
井手至(1960):「所謂遠称の指示詞ヲチ・ヲトの性格」国語と国文学37巻8号，東京大学国語国文学会

井手至(1973):「接続詞とはなにか」『品詞別日本文法講座6 接続詞・感動詞』明治書院
大石初太郎(1954):「日常談話の接続詞」言語生活9,筑摩書房
金岡孝(1983):「文章論の位置づけ」日本語学2巻2号,明治書院
亀山恵(1999):「3 談話分析:整合性と結束性」『岩波講座言語の科学7 談話と文脈』岩波書店
川端善明(1993):「指示語」国文学38巻12号,学燈社
北原保雄他編(1981):『日本文法事典』有精堂
京極興一・松井栄一(1973):「接続詞の変遷」『品詞別日本文法講座6 接続詞・感動詞』明治書院
金水敏・田窪行則編(1992):『日本語研究資料集1-7 指示詞』ひつじ書房
黒田成幸(1979):「(コ)・ソ・アについて」『林栄一教授還暦記念論文集』くろしお出版
国立国語研究所編(1964):『分類語彙表』秀英出版
国立国語研究所編(1981):『日本語の指示詞』日本語教育指導参考書8,国立国語研究所
国語学会編(1980):『国語学大辞典』東京堂出版
佐伯哲夫(1967):「接続詞の機能」『講座日本語の文法4』明治書院
佐久間鼎(1936):『現代日本語の表現と語法』厚生閣
佐久間鼎(1952):『現代日本語法の研究』厚生閣
佐久間まゆみ(1983):「文の連接――現代文の解釈文法と連文論――」日本語学2巻9号,明治書院
佐久間まゆみ(1986):「文章構造論の構想――連文から文段へ――」永野賢編『文章論と国語教育』朝倉書店
佐久間まゆみ(1987):「文段認定の一基準(Ⅰ)――提題表現の統括――」文藝・言語研究言語篇11,筑波大学文芸・言語学系
佐久間まゆみ(1989):「第11章文章の統括と要約文の構造特性」『文章構造と要約文の諸相』くろしお出版
佐久間まゆみ(1990a):「ケース1接続表現(1)」寺村秀夫他編『ケーススタディ日本語の文章・談話』おうふう
佐久間まゆみ(1990b):「文段認定の一基準(Ⅱ)――接続表現の統括――」文藝・言語研究言語篇17,筑波大学文芸・言語学系
佐久間まゆみ(1992a):「接続表現の文脈展開機能」日本女子大学文学部紀要41

佐久間まゆみ(1992b):「文章と文——段の文脈の統括——」日本語学11巻4号, 明治書院
佐久間まゆみ(1995):「中心文の「段」統括機能」日本女子大学文学部紀要44
佐久間まゆみ(2000a):「文章・談話における「段」の構造と機能」早稲田大学日本語研究教育センター紀要13
佐久間まゆみ(2000b):「接続」中村明編『別冊国文学現代日本語必携』53, 学燈社
佐久間まゆみ・鈴木香子(1993):「女子学生の日常談話の接続表現」国文目白32, 日本女子大学国語国文学会
佐久間まゆみ他編(1997):『文章・談話のしくみ』おうふう
佐治圭三(1970):「接続詞の分類」月刊文法2巻12号, 明治書院
佐治圭三(1987):「文章中の接続語の機能」『国文法講座6 時代と文法——現代語』明治書院
佐藤喜代治(1966):『日本文章史の研究』明治書院
信太知子(1981):「接続詞」『日本文法事典』pp.178-182, 有精堂
信太知子(1989):「独立語と接続語」『講座日本語と日本語教育4』明治書院
正保勇(1981):「「コソア」の体系」『日本語の指示詞』日本語教育指導参考書8, 国立国語研究所
杉戸清樹・塚田実知代(1991):「言語行動を説明する言語表現——専門的文章の場合——」『国立国語研究所報告103 研究報告集12』秀英出版
杉戸清樹・沢木幹栄(1979):「言語行動の記述——買い物行動における話しことばの諸側面——」『講座言語3 言語と行動』大修館書店
鈴木泰(1981):「指示詞」『日本文法事典』pp.185-190, 有精堂
高橋太郎他編(1998):『日本語の文法講義テキスト』正文社
田中章夫(1984):「接続詞の諸問題——その成立と機能——」『研究資料日本文法④』明治書院
塚原鉄雄(1965):「接続詞」『口語文法講座2』明治書院
塚原鉄雄(1968):「接続詞」月刊文法1巻1号, 明治書院
塚原鉄雄(1969):「連接の論理——接続詞と接続助詞——」月刊文法2巻2号, 明治書院
塚原鉄雄(1970):「接続詞——その機能の特殊性——」月刊文法2巻12号, 明治書院
坪本篤朗(1998):「第Ⅱ部 文連結の形と意味と語用論」『日英語比較選書③ モダリティ』研究社出版
寺村秀夫他編(1990):『ケーススタディ日本語の文章・談話』おうふう

時枝誠記(1950):『日本文法口語篇』岩波書店
永野賢(1959):『学校文法文章論』朝倉書店
永野賢(1972):『文章論詳説』朝倉書店
永野賢(1986):『文章論総説』朝倉書店
長田久男(1965):「三,文の連接関係」『口語文法講座6 用語解説編』明治書院
長田久男(1984):『国語連文論』和泉書院
長田久男(1995):『国語文章論』和泉書院
西田直敏(1986):「文の連接について」日本語学5巻10号,明治書院
西田直敏(1992):『文章・文体・表現の研究』和泉書院
仁田義雄(1997):『日本語文法研究序説』くろしお出版
土部弘(1962):「文章の展開形態」国語学51集,国語学会
土部弘(1973):『文章表現の機構』くろしお出版
林四郎(1983):「代名詞が指すもの,その指し方」『朝倉日本語新講座5 運用Ⅰ』朝倉書店
林四郎(1993):『文章論の基礎問題』三省堂
藤原与一(1980):「方言の表現」『国語学大辞典』p.829,東京堂出版
堀口和吉(1978):「指示語「コ・ソ・ア」考」『論集日本文学日本語5 現代』角川書店
益岡隆志・田窪行則(1990):『基礎日本語文法』くろしお出版
南不二男(1964):「述語文の構造」国語研究18,国学院大学
南不二男(1974):『現代日本語の構造』大修館書店
南不二男(1993):『日本語文法の輪郭』大修館書店
宮地敦子(1964):「代名詞」『講座現代語6 口語文法の問題点』明治書院
宮地裕(1960a):「文章論の諸学説と研究の現段階」国文学5巻9号,学燈社
宮地裕(1960b):「文脈と文法」『講座解釈と文法7』明治書院
宮地裕(1971):『文論——現代語の文法と表現の研究——』明治書院
森岡健二(1973):「文章展開と接続詞・感動詞」『品詞別日本文法講座6 接続詞・感動詞』明治書院
森田良行(1967):「指示語の指導」『講座日本語の文法4』明治書院
森田良行(1985):「文章分析の方法」『応用言語学講座Ⅰ』明治書院
森田良行(1987):「連文型」『談話の研究と教育Ⅱ』日本語教育指導参考書15,国立国語研究所
森田良行(1993a):『文章論と言語活動』明治書院
森田良行(1993b):「接続」国文学38巻12号,学燈社

山口堯二(1996):『日本語接続法史論』和泉書院
吉本啓(1992):「日本語の指示詞コソアの体系」金水敏・田窪行則編『指示詞』ひつじ書房
渡辺実(1971):『国語構文論』塙書房
Halliday, M. A. K. and Hasan, R.(1976): *Cohesion in English*. Longman
Schiffrin, D.(1987): *Discourse markers*. Cambridge University Press
Schourup, L. and 和井由紀子(1988): *English Connectives*.『談話のなかでみたつなぎ語』くろしお出版
Sweetser, Eve E.(1990): *From Etymology to Pragmatics: Metaphorical and Cultural Aspects of Semantic Structure*. Cambridge University Press. 澤田治美(訳),『認知意味論の展開』研究社出版, 2000

■資料出典一覧
天野祐吉『私の CM ウォッチング '86～'88』朝日新聞社
井上ひさし『巷談辞典』新潮文庫
上野千鶴子『四十歳からの老いの探険学』三省堂
国立国語研究所編『伝えあうことば1 シナリオ集』日本語教育映像教材中級編関連教材, 大蔵省印刷局
佐久間まゆみ監修(1992)『女子学生談話資料集』私家版
佐久間まゆみ他編(1997)「共通資料」『文章・談話のしくみ』おうふう
寺村秀夫他編(1990)「共通資料」『ケーススタディ日本語の文章・談話』おうふう
夏目漱石『文鳥・夢十夜』新潮文庫
星新一『ノックの音が』講談社文庫
三谷幸喜『気まずい二人』角川書店

第4章

上山あゆみ(2000):「日本語から見える「文法」の姿」日本語学4月臨時増刊号(vol.19)169-181
木村英樹(1992):「中国語指示詞の遠近対立について」大河内康憲編『日本語と中国語の対照研究論文集』181-211, くろしお出版
金水敏(1999):「日本語の指示詞における直示用法と非直示用法の関係について」『自然言語処理』Vol.6, No.4, 67-91, 言語処理学会
金水敏・田窪行則(1990):「談話管理理論からみた日本語の指示詞」『認知科学の発展

3』85-115, 日本認知科学会
黒田成幸(1979):「(コ),ソ,アについて」『英語と日本語と』49-59, くろしお出版
鈴木孝夫(1973):『ことばと文化』岩波書店
鈴木孝夫(1985):「自称詞と対称詞の比較」国広哲弥編『日英語比較講座 5 文化と社会』17-59, 大修館書店
田窪行則(1989):「名詞句のモダリティ」仁田義雄・益岡隆志編『日本語のモダリティ』211-233, くろしお出版
田窪行則(1997):「日本語の人称表現」田窪行則編『視点と言語行動』13-44, くろしお出版
田窪行則(2001):「現代日本語における2種のモーダル助動詞類について」梅田博之教授古稀記念『韓日語文学論叢』刊行委員会編, 1003-1025, 太学社(ソウル)
田窪行則・金水敏(1996):「複数の心的領域による談話管理」『認知科学』Vol.3, No.3, 59-74, 日本認知科学会
田窪行則・笹栗淳子(2001):「「今」の対応物を同定する「今ごろ」について」南雅彦・佐々木アラム幸子編『言語学と日本語教育Ⅱ』39-55, くろしお出版
丹羽哲也(1994):「主題提示の「って」と引用」『人文研究』大阪市立大学文学部紀要, 第46巻第2分冊, 79-109
益岡隆志・田窪行則(1992):『基礎日本語文法』(改訂版), くろしお出版
三上章(1972):『現代語法新説』くろしお出版
森重敏(1965):『日本文法』武蔵野書院
Hoji Hajime, Satoshi Kinsui, Yukinori Takubo and Ayumi Ueyama(2000): 'On the "Demonstratives" in Japanese', Seminar on Demonstratives, held at ATR (Advanced Telecommunications Research Institute International). November 29, 2000.
Hoji, Hajime, Satoshi Kinsui, Yukinori Takubo and Ayumi Ueyama(2003): 'The Demonstratives in modern Japanese', to appear in *Functional Structure(s), form and Interpretation : Perspectives from East Asian Languages*, Simpson, Andrew and Yen-hui Audrey Li Routledge : London.
Ueyama, Ayumi(1998): Two Types of Dependency, Doctoral dissertation, University of Southern California, distributed by GSIL Publications, USC, Los Angeles.

索引

あ行

アスペクト階層子文　27
アスペクト階層節　13
アスペクト分化子文　29
アスペクト分化節　15
意味場　145
引用系名詞　105
ヴォイス分化子文　29
ヴォイス分化節　15
内の関係　71
　　──の修飾表現　95
埋め込み節　11
親文　17

か行

格成分　4
拡張　4
　限定の──　4, 6
　並列の──　5, 6
過去形　30
関係節　11
関連性　158
基本型修飾表現　93, 94, 113
基本型内容節　111
逆接(型)　135, 136
狭義連文論　143
近称制約　200
句　16
結束性　158, 160
言語のメタ的使用　216
広義連文論　143
肯定否定階層子文　27
肯定否定階層節　13
肯定否定分化子文　29
肯定否定分化節　15, 16

語幹階層子文　27
語幹階層節　13
こそあど　178
コト系名詞　106
子文　17

さ行

指示語　177
指示詞　177
指示表現　181
従属節　65
従属的な関係　17
従属文　17
重文　11
縮約的修飾表現　101
主節　65
主題　48, 66, 120
主題形　48
述語　4, 66
　　──の階層構造　12
述語未分化子文　29
首尾一貫性　158
主名詞　93
順接(型)　135, 136
照応的用法　211
条件表現　73
叙述表現　167
スーパーていねい形　37
整合性　158, 160
節　65
　　──の内部構造　14
接続機能　162
接続語　134
接続語句　133, 134
接続詞　119
接続表現　135, 162

絶対的なテンス　32
相対的なテンス　32
相対的補充の修飾表現　95, 101
外の関係　71

た 行

対事的ムード階層子文　27
対事的ムード階層節　13
対事的ムード分化子文　29
対事的ムード分化節　15
対他的ムード階層子文　27, 28
対他的ムード階層節　13
対他的ムード分化子文　29
対他的ムード分化節　15
対比(型)　135, 137
代名詞　127, 177
対立的視点　201
対話的談話　194
タラ形式　73, 78, 91
段　120
単文　4, 65
短絡　96
段落　120
談話　120
　──の初期状態　214
直示語　199
つなぎことば　162
提題表現　167
ていねいさ　36
ていねい形　36
テキスト　17
添加(型)　135, 136
転換(型)　135, 137
テンス階層子文　27
テンス階層節　13
テンス分化子文　29
テンス分化節　15
トイウ修飾表現　94, 104, 114
トイウ内容節　111
統括機能　157
同列(型)　136, 137

独立文　17
ト形式　73, 83, 92
トノ修飾表現　94, 106, 115

な 行

内容節　98
ナラ形式　73, 88, 92

は 行

発話　120
発話時　30
非過去形　30
非主題形　48
非対話的談話　197
非ていねい形　36
独り言　196
複文　5, 65
ふつうの内容補充の修飾表現　95, 98
文間文脈　145
文章　120
　──の統括関係　128
文章・談話論　140
文章論　127
文の連鎖関係　128
文の連接関係　128
文脈　140
　文章の──　119
　文の──　119
文脈展開機能　119
文連鎖　119
並列節　11, 67, 72
並列的な関係　20
抱合的視点　201
補足(型)　136, 137
補足語　66
補足節　11

ま 行

ムード　41
無題文　49
名詞節　66, 67

名詞相当子文　26
命題　113
モダリティ　113

や 行

融合的視点　200
遊離節　67
ヨウナ修飾表現　94, 108, 115

ら 行

レバ形式　73, 74, 91
連鎖型　138
連接語　128
連体子文　26
連体修飾　4
連体修飾語　66
連体修飾節　11

連体節　11, 66, 71, 93
連体相当子文　27
連段　120
連文　120
連用修飾　4
連用修飾語　66
連用節　66, 68
連用相当子文　26

わ 行

話　167
話題　120, 167
　──の転換　21
話題開始機能　167
話題継続機能　170
話題終了機能　167
話段　120

■岩波オンデマンドブックス■

日本語の文法4　複文と談話

2002年 1月29日	第1刷発行
2003年 9月16日	第3刷発行
2017年 1月13日	オンデマンド版発行

著者　野田尚史（のだひさし）　益岡隆志（ますおかたかし）
　　　佐久間まゆみ（さくま）　田窪行則（たくぼゆきのり）

発行者　岡本　厚

発行所　株式会社　岩波書店
　　　　〒101-8002　東京都千代田区一ツ橋2-5-5
　　　　電話案内　03-5210-4000
　　　　http://www.iwanami.co.jp/

印刷／製本・法令印刷

© Hisashi Noda, Takashi Masuoka,
Mayumi Sakuma, Yukinori Takubo 2017
ISBN 978-4-00-730565-8　Printed in Japan